壹卷
YE BOOK

让 思 想 流 动 起 来

论世衡史

－丛书－

清末民初的思想与人物

杨琥 著

四川人民出版社

图书在版编目（CIP）数据

清末民初的思想与人物 / 杨琥著. —— 成都 : 四川
人民出版社, 2022.9
（论世衡史 / 谭徐锋主编）
ISBN 978-7-220-12414-3

Ⅰ.①清… Ⅱ.①杨… Ⅲ.①人物研究—中国—近代
—文集 Ⅳ.①K820.5-53

中国版本图书馆CIP数据核字（2021）第185674号

QINGMO MINCHU DE SIXIANG YU RENWU

清末民初的思想与人物

杨 琥 著

出 品 人	黄立新
出版统筹	封 龙
责任编辑	冯 珺
封面设计	周伟伟
版式设计	戴雨虹
责任印制	周 奇

出版发行	四川人民出版社（成都三色路238号）
网 址	http://www.scpph.com
E-mail	scrmcbs@sina.com
新浪微博	@ 四川人民出版社
微信公众号	四川人民出版社
发行部业务电话	（028）86361653　86361656
防盗版举报电话	（028）86361661
照 排	四川胜翔数码印务设计有限公司
印 刷	成都东江印务有限公司
成品尺寸	145mm×210mm
印 张	12
字 数	280千
版 次	2022年9月第1版
印 次	2022年9月第1次印刷
书 号	ISBN 978-7-220-12414-3
定 价	86.00元

题词

从立身行事之本源中，求取治学之经纬；
从认知为本之史学，迈向实践理性为源之史学。

题

杨琥学术论文集

刘桂生
2022年1月30日
时年九十有二

骥不称其力，称其德也

——杨琥《清末民初的思想与人物》序

在中国近代史研究领域，杨琥以清末民初为大背景、以李大钊与"五四"为中心的史学研究，近10多年来已取得很突出的成果。这些成果，已为海内外的有关学者以至思想理论界、文化宣传界所广泛审视与称道。本文仅拟从"骥不称其力"而"称其德"这个角度，在他的《清末民初的思想与人物》这本文集行将付梓之际，说几句不能不说的话。

"骥不称其力，称其德也。"——这是两千五百多年以前孔子所说的话。孔子所说的这句话，大概很可以说是代表着他这位伟大的教育家的一种根本性的教育观与人才观。

"骥"，是良马或千里马的意思。"骥"这样人才的根本特点，首先应该就是他的"力"。而孔子所称的"骥"之"力"，当然是指他所谆谆教诲的"智"之力与"学"之力，是指能够承担实现其理想之道的学术文化重任的力。在这当中，这种"骥"之"力"与"骥"之"德"，本来就是密切不可分的。但孔子终究是教育家，他尽管办教育的根本目的首先是为了培养学生具有"骥"之"力"，可在教育方法上他却仍坚持首先是"不称其力""而称其德"，这就不能不说这也是他的一种高明。因为，他只有这样做，才能更有利于激励与引导学生向成为"骥"的目标而努力。但是，作为一般常人，对于"骥"的认识就不一定会像孔子这位教育家那样地用心。例如本文，就不是不先看到"骥"之"力"，而是恰恰相反，我是先看到"骥"之"力"，而后又感受到、理解到"骥"之"德"。而且，这两者的确是密切不可分的。这就是我对于杨琥的认识过程。

一、李大钊研究"重大工程"中的识"骥"

李大钊研究的"重大工程"，是指1996年4月由北京大学与中国李大钊研究会向党中央领导提出申请，并于10月获得党中央领导批准的重新整理、编辑出版《李大钊文集》注释本的课题任务。

1996年10月下旬，中国李大钊研究会会长王学珍同志在他的办公室（北大办公楼112室）召开"文集注释组"的第一次工作会议，标志着此项"重大工程"的正式启动。这项"重大工程"，由党中央领导亲自批准，"由中国李大钊研究会负责"，并规定完成后由中央党史研究室、中央文献研究室共同负责该项目的"审核把关工作"。这种高标准，对于作为研究会会长的王学珍同志所承受的压力之大，是不难想见的。然而，出人意料的是，在这次会上，学珍同志并没有作使人紧张上阵的"动员报告"，而是用很简明淳朴的语言向同志们说明任务的由来；他也没有常见的就如何对待与完成任务发出"居高临下"的指示一、二、三，把自己身上的压力压到每个同志的身上。他和蔼可亲、平易近人地给每个同志送来信任的目光，坚信这些同志并不用他传递什么压力也能有自己的动力；不用他发什么指示性的一、二、三，自己也会有高标准完成任务的水平与方法。

学珍同志在说明由党中央所批准的总体任务后，就谈到需要成立一个"文集注释组"。但他却不是按我理解的天经地义、顺理成章地宣布自己来做组长，而是竟提议让我来做组长。这使我当然大吃一惊，当即表示万万不可，并坚决提议必须由学珍同志担任组长。经同志们的劝说与一致拥护，学珍同志才以组长的身份主持会议。接着秘书长古平同志提议，由刘桂生、朱成甲、沙健孙三人为副组长，王世儒、古平、张步洲三人为成员。这样，在这个由7人组成的"文集注释组"中，就有两位是党的中央候补委员。

对于工作的开展，我提议，以中共北京市委党校袁谦等同志所编、人民出版社于1984年出版的《李大钊文集》上、下两册作为重编工作的蓝本，并以此蓝本，首先由我来提出注释的条目，以供讨论的参考。同志们也共同感到首先必须这样做。注释组原来都是老人，1997年秋终于迎来了杨琥这位年轻人。

杨琥，一贯勤谨好学。其好学的程度，可说是孔子所称道的颜回一类的人物，远非一般之人所可比。1990年，他考入了刘桂生先生门下，读研究生。桂生先生曾受业于陈寅恪、刘节、雷海宗、邵循正等著名史学家。他的学问功底、治学路径与培养学生的高明之道，我也算是最清楚。他不止一次地和我讲过，要让学生去读《书目答问》和《四库提要》；要让学生知道如何去读书和如何去搞研究；要让学生既要有宏观大视野，也就是知识上要广而博，同时又要让学生经受精审考辨、严谨细密的属于乾嘉学派那样的一种做学问的训练。而这种训练的一种最佳方法，就是为经典性文本作注释。桂生先生自己就在这方面作出诸多范例。例如：《龚自珍集外文笺》《魏源佚札系年笺注》《李大钊〈更名龟年小启〉笺注》等。经过这种训练，才可培养学生扎实、细致、严谨的科学态度与学风，使学生善于读书、善于搞研究，使他们有条件终身做真学问、大学问。杨琥经桂生先生三年的培养训练，获得了硕士学位，毕业后入职于北京印刷学院。

1997年，杨琥又考回到刘先生门下攻读博士学位，不久就参加到李大钊研究"重大工程"的这个"文集注释组"。最初，他主要为文集上册的注释条目撰写初稿。由于他的工作颇能中规中矩，所以得到桂生先生的肯定。随着工作的进展，《李大钊文集》的"注释组"，渐渐也改称为"编注组"。这时，杨琥承担的工作面也越来越宽，其中包括与我一起到中央档案馆查找、搜集新篇目，以及文本校勘等。

1999年10月，《李大钊文集》问世，这是中国李大钊研究会会长王学珍同志领导编注组全体同志经过三年多的时间共同日夜奋战的成果，而杨琥在这个过程中，也是初显身手，承担了多方面的基础性工作，作出了自己的贡献。正因为此，2000年8月杨琥博士毕业时，学珍同志让他留校，在北大党史校史研究室工作。

为更加珍视与传承发扬李大钊的宝贵精神遗产，2006年3月，人民出版社在《李大钊文集》的基础上，又出版了增补本，称《李大钊全集》（最新注释本）。2009年，该版荣获"第二届中华优秀出版物奖"。杨琥则主动承担了这次修订工作的大部分任务。

但是，1999年版、2006年版，因各种条件的限制，仍然留下一些遗憾。由于我自己一向是个理想主义者，所以对于此事心中就常怀戚戚。但到2011年，对解决这些问题，有了新机遇。

2009年为新中国成立60周年，为纪念这个历史的伟大开端，人民出版社于2011年决定启动《中国共产党先驱领袖文库》编辑出版工程，而2006年由该社出版的《李大钊全集》最新注释本即首列其中，"重印发行"。中国李大钊研究会接到人民出版社通知后，会长学珍同志即召集参编人员开会，讨论此次修订工作的方针、原则和工作重点，编注组同志都自觉地表示，应本着"精益求精"的精神对2006年版的《李大钊全集》最新注释本予以修订。尽管参加这次会议的人民出版社负责同志讲，该书已是图书出版的"精品"，修订可以简单一些，主要改正2006年版的错误即可，但在学珍同志领导下的编注组同志的实际做法则是尽心竭力，力求在校勘、编排方面更进一步规范化，在注释方面解决一些疑难问题，因之修订增补工作从2011年8月开始直至2013年4月才结束，历时竟达一年有半。开始的会议与最后一次会议，都是由学珍同志亲自主持的，尤其是最后一次会议，是由杨琥作修订工作的总体说明。杨琥这次说明，集中准确地体现这次修订工作进一步"精益求精"的方针、原则、重点的初始要求与最终的新成就。共为三个部分：

　　第一部分，是关于"文字校勘"。

　　"文字校勘"的确是"此次工作的重点"，而且也是"进一步精益求精"的最具体体现。因为这项工作在最初出版的《李大钊文集》的编校过程中，杨琥就曾已经做了相当精细的工作。而在2013年版的工作中，"校勘"的主要原则是："特别注意了底本的对比和选择。原则上以手稿、初刊本为底本，对全书200万言文字再次进行校勘、审订。"主要工作为：

1. 多篇文章更换了校勘底本，恢复了文章原貌。2. 对李大钊文章中引用的中国古代典籍中的文字，均依据中华书局、上海古籍出版社新近整理出版的权威校勘本核校了引文。3. 对2006年版的《李大钊全集》存在的一些排印错误作了订正。4. 李大钊讲演的记录稿，发表时大多未经作者本人审阅，文字有记录不准或刊印讹误之处。凡有可靠证据的，酌加订正；凡校订无据处，一仍其旧。

对于李大钊约200万言的文字进行精细校勘，是确保李大钊著作出版规范化、精品化所绝对不可少的条件。这项修订工作的重点，任务之艰巨，实很难去一一细说，但却都是由杨琥独自完成的。

第二部分，关于"篇目编排"。

说明强调："篇目编排，原则上以发表时间先后为序，但对其中反映李大钊思想演变历程的标志性的重要文章，则按研究中新发现的史料和证据，进行了调整。"说明对于原则的这种表述，应是精当的。然后指出：

1.《青春》，原按《新青年》发表的时间（1916年9月1日）编排，本次修订后将该文改排在《民彝与政治》（1916年5月15日）之后。2.《我的马克思主义观》，原按《新青年》发表的时间（1919年9月—11月）编排，本次修订后作为第三卷的开端，编排在《再论问题与主义》（1919年7月21日）之前。……4. 在同一时间发表的写作时间不能确定先后的文章，则从文章内容考虑，以所反映的历史事件先后或文章内容的重要性编排。如《大哀篇》改排在《弹劾用语之解纷》之前（二文同时发表在1913年4月1日出版的《言治》第1期）；《暴力与政治》改排在《此日——致〈太平洋〉杂志记者》之前（二文同时发表在1917年10月15日出版的《太平洋》第1卷第7号）。

从杨琥的编排看，《青春》与《民彝与政治》，都是李大钊"思想演变历程"中的标志性文章，并且都写于1916年5月李大钊留学回国以前。只因作者根据形势需要等考虑，才把《民彝与政治》刊载于他自己所主编的留日学生总会的刊物《民彝》；而把《青春》则发表于1916年9月陈独秀主编的由《青年杂志》改为《新青年》的第2卷第1期。如果继续还机械地按出版时间去编排，这中间就隔着李大钊所主编的《晨钟报》上所发表的《〈晨钟〉之使命》等九篇文章。从而，也就完全割断了作者"思想演变"的内在逻辑。而事实上，《青春》这篇文章恰恰就是《〈晨钟〉之使命》一文的哲学思想的理论前提。所以，对于这篇文章究竟如何编排，就不是一件小事！

至于《我的马克思主义观》与《再论问题与主义》这两篇文章究竟如何编排？当然更是一个大问题。过去机械地按照原刊物发表文章的时间去编排所存在的问题，新的研究成果已有彻底辨辟。杨琥在编注组的领导与同志们多次辨析与认识一致的基础上，决然把《我的马克思主义观》一文，放在《再论问题与主义》一文之前；并且把它作为2013年版本的《李大钊文集》第3卷的第一篇。同时，又把原来夹在这两篇文章中间的《五峰游记》与《"少年中国"的"少年运动"》两篇文章，依次排在《再论问题与主义》之后。这种重新编排，在李大钊著作出版史上的意义，当然更非简单化的语言所能尽。

在编排问题上，除去上述的原则之外，对于同一期刊物发表的几篇文章如何确定其排列先后，在特定情况下，也同样是一个如何正确反映作者思想发展的大问题。对于如何处理这个问题，杨琥也举出两个方面的例子。一个是1913年4月出版的《言治》月刊第1期；另一个是1917年10月出版的《太平洋》第1卷第7号。

李大钊所正式发表的文章，最早仅见于1913年4月1日出版的《言治》第1期，共有五篇文章，写明写作时间的，仅一篇，即《隐忧篇》，是1912年6月所写。所以，将其排在第一篇。其他四篇如何排？突出的是第二篇与第三篇。原来的排法，第二篇是《弹劾用语之解纷》，第三篇是《大哀篇——（一）哀吾民之失所也》。《弹劾用语之解纷》，是具体针对当时政坛上法理之争的文章，而《大哀篇》则是从根本上反映李大钊这个人物政治立场、人生态度以至品格特点的文章。如果从李大钊当时的思想状况与发展逻辑出发，很显然，必须把《大哀篇》放在《隐忧篇》之后与《弹劾用语之解纷》之前。2013年版《李大钊全集》的第1卷，就是这样开始的。

1917年标明8月15日出版的《太平洋》杂志第1卷第6期和10月15日出版的第1卷第7期，先后发表李大钊的三篇文章。这是李大钊在张勋拥废帝溥仪复辟之时南下上海、支持孙中山为代表的革命党人进行护法斗争的文章。第一篇题为《辟伪调和》，是批判梁启超的，发在第1卷第6期，不生歧义；第二、三篇的排法，却问题太大。孙中山护法，反对的是两个敌人，第一是梁启超，第二就是段祺瑞。所以，李大钊第一篇批判梁启超之后，第二篇文章就是批判段祺瑞的伪国家主义，题为《暴力与政治》。在写作这两篇之后，已恰逢1917年的中华民国的第6个国庆节，他又写出第三篇，题为《此日——致〈太平洋〉杂志记者》。所谓《此日》是借用昔之"德人蓄战英之志"的誓言也。李大钊在节日表示自己矢志不移、"与时俱进"创新中华的决心。这是李大钊进入北京大学这个"五四"新文化运动领导中心之前的最后一篇文章，它排在什么位置，当然不同一般。杨琥决然把原来排在批判段祺瑞《暴力与政治》一文之前的《此日》，移到该文之后，以鲜明地反映李大钊的思想发展与人生奋斗的新起点。

第三部分，关于"注释增补"。在这方面，新增注释二百余条，共两万余字，其中主要集中于两方面，一是运用跨文化、跨语际的方法，解决了以往没有解决的一些疑难问题，如"谷腊寒氏"（英）、"《天理哲论》"（法）、"毕孝父"（美）、"勃铁楼"（意）、"Wilhelm Roux"（德）、"Pissarev"（俄）、"北聆吉"（日）等，增补了有关他们的注释。二是对2006年版全集未注，但后来有其他学者在其成果中补注而实际上搞错了的一批人物，如"马秀士博士"、"鲍德荫"（美）、司铁特、苦罗马、加宗（英）、雷那尔（法）、古里天森（丹麦）等，这次在注释中对其错误均作了纠正。这些工作，也主要是由杨琥和王宪明共同完成的。

杨琥除去写出这个《出版说明》外，还与王宪明合作，另撰写有一个《前言》，对某些重点内容又进一步地说明。其中，尤其是关于完成此项由党中央所批准的"重大工程"的目的与意义的说明，阐述得更为精彩与到位。《前言》指出："编注全集的目的是为了给读者提供一个可靠、准确、易懂的李大钊著作文本，尽管在编辑过程中，在标点断句、篇章编排、词语注释中都渗透着编者的研究，但所有这些研究都要服务于编辑工作，服务于如何完整、准确地展现和理解李大钊的文章。""学术文化关乎世道，影响人心，社会所赖，国运攸关。我们相信，李大钊以其宝贵的短暂的一生所全力追求和塑造的'新文化''新世界''新人心'，是中华民族走向振兴的奠基石。""我们能够有机会参与《李大钊全集》的编辑、注释和修订工作"，"是极其光荣的事，无论费多少心血和气力，都是值得的。"这段话，精湛而确切地表达了编注组各位参与者的共同心声。而杨琥所做的这一切，也说明了在《李大钊全集》的三次编注过程中，他从一个青年学子逐步成长为一位能够独立承担重大科研任务的研究者——《李大钊全集》（修订本）编注工作的"担纲者"。

二、"五四"研究、李大钊研究，新一代研究者的杰出代表

在李大钊著作的重新编辑、注释与出版的过程中，对于杨琥，我已有全程的识"骥"，而在我看到2009年以后他相继发表或即将发表的"五四"研究与李大钊研究的成果，即感到我印象中的这位年轻人，是一位既扎实用功又颇具见识的非常难得的学术研究者。

我最先看到杨琥对于"五四"研究的理论成果，是他2009年在纪念"五四"90周年时所写的文章，题为《"五四"新思潮倡导力量的形成与聚合力量初探——以〈甲寅〉〈新青年〉撰稿人为中心的考察》，发表于2009年国家图书馆出版社出版的《开放的文化观念及其他——纪念新文化运动九十周年》的论文集上。这篇文章，很显然不是关于"五四"的一般之论，而是必须对《甲寅》与《新

青年》这两个刊物的整个历史、整个内容都扎扎实实、仔仔细细下过功夫的人，才能写得出来。所以，即使是对于"五四"这个课题长期有研究的人，读起来也必定会有自己的若干收获。因此，确实称得上是一篇很有分量的好文章。同时，也是推动李大钊深入研究的一个新视角。

2011年，我又看到他的一本由福建教育出版社出版的79万多字的大著，名为《历史记忆与历史解释——民国时期名人谈五四（1919—1949）》。如果不把"五四"前后的有关报纸期刊翻遍，达到了如指掌的程度，是不可能编出这本文献集的。其功力、其学术底蕴自然地会引起读者、研究者的惊叹！据著者说，这是在写博士论文的过程中所积累的，其字数在百万字以上。

他的研究，究竟如何不同一般？李大钊说："历史学是起源于记录。"所以，寻找搜集这种"记录"的材料加以求真考订最重要。李大钊又说："历史这样东西，是人类生活的行程，是人类生活的联续，是人类生活的变迁，是人类生活的传演，是有生命的东西，是活的东西，是进步的东西，是周流变动的东西；他不是些陈编，不是些故纸，不是僵石，不是枯骨，不是死的东西，不是印成呆板的东西。"人们只要知道李大钊这个作史标准，再看杨琥这些文章，只看其题目，就会豁然开朗，理解其特殊价值。杨琥的论文，如《〈新青年〉与〈甲寅〉月刊之历史渊源》《同乡、同门、同事、同道：社会交往与思想交融》《〈新青年〉"通信"栏与五四时期的社会、文化互动》《章士钊与中国近代报刊"通信"栏的创设》《民初严复与章士钊关于"民约论"的论争》等，篇篇使我们看到中国历史上那个特殊时代的"生活行程""生活联续""生活变迁""生活传演"。因为他的文章里处处都是具体人物在活动，这种活动而且是具体的，其突出表现是《甲寅》与《新青年》"通信"栏之创设。这些人物，不仅有具体活动，而且更有活的思想言论以至争论，所以，才表现出这种历史是"活的历史"，是"有生命"的"进步"的历史，而不是"陈编""故纸""僵石"和"枯骨"。这样的文章，即使是同行的研究者看了，也都会有新收获。因为，他那严谨而细密的功夫，很多地方绝对不会是人人都能做到的。比较起来，最不是人人都能做的，就是他那巨著《李大钊年谱》。

该《年谱》由云南教育出版社2021年出版，135万余字。该书是学珍会长亲手规划的中国李大钊研究的"重点工程"之一。多年来，学珍同志对于杨琥的年谱，念念在心。每次我去看他，他都会提到，但归根到底，还是相信杨琥所能完成的质量与水平。

《李大钊年谱》从2000年9月受命开始，到2019年9月向出版社交稿，历时达20年。这个《年谱》水平之高，实在美不胜收。简略言之，其特点一是"基础入手，广搜史料"；二是"多方参证，考订正误"；三是"追踪前沿，拓展认识"。我认为：杨琥的"五四"研究与李大钊研究，是学术界不得不重视和参考的重要学术成果；而在学术研究方法上，他也已具备"金手指"。

杨琥常感叹自己"愚笨"，而业师桂生先生却常再三教以："做学问就是要下笨功夫，只有下笨功夫，才能做出真实的成绩。"又说："做学问，不怕笨，就怕你不笨。"这大概就是刘老师让杨琥获得"金手指"的秘诀。

杨琥的研究之路，是从章太炎开始，到新文化运动，再到李大钊。始于乾嘉，再到围绕李大钊展开，每步都有轨迹，是正路也。对于李大钊的深入研究，离开这个轨迹，就失其扎实的源头。章士钊、章太炎，对于李大钊的早期思想影响，都是极其重大的。

关于愚智的问题，章太炎曾说："余常谓学问之道，当以愚自处，不可自以为智。偶有所得，似以为智矣，犹须自视若愚。古人谓：既学矣，患其不习也；既习矣，患其不博也；既博矣，患其不精也。此古人进学之方也。大氐治学之士，当如童蒙，务于所习，熟读背诵，愚三次，智三次，学乃有成。弟辈尽有智于余者，功夫正须尔也。"其实，归根到底，"回也不愚"。

杨琥如同颜回式的那种勤勉好学、勤勉去做所承担的一切任务，多年如一日，应该说是很少见的。马克思的忘我的科学研究精神与理论创造，应是永远让人敬佩的。他1851年6月给约瑟夫·魏特迈的信中说："从早晨九点到晚上七点，我通常是在英国博物馆里。"其实，杨琥在北大校史馆、图书馆的时间，比马克思这个工作时间还要长得多。我给他打电话的时间，一般都在晚上九点以后，而他接电话的地方，通常都不在家里，而是在校史馆他的办公室。年复一年，有几人能做得到？《李大钊年谱》巨著的产生，就在于此。所以，我们不仅称"骥之力"，同时亦称"骥之德"。

杨琥所写的求学与治学经历，所写的《李大钊年谱》的《序》，都是史家谈治学的十分可贵的学术史资料，很值得向青年学者们推荐。

朱成甲

2022年1月14日

学问·生命·时代

我与杨琥相识，最初是在导师刘桂生先生为清华大学中共党史专业硕士研究生开设的《中西文化与中国革命》课上。从此以后，我们便一直保持着较为密切的联系，至今已有30多年。杨琥在清华读研期间留给我的最大印象是：为人诚实耿直，酷爱学术，嗜书如命，研究中敢碰难题。随着后来交往的不断增加，我又进一步发现，杨琥不仅爱读书，而且会找书，会读书。刘桂生先生教给我们的目录学、文献学等方面的一些方法，他都能够很好地付诸学术实践，不时从清华、北大等图书馆的馆藏中发现一些前人所未曾发现的新材料，为相关研究领域提供新的文献支撑。这让我钦佩不已。

收入《清末民初的思想与人物》中的论文，绝大多数我都曾经认真拜读学习过，有的甚至是在其正式发表前就阅读过。但是，汇编成集后，与过去单篇阅读时的感受完全不同，从中更能看出杨琥治学的一些突出特点。

一是治学专精甲午战争到"五四"运动时期。这一历史阶段是中国近代历史转折的关键时期，也是中国思想文化转型的重要时期。在此期间，中西文化加速碰撞、交流，新旧思想激烈争鸣、交锋，形成了中国思想文化史上极为罕见的"古今中外交汇、不古不今不中不外"的特殊现象。研究这一时期的思想文化，对于深入理解和认识近代历史发展进程，理清中国近代思想文化由旧趋新、逐渐转向马克思主义的内在机理，十分重要。但是，由于这一时期思想文化发展的特殊性，研究起来难度很大，研究者不仅需要对"旧学"有一定基础准备，而且还要对"新学""西学"有相当了解。收录在此文集中的论文，内容上涵盖了从甲午到"五四"的整个历史时期，主题涉及章太炎、夏曾佑、严复、章士钊、蔡元培、李大钊等重要思想家的思想学术主张，《甲寅》《新青年》《每周评论》《晨报副刊》等新舆论工具的兴起及其作者队伍的聚合，以及它们相互之间的承续因缘等。对于这些重要领域，作者进行了较为深入系统的考察，得出了新认识，尤其是对新文化运动的源流、马克思主义在中国的早期传播等问题，更是取得较大进展，深化了对这一时期中国思想文化发展的内在逻辑的认识，具有重要学术价值。

二是治学风格上"小题大做"。在一般人看来，似乎题目越"大"，价值也越大，但在实际的研究中，常常是"大"而无当，越大的题目往往越空，越难以在学术上有所突破。与此相反的是"小题大做"，即在学术史上一些看似"小"，但却极其关键极为重要的问题上下功夫，才会在学术上实现真正的创新和突破。这也是我们共同的导师刘桂生先生从我们入学起就耳提面命、反复强调的。收录在文集中的《〈每周评论〉等报刊若干撰稿人笔名索解》，就很典型地体现了这一特点。这篇论文表面上看只不过是对《每周评论》几个撰稿人笔名的考证，看似很细小，因此一般人可能意识不到它有什么重要价值。但实际上，论文所考证的这几位人物笔名，均牵涉到《每周评论》等报刊的一些关键问题的枢纽，是中国近现代思想史、报刊史研究中需要解决而又长期未能解决的难题。这篇论文的重要价值在于：（一）文内的考证，确认解决的是一个牵一发而动全身的枢纽性历史人物的身份问题。"渐生"这个笔名，研究清末民初报刊史的人都会经常碰到，尤其研究章士钊或《甲寅》月刊的学者都知道，"渐生"是《甲寅》月刊的重要撰稿人，与章士钊长期合作，但是这位先生究竟是谁，长期以来却没有人知道。杨琥从多种材料、多种角度查证，终于确定"渐生"是《帝国日报》主编、《甲寅》月刊撰稿人、《甲寅日刊》经理兼发行人陆鸿逵。这个考证，说明杨琥的这篇文章所解决的是长期需要解决而未能解决的学术问题，是一个真学术问题；这一问题的解决，加深了我们对《甲寅》杂志及新文化运动兴起史的认识。（二）在研究方法上，这篇论文显示了社会关系在考察相关笔名中的重要作用。中国社会历来重视人际关系，该文在解决"明生""去闇""运甓"这些人物笔名时，首先从每个人物的社会关系与生平活动入手，详细地考察其朋友、同事等相关人物的活动与行事，层层推进，终于解决了需要解决的笔名的真实身份。（三）这篇论文还显示了训诂学方法在考证近现代文献中的笔名、化名中的重要作用。中国古人，在取名时有一定的寓意和习惯，杨琥在考察"去闇""渐生""CZY生"等笔名时，充分地运用了语言训诂方面的知识，将史料考证与语言训诂互相印证，对这些人物笔名一经考定，就如同铁证，无法推翻。这篇论文总字数1.6万字，正文不过8千多字，而为正文所作注释却多达7千多字，几乎与正文的字数相等，真可谓无一语无出处，字字有来历。

三是研究理论和方法上注重从现实的社会交往中，而不是仅仅从抽象、孤立的文本文献中，探讨思想文化现象。思想文化都是时代性、社会性的，离开了时代和社会，就无法理解思想文化。这个道理大家都懂，但真正做起来却很难，要做得好，就更难，非长期花大气力，下细功夫不可。收在文集中的《同乡、同门、同事、同道：社会交往与思想交融》一文，就是这方面的代表之作。它考察了《新青年》杂志主要撰稿人的构成与聚合途径，揭示了新文化运动研究中以往被忽视的一个侧面。《章士钊与中国近代报刊"通信"栏的创设》《〈新青年〉"通信"栏与五四时期的社会、文化互动》二文，从鲜为人注意的《新青年》的通信栏入手，澄清了以往不为人知的众多通信作者的身份，及其与《新青年》编辑部的互动关系，并在此基础上，对新文化运动的兴起和传播提出了新的见解。此外，《五四时期李大钊传播马克思主义的第二阵地》《李大钊〈我的马克思主义观〉一文若干问题的再探讨》等文，通过对《新青年》"马克思研究"专号、《晨报副刊》改版的考察，从社会角度对马克思主义在中国的传播、李大钊传播马克思主义的贡献等问题，做了更为深入细致的探究，纠正了国内外学术界在这一问题上的失误或错误观点，推进了这一领域的研究。

业师刘桂生先生在指导我们时，多次指出：学问、学术、思想都是从一定时代具体的活的社会关系脉络中生长发育起来的，它们不是外在于时代和社会的抽象的存在，不是"死"的知识，而是活生生的生命，对其所处时代、社会、境遇的应对与思考，以及他们的人格、精神、心灵在具体历史情境中的生动呈现。历史研究只有充分注意到这一特点，才能真正认识并揭示思想文化的内涵及其意义；也只有充分注意到这一特点，才能够做出原创性的研究。换言之，历史性的问题，只有在历史的过程中，用历史的方法才能得到解决，而这些历史性的问题一旦这样地得到解决，我们对此历史性问题的认识，也往往就会得到极大提高；历史研究的真正价值和意义，也因此而得到彰显。杨琥的这些研究，充分说明和体现了这个道理。

杨琥的论文集即将出版，我很为他高兴，相信这本论文集的出版，一定也会像2021年建党百年之际他花20年时间所著《李大钊年谱》（上下卷）的出版一样，受到学界同行和普通读者的欢迎。

王宪明

目　录

上　篇

上　篇

戊戌时期章太炎尊荀思想及其中西学术渊源①

一、问题的提出

　　章太炎早年②的学术一大特色，在章太炎最早结集的《訄书》初刻本中，他建立了一个以"尊荀"为核心的理论体系。章太炎的"尊荀"思想究竟是如何形成的？或者说，他为什么要"尊荀"呢？研究和搞清这一问题，对于认识章氏早年乃至一生思想的全貌，认识章氏在中国近代思想史上的地位，都有着十分重要的意义。关于这个问题，目前学术界有两种解释，以李泽厚先生为代表的一些学者认为，章太炎是经古文学家，而荀子是《左传》的传人并有功于经古文学，章氏即是从其"古文经学立场"出发而"尊

---

① 本文由笔者的硕士论文修改而成，在撰写过程中，业师刘桂生先生多方指导，谨此致谢！
② 这里所说的"早年"，指章太炎自就学诂经精舍（1890年）至《訄书》初刻本刊行（1900年）这一时期。

荀"的①。而以朱维铮先生为代表的部分学者则认为,章太炎提出"尊荀"主张,是对夏曾佑、谭嗣同等发起的"排荀运动"的"回应""反弹"或者"对抗"②。

这两种观点,前者从经学派别角度出发做解释,后者则从当时具体的政治背景立论,差别是明显的。我们应怎样对它做出评价呢?

对于第一种观点,笔者是不能苟同的。首先,从理论上来说,任何思想家的任何一种思想主张,就其实质而言,都是一定历史条件下活生生的现实和时代精神的反映。虽然,对于历史上已有的认识成果和思想材料,每位思想家都不能不有所借鉴和继承(思想之"流"),但其思想的主要内容则来自客观现实和时代思潮,来自时代的客观历史要求,来自思想家对其所处时代的现实生活进行思考的精神冲动(思想之"源")。戊戌维新时期章太炎的"尊荀"主张,其思想之"源"在于当时的时代要求和现实生活,而不在于某一种经学立场。细想一下,两千年前的荀子早已逝去,其学说在历史上的地位几经变迁,在某个历史阶段(如宋元明时代)甚至被视为异端,而到戊戌维新时期,似乎奇迹般地"复活",为章太炎所推崇,这就不仅仅是一个"古文经学立场"的问题。如果仅从经学派别的角度去认识这个问题,这只是抓住了章太炎尊荀思想的"流",而没有弄清其思想之"源"。其次,即使从"流"的角度即经学派别、经学立场上来看,此说也并不准确。因为章太炎早年并不是一

① 李泽厚:《章太炎剖析》,《历史研究》1978年第3期;唐文权、罗福惠:《章太炎思想研究》,华中师大出版社1986年版,第411页。
② 朱维铮:《〈訄书〉发微》《晚清汉学:"排荀"与"尊荀"》,收入氏著《求索真文明:晚清学术史论》,上海古籍出版社1996年版;王汎森:《章太炎的思想及其对儒学传统的冲击》,台北时报出版公司1985年版,第31页。

个经古文学者，戊戌维新时期章太炎的经学思想是倾向于经古文与经今文的兼容会通的①。再次，从章太炎早年评论荀子的具体言论考察，他尊荀并不是因为荀子"有功于传经"。主张荀子"有功于诸经"是清代乾嘉学者汪中提出的看法，而对于这一观点，章太炎恰恰是持批评态度的。他明确指出，荀子之伟大并不仅仅在于传经："非侈其传经也"，而且在于荀子的"微言"："其微言通鬼神，彰明于人事，键牵六经，谟及后世……"，"是故《礼论》以键六经，《正名》以键《春秋》之隐义"②，即荀子在《礼论》《正名》等篇章中所表达的高明见识。由此可见，章氏不满足于仅仅推许荀子"有功于诸经"，而且更重视荀子学说的理论价值和历史功绩。故而认为章太炎是从"古文经学立场"出发而"尊荀"的观点，是不能成立的。

就第二种观点而言，论者认为章太炎"尊荀"是"排荀运动"激起的"反弹"。应该说，这是论者试图探究章太炎"尊荀"的"思想之源"而做出的解释，甚具启发性。但这种观点，将章太炎"尊荀"归结为仅仅是对"排荀运动"的"回应"或"对抗"，而未考察这种"回应"或"对抗"是何种意义上的对抗，更没有探究章太炎"尊荀"和当时整个时代思潮的关系以及章太炎此一时期思想的主旨及独特思路。因此，所做出的解释也就很难做到完全准确。对于这个问题，我们应该另觅更充分、更合理的解释。

本文认为，戊戌维新时期章太炎的"尊荀"主张，不仅仅是对"排荀运动"的"回应""对抗"，而且反映了章太炎的一种独特思

① 参阅张勇《戊戌时期章太炎与康有为经学思想歧义》，《历史研究》1994年第3期。
② 章太炎：《后圣》，汤志钧编《章太炎政论选集》上册，中华书局1977年版，第37—38页。

路和理论思考，即他对维护群体社会秩序的外在规范手段的重要性的深刻认识，以及他关于人类社会生活及其进化和发展规律进行探讨的独特见解。而他之所以推崇两千多年前的荀子学说，是与他所处时代以及当时的学术风气、思想状况分不开的。

具体地说，章太炎早年的尊荀思想，首先是中国传统文化自身演变的结果，是清代自乾嘉以来的荀子学说复兴的产物；其次，它是由西方传入中国的近代进化论、社会学与中国传统文化演变发展的新观念、新趋向相结合的产物。以下，本文将从章太炎早年尊荀的思想主旨及中、西思想学术渊源等方面具体地说明章太炎尊荀思想的内容及其形成，以便更准确地理解章太炎早年的尊荀思想，认识章太炎早年尊荀思想在中国近代思想史上的地位。

二、章太炎尊荀与乾嘉荀学复兴

要理解章太炎早年的尊荀思想，还得从当时的历史条件出发。戊戌时期，当章太炎出现于历史舞台时，学术界、思想界反荀风气盛行。甲午战争的失败，促使先进知识分子开始反思中国落后的根源。在这种反思中，夏曾佑最早将"二千年来""长夜神州"的罪魁祸首归于荀子[①]。继夏曾佑之后，梁启超、唐才常、谭嗣同都起而批判荀子及其学说。唐才常认为："荀子开历代网罗钳束之

---

① 夏曾佑：《答宋燕生书》，胡珠生编《宋恕集》上册，中华书局1993年版，第529—531页。又参见朱维铮《跋夏曾佑致宋恕函》，原载《复旦学报》1980年第1期；后改题《神州长夜谁之咎》，收入氏著《音调未定的传统》，辽宁教育出版社1995年版，该文最早探讨了夏曾佑的"排荀"主张。

术"①，谭嗣同则把荀子称为"大盗"的代言人。他说："二千年来之政，秦政也，皆大盗也。二千年来之学，荀学也，皆乡愿也。"②由此可见，维新人士中的一些代表人物是批荀反荀的。因之，梁启超后来称他们这种行为是"排荀运动"③。

然而，作为夏曾佑、谭嗣同、梁启超的共同朋友的章太炎，并没有加入排荀的行列。相反，在戊戌维新前后，他一再提出尊荀的主张。在他执笔起草的《兴浙会章程》中，章太炎尊荀子为"仲尼后一人"，认为荀子的学识造诣，已入"圣域"④。在《后圣》一文中，他指出，在儒学"圣域"中，孔子而后，只有荀子一人"足以称是"，可以称为"后圣"。荀子之所以为"后圣"，在于荀子学说的理论价值和政治意义："《礼论》以键六经，《正名》以键《春秋》之隐义。其他《王制》之法，《富强》之论，《议兵》之略，得其枝叶，犹足以比成康。"因此，他进一步提出，当后世儒者对六经的义理理解"不能相统一"时，只能以荀子学说作为判别是非的标准："同乎荀卿者与孔子同，异乎荀卿者与孔子异。"⑤

由此可见，一方主张排荀，一方主张尊荀；一方将荀子作为专制主义的始作俑者而贬斥，一方则盛赞荀子《礼论》《正名》的历史功绩。对待同一个荀子，双方采取的态度截然相反，这是为什么

---

① 唐才常：《治新学先读古子书》，《唐才常集》，中华书局1982年版，第31页。
② 谭嗣同：《仁学》，蔡尚思、方行编《谭嗣同全集》（增订本）下册，中华书局1981年版，第337页。
③ 梁启超：《清代学术概论》，朱维铮校注《梁启超论清学史二种》，复旦大学出版社1985年版，第68页。
④ 章太炎：《兴浙会序·附兴浙会章程》，朱维铮、姜义华编《章太炎选集》（注释本），上海人民出版社1981年版，第10、17页。
⑤ 章太炎：《后圣》，前揭《章太炎政论选集》上册，第38、39页。

呢？不可否认，章太炎的尊荀和其他思想家的排荀主张在一定程度上具有对抗的意义，但是，这种对抗是何种意义上的对抗？为什么双方对于两千年前的荀子的认识如此不同？

实际上，排荀的思想家和尊荀的章太炎，之所以都抬出荀子作为各自或批判的对象或尊奉的偶像，是和清代乾嘉以来荀子学说的复兴分不开的。为了更准确地理解双方的对抗是何种意义上的对抗，我们有必要简略地回顾一下乾嘉以来荀子学说复兴的历史。

荀子是先秦儒家的集大成者。他的学说因融合了儒、法、名等诸子学说，适应了当时走向统一的历史趋势，因此在秦、汉、唐时代一直被尊奉，其地位远高于孟子。但自宋以后，理学家推崇孟子，孟子地位上升，被尊为仅次于孔子的"亚圣"。而荀子则因其"性恶"论与孟子"性善"论冲突，故被视为"异端"而打入冷宫。到了清中叶，这种情况则发生了微妙的变化。此时，随着乾嘉学术由考经、考史扩大到考子的学术格局的调整，治经由重文献训诂而转向义理研求的学术风气的变化，一大批学者在思想学理上重评荀子学说，并加以理论发挥。与此同时，学术界对《荀子》一书的考释和研究越来越多，对荀子本人及其学说的评价越来越高[1]。这表明荀子的学说出现了复兴。

清中叶以来荀子学说的复兴，是乾嘉学术自身发展的逻辑结果。在众多的复荀学者中，戴震、钱大昕、汪中、凌廷堪等四位学者是代表性人物。乾嘉时代即被推许为学界领袖的戴震，虽没有明

---

[1] 乾嘉年间，校释《荀子》一书的著名学者有卢文弨、谢墉、王念孙、刘台拱、汪中、郝懿行、朱骏声等；在思想义理方面，发挥荀子学说的有钱大昕、焦循、凌廷堪、张惠言、刘宝楠等。至晚清，学者更多。

确推许荀子的言论，但其思想的荀学倾向是很明显的。他在批判理学的"天理人欲"观时，明确肯定了人的自然欲求的合理性："理者，存乎欲者也。""人生而有欲，有情，有知，三者，血气心知之自然也。"戴震的"理在欲中"主张，在清代最早复兴了荀子的"人生而有欲"之说①。

与此同时，钱大昕公开为荀子的"性恶"论辩护："愚谓孟言性善，欲人之尽性而乐于善；荀言性恶，欲人之化性而勉于善。立言虽殊，其教人以善则一也。宋儒言性，虽主孟氏，然必分义理与气质而二之，则以兼取孟、荀二义。至其教人以变化气质为先，实暗用荀子'化性'之说，然则《荀子书》讵可以'小疵'訾之哉！"②

稍后，比戴震、钱大昕晚一辈的学者汪中，也极为重视荀子。在历史上，他是最早为荀子做年表的学者。他认为荀子的学说源于孔子："荀卿之学，出于孔子，而尤有功于诸经。"他又说："盖自七十子之徒既殁，汉诸儒未兴，中更战国、暴秦之乱，六艺之传，赖以不绝者，荀卿也。周公作之，孔子述之，荀卿子传之，其揆一也。"③汪中此论，将自宋以来被视为异端的荀子推为圣人之道的真传人。这种以孔荀之学来代替孔孟之道的说法，是对宋明理学道统说的反叛和否定。

而凌廷堪则不顾千余年来斥荀子为异端的正统观念，公开颂

① 戴震：《孟子字义疏证》卷上、卷下；又参阅章太炎《释戴》，《章太炎全集》（四），上海人民出版社1984年版，第123页；钱穆：《中国近三百年学术史》，中华书局1984年版，第357—358页。
② 钱大昕：《跋荀子》，引自王先谦《荀子集解》，中华书局1988年版，第15页。
③ 汪中：《述学·荀卿子通论》，辽宁教育出版社2000年版，第77—78页。

扬荀子说:"卓哉荀卿,取法后王,著书兰陵,儒术以倡。本礼言仁,厥性乃复。"他将理学所尊奉的孟子搁置起来,直接奉荀子为圭臬,以荀学为旗帜,倡导"以礼复性","以礼代理"。凌廷堪着力发挥荀子《礼论》篇的"制礼节欲"说:"夫人有性必有情,有情必有欲。故曰:'饮食男女,人之大欲存焉。'圣人知其然也,制礼以节之。"[①]他推崇"礼"为五常的纲纪,人的行为的最高准绳:"窃谓五常实以礼为之纲纪","盖礼者,身心之矩则,即性道之所寄焉"。因而人的一切行为都要以"礼"为准绳来规范:"然则圣人正心修身,舍礼未由也。"[②]凌廷堪对"礼"的推崇和强调,实际上意味着他对维持人类社会秩序的客观化、形式化的规范、法则、制度等外在手段之重要性的认识。

乾嘉时期的荀学研究,由理欲之辨发端,经"性恶"论之倡导,终于落实到"复礼"论。至此,荀子学说的核心观念——"性恶"说和"制礼节欲"理论,均被乾嘉学者重新发掘出来,并做了新的解释和发挥。它标志着荀子学说的复兴。此乃表明,经过长期的训诂考释,作为异端的诸子学说正在复苏,中国传统文化正在经历着深刻的变化,孕育着新的观念和新的思想[③]。正因为如此,汪中关于荀子学说的见解,凌廷堪的"复礼"论,在后世都产生了相当大的社会影响。至晚清戊戌前后,尊荀重礼乃成为学界的风尚。(详后)

认识了乾嘉以来荀子学说的复兴这个思想背景,也就不难理解

① 凌廷堪:《校礼堂文集·荀卿颂》,中华书局1998年版,第76—77页。
② 凌廷堪:《校礼堂文集·复钱晓徵先生书》,中华书局1998年版,第221页。
③ 参阅杨琥《乾嘉荀学复兴概述》,《学人》第7辑,江苏文艺出版社1995年版。

夏曾佑、谭嗣同等为何要将打击的矛头对准荀子。二十世纪二十年代，梁启超曾道及戊戌时期他们排荀的理由："清儒所作的汉学，自命为'荀学'。我们要把当时垄断学界的汉学打倒，便用'禽贼禽王'的手段去打他的老祖宗——荀子。"①

为了打倒"汉学" 而反荀，梁启超此语从反面证明了乾嘉以来荀子学说复兴的状况。尽管"汉学"和"荀学"并不全是一回事，但乾嘉以来的荀学复兴，使荀子在儒学中的地位逐渐上升，孔荀之学也渐有代替孔孟之道的趋势。维新思想家们要批判君主专制主义，批判正统文化，但他们还不能也不敢直接把矛头对准专制主义的最大偶像——孔子，于是便不得不寻找其他的批判对象。寻找的结果是，康有为发现了刘歆（《新学伪经考》），严复找到了韩愈（《辟韩》），宋恕则挖掘出了叔孙通、董仲舒、韩愈、程颐等"四大魔"②。而刚摆脱异端地位、尚未成为正统却正在日益复兴的荀子学说，则成为夏曾佑、谭嗣同等寻找到的批判对象。可以说，他们的排荀反荀，乃是乾嘉荀学复兴后的反动。

正因为"排荀运动"是荀学复兴后的一场思想运动，所以"排荀"思想家在关于荀子学说的学术解释上，仍不能不承袭乾嘉学者

① 梁启超：《亡友夏穗卿先生》，《饮冰室合集·文集四十四（上）》第5册，中华书局1989年影印版，第21页。
② 宋恕：《致夏穗卿书》，前揭《宋恕集》上册，第526—527页。在该信中，宋恕指出："执事判长夜神州之狱也，归重兰陵。岭南康子判斯狱也，归重新师。下走判斯狱也，归重叔、董、韩、程。"此语形象地反映了戊戌前后维新人士寻找批判对象、探求革新的主张及思想歧异。在清末民初中国社会文化的转型时期，除荀子外，刘歆、董仲舒、韩愈乃至孔子，也都成为维新人士和青年知识分子声讨和批判的对象。而其中的是非得失，在今天尤有必要重新认识和反思。参阅刘桂生《近代学人对"罢黜百家、独尊儒术"的误解及其成因》，《刘桂生学术文化随笔》，中国青年出版社2000年版。

的学术见解。譬如他们将二千多年的专制主义都归于荀卿，认为中国历史上的思想学说，自秦汉以后都出于荀子，其学派虽率有变迁，但都未超出荀子学说的范围："汉代经师，不问为今文家古文家，皆出荀卿（汪中说），二千年间，宗派率变，壹皆盘旋荀学肘下，孟子绝而孔学亦衰。"[1]因此，他们主张"自汉以后的学问全要不得"[2]，即都要反对和抛弃。尽管他们主张反荀排荀，但认为秦汉之思想学说皆出自荀子这个看法，其实恰恰沿袭了乾嘉时代复荀最突出的汪中的学术见解。他们正是在学术上接受了汪中的说法，故而才认为秦汉以后的中国传统文化中的正统思想，均由荀子而来，因此要反对荀子。这说明，"排荀运动"的健将们也承继了乾嘉荀学复兴的学术成果[3]。

"排荀运动"的发动者既承继了乾嘉荀学复兴的学术成果，又起而反荀排荀，这看似矛盾，其实正是历史的真实。

唯其如此，反荀最激烈的谭嗣同在给友人的信中却说："荀卿生孟子后，倡法后王而尊君统，务反孟子民主之说，嗣同尝斥为乡愿矣。然荀卿究天人之际，多发前人所未发，上可补孟子之阙，下

---

① 梁启超：《清代学术概论》，前揭朱维铮校注本，第68—69页。
② 梁启超：《亡友夏穗卿先生》，前揭《饮冰室合集·文集四十四（上）》第5册，第22页。
③ 谭、梁等只是简单接受了汪中的说法，然后为其反专制的政治思想服务，他们并未细究荀子在历史上的地位变迁。而章太炎则指出："太史列传，孟荀并称，汉人多言之。自唐以来，兰陵之学，渐尔坠地，虽有程朱、陆王之争，汉学、宋学之辩，终不能出孟氏范围。""乌乎！当西汉之朔，传荀学者，独伏、贾、董、韩诸明哲耳。其后若没若灭，陵夷至于宋、明耗矣。"在这里，章太炎是从荀子学说历史地位变迁的角度来立论。与谭、梁不加分析地反荀主张相比，章氏的认识无疑包含着更多的理性成分，更符合历史的实际情况。引文为章氏为日本人照井氏（也推崇荀子）遗书所写的序文。参见章太炎《题封建礼乐等四论之后》《照井氏遗书序》，刊《历史论丛》第3辑，齐鲁书社1983年版。

则衍为王仲任之一派，此其可非乎？"①此语说明，谭嗣同反对的是荀子"法后王""尊君统"即维护专制主义的理论，而对于荀子"究天人之际"的哲学思想，谭嗣同则誉之为"发前人所未发"。由此可见，谭嗣同尽管在政治上批判荀子，但在学术思想上，仍不得不承认荀子学说的某些理论价值和历史价值。这正是乾嘉学者将荀子学说复兴之后，后来的学者对荀子学说的认识和理解逐渐深化的表现。

由谭嗣同此语，我们也可以看出"排荀运动"的实质及其优劣得失。他们虽然承继了乾嘉荀学复兴的某些学术成果，接受了汪中关于荀子的学术见解，但却是无意识地接受，而"排荀运动"则是有意识发动的主动行为。因此，谭嗣同在朋友通信中可以承认荀子学说的某些理论价值，但在其正式著作中，却猛烈地抨击荀子（当然，需指出，谭嗣同在致唐才常信中，对他的反荀言行有所反思）。之所以如此矛盾，关键在于他们批判荀子，并不是从荀子学说本身出发去理解荀子，不是从学术的角度历史地考察荀子学说在历史上的实际变迁，而是从他们自己的政治观念、政治立场出发，即从反对专制主义的政治需要出发，借批判"荀学"而批判专制主义。他们认为，荀子学说同专制主义具有密切关系。梁启超说，荀子学说有如下四个特征："一尊君权。其徒李斯传其宗旨，行之于秦，为定法制。自汉以后，君相因而损益之。二千年所行，实秦制也。此为荀子政治之派。二排异说。《荀子》有《非十二子》篇，专以攘斥异说为事，汉初传经之儒，皆出荀子。故袭用其法，日以

---

① 谭嗣同：《致唐才常·二》，前揭《谭嗣同全集》（增订本）下册，第529页。

门户水火为事。三谨礼仪。荀子之学，不讲大义，而惟以礼仪为重。束身寡过，拘牵小节。自宋以后，儒者皆蹈袭之。四重考据。荀子之学，专以名物制度训诂为重。汉兴，群经皆其所传，龈龈考据，寖成马融、郑康成一派，至本朝而大其毒。此三者为荀子学问之派。"[1]这里，梁启超着重分析了荀子学说与专制政治及学术文化的密切关系，揭露其影响和危害。谭嗣同则更为激烈地抨击了荀学与君主专制制度互相利用的关系："二千年来之政，秦政也，皆大盗也；二千年来之学，荀学也，皆乡愿也。惟大盗利用乡愿，惟乡愿工媚大盗，二者交相资。"[2]谭嗣同完全把荀学贬斥为君主专制主义的工具。

由于从政治观念出发批判"荀学"，因之，他们就不可能理性地看待荀子学说，也不可能较好地继承乾嘉荀学复兴的思想学术成果。对于乾嘉学者复兴的荀子学说的核心观念"礼"，他们认为危害无穷："礼者，忠信之薄，而乱之首也。"[3]与此相联系，对于一切伦常、礼义、法律制度，他们都认为是为君主专制服务的工具："独夫民贼，固甚乐三纲之名，一切刑律制度皆依此为率，取便己故也。"[4]荀子的学说同纲常名教早已过时，应该抛弃："彼为荀学者，必以'伦常'二字，证为孔教之精诣，不悟其为据乱世之法也……由是二千年来君臣一伦，尤为黑暗否塞，无复人理，沿及今

① 梁启超：《论支那宗教改革》，原载《清议报》第十九、二十册（1899年6月28日、7月8日），后收入《饮冰室合集·文集之三》第2册，中华书局1989年影印版，第57页。
② 谭嗣同：《仁学》，前揭《谭嗣同全集》（增订本）下册，第337页。
③ 谭嗣同：《仁学》，前揭《谭嗣同全集》（增订本）下册，第312页。
④ 谭嗣同：《仁学》，前揭《谭嗣同全集》（增订本）下册，第349页。

兹，方愈剧矣。"①

总之，在排荀者看来，荀子学说同纲常伦理、专制主义一样，都是"网罗"，都要极力"冲决"(《仁学》)。这样，他们在批判专制主义、批判纲常礼教、批判荀子学说与专制主义的密切关系的同时，就将荀子学说的"合理内核"，也是乾嘉学者重新发现的新观念——"礼"一起否定、抛弃了②。

如果说"排荀"思想家将荀子学说的"合理内核"同专制主义一起否定的话，章太炎的态度则与此相反。但这并不是章太炎为了维护专制主义，而是他发现并意识到了荀子学说的"合理内核"。章太炎和"排荀运动"的对抗，是在如何对待荀子学说的"合理内

① 谭嗣同:《仁学》,《谭嗣同全集》下册, 第337页。
② 可以说，谭嗣同的"排荀"和章太炎的"尊荀"一样，都是乾嘉诸子学说复兴的产物。乾嘉学术走向近代化的另一学术动向是对孟子学说的再研究，其思想成果是对孟子民本思想的重新肯定和阐发。这主要是通过对"仁"的重新解说而展开的。戴震解孟子"性善"之说，焦循主张"旁通情"，认为人性的基本内容是"仁义"，至阮元则提出"仁"的"人偶"说。"仁"在《论语》中，既有"克己复礼为仁"之说，又有"爱人"之说。前者着重自我的内在修养，后者则意味着对他人的关系。宋代儒学发挥了前一层含意，阮元则依据汉代郑玄之注，将"仁"重新解说为"相人偶":"孔门所谓仁也者，以此一人与彼一人相人偶，而尽其敬礼忠恕等事之谓也。"(《论语论仁论》，载《揅经室一集》卷八)这就义从人与他人之间的关系来理解"仁"，又说"相偶，同位之辞"，即人与人之间的关系是一种地位平等的关系。阮元的"仁"之"人偶"说，是乾嘉学术发掘的具有近代"平等"意味的观念。因此，它博得了后世许多学者的赞同，黄式三、陈澧、李慈铭等都有申述阮元"仁"说之文(参阅张舜徽《清代扬州学记》)。到戊戌前后，康有为、谭嗣同都沿用了这种对"仁"的解释。康氏云:"仁为相人偶之义，故贵于能群。"(《长兴学记》)谭嗣同也说:"仁，从二从人，相偶之义也。"(《仁学》)谭嗣同对"仁"的这种解释，也可以说明他排荀的部分缘由。谭之排荀，乃正是承继了乾嘉学术"仁"之重释的思想成果，又受到西方近代民主、平等思想的影响，从而反对礼教、冲决网罗，并将批判矛头对准荀学。由此可见，谭嗣同排荀和章太炎尊荀乃是基于所承继的思想观念、学术资源的不同而产生的相反主张，但二者均深深植根于中国传统文化自身演变所产生的新观念、新思想的土壤之中。

核"上的对抗。

在前面所引述的《后圣》一文中，章太炎借批评汪中的学术见解而表达了他对荀子学说的认识。他指出，荀子之伟大并不仅仅在于"传经"，"非侈其传经也"，而且在于荀子的"微言"："其微言通鬼神，彰明于人事"，"是故《礼论》以键六经，《正名》以键《春秋》之隐义"。即荀子在《礼论》《正名》等篇章中所表达的高明见识。章太炎不满足于仅仅推许荀子"有功于诸经"，而且更重视荀子学说的大义"微言"。

这个大义"微言"是什么呢？章太炎指出："《礼论》未作，人以为祝史之事；作矣，人以为辟公之事。"①在这里，章太炎所推崇的，是荀子作《礼论》的重要历史意义，即荀子著《礼论》，将前人视作"祝史之事"的礼乐仪式提高到了治理天下、国家的大政大法的高度。他又说：荀子"隆礼仪而杀《诗》《书》。礼仪隆，故《士礼》《周官经》，与夫公冠奔丧之典，杂沓并出，而皆列于经"②。这里，章太炎所称赞和肯定的，仍然是荀子"隆礼"的历史功绩。所谓"礼"，就是治理国家，维护群体秩序的规范和纲纪标准。它是荀子学说的核心观念。荀子所强调的，就是"礼"所具有的外在规范的强制作用，乾嘉以来的荀学复兴，实质也就是对"礼"这个外在规范的重要性的探索和认识。而章太炎如此强调荀子"隆礼"和作《礼论》的重要性，反映了他对维护社会群体秩序的外在规范和外在强制手段的重要性的深刻认识。

正是这种认识，才使章太炎以对"礼""法"等外在规范手段

---

① 章太炎：《后圣》，《章太炎政论选集》上册，第37页。
② 章太炎：《独圣》，《章太炎全集》（三），第106页。

的是否重视作为评价其他历史人物的标准。如他评孟子说："孟氏未习，不能窥其意。其他揖让之礼虽从，而戾于行事者，遇之则若焦熬矣。"①这里，因孟子只注意到"揖让之礼"即礼节仪式，却不重视或没有认识到"礼"之治国平天下的大功用，而受到章太炎的贬斥。与此相反，对于重视"法""刑"等规范手段的法家，章太炎则写了一系列翻案文章，对商鞅、韩非等人的学说及其功过予以新的解说和评价（详后）。也正是这种认识，才使他在反荀思想风行的戊戌时期，独标旗帜倡"尊荀"。而这，正是他承继了乾嘉荀学复兴的思想成果，并受到其师长俞樾、黄以周尊荀重礼之学术品格的直接影响的结果。

章太炎早年就读于诂经精舍时，相与问学的老师——俞樾和黄以周，一个是治诸子学的健将，一个是研究礼学的大家。

俞樾（1821—1907）的"尊荀"倾向很明显。他称《荀子》一书"所言皆近切要，又多引古礼，粹然儒者之言"，主张升《荀子》一书为经，并在科举考试中用《荀子》出题："升《荀子》为经，与《孟子》配次《论语》之后，并立学官，乡、会试首场即用此一圣二贤之书出题取士，允为千古定论。"②为此，他在研治先秦诸子训诂时，特别致力于《荀子》③。他不仅考释《荀子》的字义文句，而且在"义理"上发挥和推许荀子"性恶"说："孟子曰人之性善，荀子曰人之性恶。夫性之善恶，孔子所不言，则二子之说未

---

① 章太炎：《后圣》，《章太炎政论选集》上册，第37页。
② 俞樾：《取士议》，收在俞氏著《春在堂全集》第二十七册，《宾朋集·四·议篇》，同治九年刻本。
③ 俞樾所著《诸子平议》一书，考释先秦至西汉诸子十四家，共三十五卷，其中《荀子平议》四卷，而卷数超过《荀子平议》的只有《管子平议》，为六卷。

有以决其是非也。然而吾之论性，不从孟，而从荀。"理由是"荀子取必于学者也，孟子取必于性者也。从孟子之说，将使天下恃性而废学"，而荀子之说主"性恶"，则使人"知性之不足恃"，而"才足恃"，于是"学者劝矣"①。

俞樾继承了乾嘉以来的荀学复兴成果，并有所发展和深化。他论"礼"的起源说："荀子曰：'古者圣人以人之性恶，以为偏险而不正，悖乱而不治。故为之立君上之势以临之，明礼义以化之，起法正以治之，重刑法以禁之，使天下皆出于治合于善也。是圣人之治，而礼义之化也。'呜呼！其言尽之矣。民之初生，固若禽兽，然圣人者作，惧其人之禽焉兽焉，于是教之使知有父子之亲，夫妇之别，尊卑上下之分。而民始皆茫然无所措手足，于是制之为礼。若曰：能吾礼足矣，而民又不能皆然，于是制之为刑。夫使人之性而故善也者，圣人何为屑屑焉若是？"②在这里，俞樾的论述深化了凌廷堪的"复礼"论。凌廷堪既主张性善，又主张复礼，在理论上有自相矛盾之处③。而俞樾则认为性恶，因为人性恶，必须以礼为教为政化之。这就将"礼"的基础建立在"性恶"的假定上，理论上是一致的。

黄以周（1828—1899）是晚清著名的礼学大家。其父黄式三曾著《约礼说》《复礼论》和《崇礼说》，对凌廷堪的复礼论加以进一步的发挥。黄以周则说："挽汉宋之末流者，其惟礼学耶？文章非礼则淫哇，政事非礼则杂霸，义理非礼则虚无。礼学废，则国乱而民

---

① 俞樾：《性说》，前揭《春在堂全集》第二十七册，《宾朋集·二·说篇》。王汎森已注意到俞樾对荀子"性恶"说的发挥，见其《章太炎的思想及其对儒学传统的冲击》一书。
② 同上注。
③ 参阅王茂等《清代哲学》，安徽人民出版社1992年版，第762页。

荡。"①因此，他以毕生精力撰成《礼书通故》百卷。黄以周此作，并不是单纯对礼之文献的考订，而是为了寻求有补世事的政术。

从1890年到1897年，章太炎在诂经精舍学习八年。他自己说，他与俞樾"出入八年，相得也"②。八年之间，章太炎从俞樾所受学的，不仅有俞氏治经治子的训诂方法，而且也包括俞氏的思想见解。而对黄以周，章太炎也十分推崇。他称赞《礼书通故》"盖与杜氏《通典》比隆，其校核异义过之。诸先儒不决之义，尽明之矣"③。无疑，黄以周对典章制度（礼）的探求，也深刻影响了章太炎早年的思想。

章太炎不仅受到俞樾、黄以周两位老师的直接影响，更受到时代风气的熏染。此时，随着荀子学说复兴之后在思想界、学说界的扩展和深化，荀子已成为很多学者共同尊奉的偶像，《荀子》一书的校释也出现了完备的《荀子集解》。这是由湖南学者王先谦（1842—1917）完成的。王先谦特别推崇荀子，认为"荀子论学论治，皆以礼为宗，反复推详，务明其指趣，为千古修道立教所莫能外"④。因此，他荟萃乾嘉以来荀子学说研究的成果，纂成《荀子集解》一书。此外，礼学研究也兴盛一时。乾嘉荀学复兴，本由经学考据而扩及，而它的复兴，又进一步推动了经学研究尤其礼学研究。凌廷堪的"复礼"论，在当时就产生了相当大的社会影响，和

---

① 参见章太炎《黄先生传》，《章太炎全集》（四），第214页，黄以周语也转引自该传。关于黄式三、黄以周之学，参阅《清儒学案》卷153、154，《儆居学案》。
② 章太炎：《谢本师》，前揭《章太炎选集》（注释本），第121页。
③ 章太炎：《黄先生传》，《章太炎全集》（四），第214页。
④ 王先谦：《荀子集解·序》，中华书局1988年版。

他同时代的阮元、焦循都赞成"复礼"。此后，不仅汉学阵营内部的凌曙、黄式三、黄以周父子等十分推崇礼学及凌廷堪的"复礼"论，即使推崇理学的曾国藩，也大力揄扬凌廷堪的"复礼"论，力阐"礼"在五常及治理国家中的重要性："古之君子所以尽其心，养其性者，不可得而见；其修身、齐家、治国、平天下，则一秉乎礼。自内焉者言之，舍礼无所谓道德；自外焉者言之，舍礼无所谓政事。……凌廷堪作《复礼论》，亦有以窥见先王之大原。……荀卿、张载兢兢以礼为务，可谓知本好古，不逐乎流俗。"他甚而将"先王之道"也归结于"礼"："先王之道，所谓修己治人，经纬万汇者，何归乎？亦曰礼而已矣。"[1]至晚清戊戌前后，思想倾向维新的皮锡瑞、孙诒让，也都有类似主张[2]。这些学者、思想家的政治宗旨虽判然有别，但应该说他们都意识到了"礼"所具有的维持社会群体秩序的外在规范功能，从而孜孜研求"礼"学、主张"复礼"的。章太炎所处的时代，反荀风气虽盛，但尊荀重礼的风尚也很浓厚[3]。章太炎早年的尊荀，正是承继了这种思想、风气的结果。

---

[1] 曾国藩：《圣哲画像记》《笔记二十七·礼》，引文见《曾国藩全集》诗文卷，岳麓书社1986年版，第250、358页。

[2] 黄式三、黄以周父子、孙诒让皆是晚清研治礼学的学术大师；皮锡瑞也有称赞凌廷堪复礼主张的言论。参阅皮锡瑞《经学通论·三礼》《王制笺》等。

[3] 尊荀重礼是乾嘉至晚清的学术风尚，此一现象在清人著述中反映至为明显。关于礼学研究，据张寿安统计，《皇清经解》所收183种著作中，有关三礼的专著有37种，占百分之二十；《皇清经解续编》收书209种，有关三礼的专著有59种，占百分之二十八；参阅张寿安《以礼代理——凌廷堪与清中叶儒学思想之转变》，"中研院"近代史研究所1994年版，第5页。关于《荀子》，据王先谦《荀子集解》征引书目统计，《荀子》的校注本，自唐至明，仅7种，而清朝多达25种。另据王重民编《清代文集篇目分类索引》统计，清人文集中关于荀子的评论文章为42篇，远超出清人有关先秦其他诸子的评论文章篇数。这些现象不仅说明了礼学研究与荀学复兴之间的内在联系，而且也反映了中国传统文化寻求维持社会秩序的手段的制度化、形式化的趋向。

三、章太炎尊荀与西方进化论、社会学

章太炎早年的尊荀，承继了乾嘉以来荀学复兴的思想学术成果，但同时又受到西方传入的近代进化论、社会学思想的影响。

就戊戌时期的中国学术思想界而言，除了极少数顽固排斥西学的人而外，大多数人都采取了一种"中西结合"的方式，或者说中西援引比附的方式。在当时的历史条件下，章太炎早年对西学的吸收和理解，在某些方面自然免不了这种援引比附的局限①。但作为对中国传统学术深有根底的学子，对西方新学不可能单纯地接受，盲目被动地信服，他只能从自己已有的知识结构、学理观念、思想取向及思维框架出发去理解和认识西学新知。因此，与那种简单地以西学援引中学，以中学比附西学的做法不同，章太炎力图在真正的"理要"上沟通中学和西学、传统学问和近代新知②。

戊戌时期的尊荀，就是章太炎沟通中西学术"理要"的具体表现。在尊荀这一思想的形成过程中，英国社会学家斯宾塞的学说对章太炎在学理上有很深的影响和启迪。赫伯特·斯宾塞（1820—1903），是英国近代实证社会学家，社会有机论和社会进化论的著名理论家。他是较早被介绍到近代中国来的西方思想家，因此，产生的影响也很大。

① 参阅《膏兰室札记》卷三中，章太炎对《管子》《墨子》及《荀子》等书中一些字、词的解说，收入《章太炎全集》（一）。
② 章太炎：《东方格致》，《历史论丛》第4辑，齐鲁书社1983年版。章太炎在该文中批驳了当时流行的"泰西格致之学源于中国"说，认为格致之学在东、西方各有独立的发展过程，但在"理要"上是可以沟通的。

1898 年，章太炎和曾广铨合作翻译的《斯宾塞尔文集》，连载于《昌言报》第一至第八各册。所载之文分两篇，一为《论进境之理》，一为《论礼仪》。《论进境之理》广泛研究了宇宙和人类社会的运动变化过程，阐明了作者本人归纳的关于进化的主要原理。《论礼仪》则结合教治、王治的起源、本质和作用，研究了礼仪与风俗、法律与制度的产生、演变的过程以及变化的"一定不易之理"。

　　如果将这两篇译文和章太炎在此前后撰写的主要著作《訄书》《儒术真论》和《菌说》等对照起来考察，便会发现它们之间的密切联系①。可以说，斯宾塞对人类社会生活进化规律的探讨，对文化与文明在人类社会进步中的作用的强调，尤其是对古代王权、古代法律与制度以及礼仪风俗的形成、变迁的论述，丰富了章太炎关于人类社会的认识，启迪了章太炎对人类社会政治、经济、文化各领域的进化与变革规律的探讨和认识，并和章太炎已承继的荀学复兴的思想成果相融合，从而直接影响了章太炎尊荀思想的主要内容——"合群明分"观念的形成。具体而言之，这种影响主要表现在以下几个方面：

　　关于人类社会的进化与分工：斯宾塞认为，宇宙和人类社会的各方面和各领域都是不断进化的："夫地球之成果，众生之成果，交际之成果，政治之成果，制造之成果，贸易之成果，语言、文学、工艺之成果，其始皆原于一，其后愈推至于无尽，盖夫日夜相代乎

① 参阅姜义华《〈斯宾塞尔文集〉与章太炎文化观的形成》，收入胡伟希编《辛亥革命与中国近代思想文化》，中国人民大学出版社1991年版。该文最早论述了斯宾塞思想对章太炎早年文化观的影响，笔者从中获益良多。

前而未尝息者，斯进境之说也。"①进化的规律是："由一生万，是名进境。""由一以化万，化愈多而愈新。"②斯宾塞关于进化的这些论述，说明了世界上的万事万物都由简单到复杂、由旧到新，在不断地进化。章太炎接受了这些观点，在《原变》一文中，论述了人类的进化及其规律。他说："物苟有志，强力以与天地变，此古今万物之所以变，变至于人，遂至不变乎？"世界上的万事万物都是变化的，人类也是如此。而变化的规律是："昔之有用者，皆今之无用者。""蜕其故用而成其新用。"③

斯宾塞论述了人类自身和人类各个层面的社会生活，说明了人类内部政治、经济等方面的分工、分化越来越复杂："于是有法司，有刑官，有律师，有国教，有品秩，有称号，有礼节。"④在这儿，斯宾塞论述的，实际是人类社会的等级之分和社会管理制度的分工。章太炎从斯宾塞的论述中得到启发，认识到人类社会在进化中逐渐形成社会分工和等次、阶层等社会管理体系："吾是以知先有市井，而后有街弹之室；其卒则立之天王、大司马。"⑤

关于人类社会的群体竞争和群体内部协调：斯宾塞认为，群居性的动物的生存斗争主要是群和群的斗争，不是个体和个体的斗争，因此，"合群"就不仅是人类，也是生物自保的根本办法："非

① 曾广铨采译、章炳麟笔述：《斯宾塞尔文集·论进境之理》，刊《昌言报》第一至四册；《斯宾塞尔文集·论礼仪》，刊《昌言报》第五、六、八册。此处引文见《昌言报》第一册，第一页B面。
② 曾广铨采译、章炳麟笔述：《论进境之理》，《昌言报》第三册，第一页B面、第二页A面。
③ 章太炎：《訄书·原变》，《章太炎全集》（三），第27、28页。
④ 曾广铨采译、章炳麟笔述：《论礼仪》，《昌言报》第六册，第三页A面。
⑤ 章太炎：《訄书·明群》，《章太炎全集》（三），第51页。

独人类然也，虽禽兽亦有合群以自卫者矣。"①而要合群，就要维护群体内部秩序，保持群体内部协调。为了保持群体内部协调，就不得不设置相应的法律、宗教、礼仪，限制和约束人的行为，以保持必要的秩序："故至于今日，有王，有大臣，有世爵，有绅士，有刑司，有税关，有行省，有府州县，有乡团，皆以法律相钳制，而教治实配之。"②"是故律法弛，则剽劫者满于山矣；教权弛，则虐老者满于国矣；礼仪弛，则蒸报者满于家矣。此非虚言也，譬之御蹄齿之马而弛其衔辔，其能不奔轶于辕轫之外哉？"③法律、宗教和礼仪都为人类生活所必需，对维护社会秩序和群体内部协调具有积极作用。章太炎正是以这样的认识而为"法家"正名的："民不患其作乱，而患其驰荡姚易，以大亡其身。于此有法家焉，虽小器也，能综核名实，而使上下交蒙其利，不犹愈于荡乎。"④因此，他主张"明分"以保持群体内部协调："以界域相部署，明其分际，使处群者不乱。"⑤

关于人类社会的风俗和民族文化之别：斯宾塞认为，人类社会的风俗比法律、礼仪更能约束人，其约束力往往比政治、礼仪等更为强调："以术制民者，虽有数端，而皆莫如风俗之酷。盖礼仪者事人之法，而风俗则以限一身之举止。一自我适人，一自人适我。"故而他得出结论说："外暴者，不足以愚人，必有内心者，而人始

① 曾广铨采译、章炳麟笔述：《论进境之理》，《昌言报》第二册，第一页A面。
② 曾广铨采译、章炳麟笔述：《论进境之理》，《昌言报》第二册，第一页B面。
③ 曾广铨采译、章炳麟笔述：《论礼仪》，《昌言报》第六册，第三页B面。
④ 章太炎：《訄书·商鞅》，《章太炎全集》（三），第81—82页。
⑤ 章太炎：《訄书·明群》，《章太炎全集》（三），第51—52页。

为之愚。故礼仪与风俗，其长短优绌可知也。"①风俗比之礼仪更能治民，就因为它深入人心，使人们内心敬神服强非但不反感，反而视为理所当然，心悦诚服地去遵循。章太炎从这些论述中受到了启发，主张在进行社会变革时应照顾到人们的习惯风俗。他指出："夫亟涤则异老成之法，将无以取信于流俗。必故言之守，而又足以乱大从。"②改革如果不从现实情况出发，不考虑和兼顾民俗民情，而悬设一主观理想，凭空变革，只能导致社会改革的失败："李斯眩于是，涤荡周旧，而一从秦制……畔周世之随俗雅化，……其傧新也，褆以害新也。"③

斯宾塞还认为人类最初皆为一体，后来则因各种因素的影响而各自分别："九变复贯，皆原于一，同庑宇之民而其后至于分离乖隔者，曰：以天时地利之不同而已。"④斯宾塞在这里所强调的，是环境不同对人的进化发展的影响。而章太炎则从中抽象出一个观点，认为人类的民族群体因"化有蚤晚""性有文犷"而区别开来。他说："人之始，皆一尺之鳞也。化有蚤晚而部族殊，性有文犷而戎夏殊。"⑤因此，他主张合群"必于爱类"，而"爱类必于知分"⑥。即是说，合群必须热爱自己的同胞，分清异族和本族的区别。这样，章太炎就在他的"合群明分"主张中融入了民族风俗、民族文化的因素。

---

① 曾广铨采译、章炳麟笔述：《论礼仪》，《昌言报》第六册，第四页B面。
② 章太炎：《訄书·独圣》，《章太炎全集》（三），第105页。
③ 章太炎：《訄书·尊荀》，《章太炎全集》（三），第7—8页。
④ 曾广铨采译、章炳麟笔述：《论进һ之理》，《昌言报》第四册，第三页A面。
⑤ 章太炎：《訄书·原人》，《章太炎全集》（三），第21页。
⑥ 章太炎：《菌说》，《章太炎政论选集》上册，第139页。

从以上所述可以看出，章太炎在关于人类社会的认识理解方面，有许多方面都接受了斯宾塞社会学的观点，并尝试运用西方近代社会学的"理要"和眼光来观察人类社会以及社会中政治、经济、文化和社会生活现象。

在接受了西方近代社会学的新知以后，章太炎再来观照他所承继的中国本土的学问、知识、观念和历史文化遗产，他的理解和解释就和他的前辈学者不同了。章太炎把他所吸收的关于社会、历史、法律、制度、风俗礼仪等方面的西方新知，融于对乾嘉学者重新复兴的荀子学说的理解和解说。这种解说集中体现在他对荀子学说中"群""分"观念的发掘和阐释。这是经西方近代社会进化观念改造了的"群分"理论，是章太炎早年尊荀的重要内容。

四、章太炎尊荀的核心："合群明分"

戊戌时期，章太炎提出的"合群明分"主张，就是他受斯宾塞社会学说的启迪和影响，从而对荀子学说予以重新解说的一个典范。

在中国古代的思想家中，荀子关于"群"（社会）的观念是最丰富的。荀子提出"明分使群"和"群居合一"的主张，表明他已认识到人类社会是以群体组织的方式而生存和生活的。他认为，人类群体之所以能够维持是靠着分工，分工的依据则是礼义[①]。因此，荀子的"礼"论，不仅建立在其性恶论的基础之上，而且与

①　参阅郭沫若《十批判书·荀子的批判》，科学出版社1956年版，第220—229页。

他的社会观联系在一起。在荀子看来，礼不仅是"节欲""化性"的手段，而且是"法之大分，类之纲纪"[①]。这正是从人类群体的角度来论证"礼"对人类群体生存的重要性。但是，乾嘉时代复兴荀子学说的学者，虽然主张"复礼"，但并没有从这个角度（人"类"，"群体"）去认识、论证"礼"，所以，在理论上，他们仍然是从关于人性的基本假定出发（性恶或性善），来设计维持社会秩序的基本手段和规范（礼）。这说明，关于人类是以群体（类）存在的这种观念，他们的认识实际上还没有荀子理解得明确和清楚。

诚然，凌廷堪用"礼"代替其他一切道德原则和作为行为准则的最高纲纪的主张，与宋明理学着重个体道德自发的观念不同，他所注重的是外在的、非个人的道德规范——"礼"的客观纲纪的统领作用。换言之，凌廷堪认识到"礼"是维护群体秩序的最高规范准则。这意味着凌廷堪对"群体"的观念有些朦胧的意识。就此而言，乾嘉荀学复兴的进一步深入发展，合乎逻辑的结果就是荀子学说中"群""分"观念的重新复活。而戊戌时期西方近代进化论、社会学思想的传入，恰好使荀子学说中的社会学思想即"群""分"观念凸现出来。章太炎既继承了乾嘉以来荀学复兴的思想成果，又受到斯宾塞社会学理论的影响，因之，就敏锐地抓住了荀子学说的"群""分"观念。这样，章太炎的尊荀思想，就不是对荀子学说中"性恶"或人之欲望的辩护，而首先是对荀子"群""分"观念的重新发掘和解说。对于荀子的"礼"论，也主要从"群""分"的角度予以解说和理解，而不是像乾嘉时代的学

---

① 《荀子·劝学篇》，王先谦《荀子集解》，中华书局1988年版，第12页。

者，仅从"性恶"论的假定出发，先验地推论"礼"之性质和功能。正是对"群""分"观念的明确意识，使章太炎早年对荀子学说的理解和认识，不仅超出了前辈学者，而且也迥然有别于同时代的其他思想家。

章太炎的"合群明分"思想，主要有以下两点内容：

首先，"合群明分"意味着群体内部必须团结起来，以增强民族群体的整体力量。

章太炎认为，人类所处的自然界是一个"兼弱攻昧"、弱肉强食的、竞争的、进化的世界。而自然界生物之间的不断竞争，其胜负取决于生物种类的智慧，"然则万物之胜负，决于智而已"。人类之所以优于其他生物，正是人类在竞争和进化过程中不断增长的"智慧"："夫自有花岗石以来，各种替变，而至于人，则各种皆充其鼎俎，以人智于各种尔。"然而，自然界的进化并非到人为止，不但其他生物进化为人的过程没有结束，人的进一步变化也并无终极："异物化人，未有底止；人之转化，亦无既极。"将来必定会出现比人类更高级的生物："然则继人之后，亦必有变而智于人者。"到那时，"则黄白人皆其脔脍也。不然，则皆其骖服也"[①]。

问题的严重性尚不止此，因为人类的进一步变化，并不能保证其单向进化，相反，由于外部环境的压力或内部的分裂，人类倒有可能出现退化。章太炎不无忧虑地指出："浸益其智，其变也侗长硕岸而神明；浸损其智，其变也若跛鳖而愚。"[②]

这样，一方面，是生物和人的不断进化，以至将来出现"智于

---

① 章太炎：《菌说》，《章太炎政论选集》上册，第137、139页。
② 章太炎：《訄书·原变》，《章太炎全集》（三），第28页。

人"的高级生物，从而使人类沦于或"斋脍"或"骖服"的悲惨境地；另一方面，人类在和其他生物的不断竞争中，会出现退化。面对这种情况，章太炎指出，"合群明分"是人类防止退化、自强保种的根本办法："彼人之自保则奈何？曰：合群明分而已。"他用蜜蜂和狮子做对比说明"合群明分"的重要意义："苟能此，则无不自立。譬之蜜蜂，虽细不败。苟不能此，则无不受侮。譬之狮子，为罗马所杀者，四月至万一千头，虽大而亦绝矣。"[1]一句话，物种的群体存在乃是生物个体存在的根本保障。因此，生物个体必须团结起来，以群体的力量抵御其他物种的侵袭，依靠群体的力量而生存。否则，只能亡群灭种。"物不知群，益州之金马、碧鸡，大古有其畜矣，沾沾以自喜，踽踽以丧群，而亡其种，今仅征其枯腊。"[2]

不仅自然界是生存竞争的世界，人类社会也是如此。章太炎指出，人类群体内部的各种族之间，也是依靠智慧而互相竞争、进化和兼弱攻昧的。这种生存竞争，甚至使文明的民族也可能转化为"生蕃"。"吾尝谓文明之民，其初生蕃也，一旦替为台隶，浸被逼遁逃入山，食异而血气改，衣异而形仪殊，则未有不反其故。"[3]人类社会的生存竞争、优胜劣败是多么残酷和骇人，"以是为忧，故'无逸'之说兴，而'合群明分'之义立矣"[4]！

章太炎的这些论述，从理论上看，是基于进化论对生物界的生物进化和人类进化规律的探讨。实际上，这正是近代中国社会客观现实的反映。近代的中国，内受专制主义的压迫，外受帝国主义的

---

[1] 章太炎：《菌说》，《章太炎政论选集》上册，第139页。
[2] 章太炎：《訄书·原变》，《章太炎全集》（三），第28页。
[3] 章太炎：《菌说》，《章太炎政论选集》上册，第136页。
[4] 章太炎：《訄书·原变》，《章太炎全集》（三），第28页。

侵略，所面对的世界是弱肉强食的强盗世界，中华民族面临亡国灭种的危险。因此，章太炎将"合群明分"直接与救亡大业联系在一起："今知不合群致死以自御侮，则后世将返为蛮獠狙获。""是故合群明分，则足以御他族之侮；涣志离德，则帅天下而路。"① "合群明分"是挽救中华民族危亡的根本办法。

其次，"合群明分"还意味着在群体内部，必须由制度、法律、道德原则进行明确的界限划分和等次分配，以保持群体内部的协调，从而实现真正的"合群"。

章太炎从"群""分"的互相依赖角度，论证了"群"和"分"是人类能够战胜动物的根本原因，也是人类和动物的本质区别。他引用荀子的话指出："人力不若牛，走不若马，而牛马为用，何也？曰：人能群，彼不能群也。"人在自然界中，从体力上来说，是不能和大动物竞争的，但是，由于人"能群"，就能够支配动物。"群"是人类战胜自然、支配自然的根本力量。而"群"的力量，则来自群体内部的"分"。"人何以能群？曰：分。分何以能行？曰：义。故义以分则和，和则一，一则多力，多力则强，强则胜物。故宫室可得而居也。故序四时，裁万物，兼利天下，无他故焉，得之分义也。"② 这就是说，人能群的原因，在于人能"分"。"分"是"群"的必要条件或前提。人类有了"分"，才能够合作协调，团结组织起来，成为以群体存在的社会动物。这样，人类也就从根本上和动物群区别开来。

章太炎论证了"明分"对"合群"的必要性。他认为，只要有人

---

① 章太炎：《菌说》，《章太炎政论选集》上册，第139、137页。
② 章太炎：《菌说》，《章太炎政论选集》上册，第137页。

类群体存在，其群体内部必然会产生"争"："群者，争道也。"而人们之间的"争"，必然要破坏"合群"，因此，为了保证群体内部秩序的和谐，必须"明分"："群则有两，善群微矣，是故与之明分。"①

如何做到"明分"呢？章太炎认为，"明分"的依据和标准是"义"。他指出："人何以能群？曰：分。分何以能行？曰：义。"又说："有义则分际有远近，而恩施有隆杀。""分"依"义"而行，即根据"义"的原则实行"分"。而"义"，则是根据人的自然欲求制定的道德原则。章太炎说："人之嗜欲，著于声、色、香、味、触法，而仁义即由嗜欲而起。"又说："随俗雅化，则周、孔不能舍弁鬃；有物勿戕，则释迦亦不能咳【废】菜果。此皆以义裁断者。……是故内圣外王，无不托始于三根六欲，制为礼义，所以养欲给求，而为之度量分界。"②这就是说，每个人都有自己的自然欲求和物质利益，圣人则根据人的欲求制定礼义，从而对人的欲求既为之"给养"，又为之"度量分界"。这意味着，"明分"既是按一定的道德原则（"义"）限制群体内部每个个体的自然欲求，同时也是按一定的道德原则（"义"）确认每个个体的自然欲求；即保证每个人的欲求的合理满足，节制每个人的过分欲求，从而在群体内部成员之间保持合理适度的关系，维持整个群体社会秩序的和谐与稳定。

但是，"义"只是"分"的抽象的道德原则，如果仅凭"义"，倘不足以真正做到"明分"，从而也无法实现"合群"。因此，要真正实现"合群明分"，还需要各种具体规定、措施、手段和办法，需要客观的外在规范的制约，亦即需要道德原则的具体化、规范

---

① 章太炎：《訄书·明群》，《章太炎全集》（三），第51、52页。
② 章太炎：《菌说》，《章太炎政论选集》上册，第134—135页。

化、制度化和法律化（"义"的外化）。

在荀子那里，这个具体规定和外在规范就是"礼"。荀子称："礼者，法之大分，类之纲纪也。"礼是维持群体秩序的纲纪。他又说："礼起于何也？曰：人生而有欲，欲而不得，则不能无求。求而无度量分界，则不能不争，争则乱，乱则穷，先王恶其乱也，故制礼义以分之，以养人之欲，给人之求。使欲必不穷乎物，物必不屈于欲，两者相持而长，是礼之所起也。"①这说明，"礼"起源于人与人之间的"争"夺，只有"礼"的规范和约束，人类群体才能免于无秩序的争夺。因此，"礼"是"节欲""止争"即"明分"的根本大法。

章太炎继承了乾嘉以来荀学复兴的思想成果，又受到西方近代社会学及政治观念的影响，故而用"法"代替了荀子的"礼"。他认为，"法"是维护社会秩序、治理国家的专门制度和法典的总结："法者，制度之大名。周之六官，官别其守，而陈其典，以扰义天下，是之谓法。"②

章太炎论证了"法"的性质与作用。首先，"法"是保障人民生存和生活的起码条件："悲夫！以法家之鸷，终使民生；以法家之刻，终使民膏泽。""法家焉，虽小器也，能综核名实，而使上下交蒙其利，不犹愈于荡乎？苟曰吾宁国政之不理，民生之不遂，而必不欲使法家者整齐而搏拙之，是则救饥之必待于优饭，而诚食壶飧者以宁为道殣也。"③这就是说，"法"是与国计民生息息相关的大

---

① 《荀子·礼论篇》，王先谦《荀子集解》，第346页。
② 章太炎：《訄书·商鞅》，《章太炎全集》（三），第79页。
③ 章太炎：《訄书·商鞅》，《章太炎全集》（三），第82、81页。

政,"法"是保障人民生存和维持社会秩序的最基本的手段。其次,"法"是客观的、独立的社会管理体系,在法律面前,人人平等:"西方之言治者,三分其立法、行政、司法,而各守以有司。惟刑官独与政府抗衡,苟傅于辟,虽人主得行其罚。""夫以大上之尊,而犹不免于五咤,使舜安杀人,则治之等是矣。"[①]再次,"法"以"明信""宪度"而治理国家,非以"刑法"维护君主专制:"吾观古为法者,商鞅无科条,管仲无五曹令,其上如流水,其次不从则大刑随之,贵其明信,不曰摧轻重。"[②] "(商)鞅之作法也,尽九变以笼五官,核其宪度而为治本,民有不率,计画至无俚,则始济之以攫杀援噬。此以刑维其法,而非以刑为法之本也。""若夫张汤,则专以见知、腹诽之法震怖臣下,……以称天子专制之意,此其鹄惟在于刑。"因此,"是其于法家,则犹大岩之与壑也"[③]。这里,章太炎在对商鞅和汉世刀笔吏的区分和评价中,表达了他对"法"的认识:"法"是保障人民生存、维持社会秩序必不可少的基本手段;"法"是治理国家、管理社会的根本大法。

从章太炎以上的论述可以看出,"合群明分"意味着:"合群"是"明分"基础上的合群,"明分"是以"合群"为目的的明分。"明分"不仅是对个体社会需求的限制,而且也是对个体生活合理欲求的保障。正是在个体生活满足的基础上,群体内部秩序的和谐才有可能,也才可以真正实现"合群"。

章太炎的"合群明分"思想,在中国近代思想史上有着重要

---

① 章太炎:《訄书·刑官》,《章太炎全集》(三),第83、84页。
② 章太炎:《訄书·儒法》,《章太炎全集》(三),第11页。
③ 章太炎:《訄书·商鞅》,《章太炎全集》(三),第79、80、81页。

意义。

首先，章太炎的"合群明分"思想是具有近代社会意识的思想观念。戊戌维新时期，维新知识分子都十分强调"合群"对中华民族救亡振兴的重要意义。"合群"主张的提出，既是甲午战后中华民族要求团结起来，增强民族群体力量以抵御外侮的客观现实需要的反映，同时也是西方近代进化论、社会学学说传入以后，维新知识分子近代社会意识觉醒的表现。而章太炎的"合群明分"，也正是这种时代思潮的体现和反映。但是与单纯主张"合群"的思想家不同，章太炎则更注意"合群"与"明分"的联结。之所以有这种差别，在于前者主要是着眼于救亡的政治主张，后者则不仅是一种政治救亡主张，更重要的是，它是关于人类社会生活及其进化和发展规律进行探讨的社会历史观。在章太炎看来，人类社会是一个有着复杂的分工分职、等次、阶层、制度等构成的有机结构体，而"合群明分"既是人类社会发展进化的基本规律，也是人类社会的基本存在方式。这样，章太炎就将荀子"群分"观念予以近代化，在一定程度上沟通了中国传统社会学思想和西方近代社会观念，实现了中国传统的创造性转化。

其次，章太炎的"合群明分"思想，重视和强调"明分"对"群"的制约，因此也就注重对人类社会群体秩序的维持手段和外在规范"礼""法"等的探讨。章太炎已明确地认识到，人类社会是一个制度化的社会，因之，在他看来，维持群体内部秩序、管理社会和治理国家的基本手段，主要是法律制度，而不仅仅是道德原则和道德规范。这样，章太炎就沟通了中国古代的礼治主张和西方近代的法治观念，从而将中国古代的"礼治"论改造和解说为近代的法治理论。这在中国近代思想史上是独树一帜的思想，迥然有别于同时代及其以后注重提高国民素质的启蒙思想。如果考虑到中国社会注重道德修养、个体人格培养的倾向，那么，章太炎在近代中国最早认识到法律制度的重要性，就不能不说具有相当重要的理论价值和现实意义。

再次，章太炎的"合群明分"思想，如果落实到现实社会政治变革的层面，在一定程度上就不能不带有保守性。"合群明分"意味着建立强大而有权威的国家机器，以推动改革。因此，章太炎对于当时其他维新人士提出的"设议院""民主""平等"等主张表示反对。在他看来，"议院"乃"辨而不已，使听者眩于名实，惯眊不溙，而发政者益濡缓无期会"，故"议院者，定法之后之所尚，而非所取于法之始变也"[①]。这样，"合群明分"意味着有序的、循序渐进的变革。至于"平等"，在他看来，则意味着"去君臣，绝父子，齐男女"，即破坏伦常名分，从而破坏群体内部秩序的和谐与稳定，因而必须否定："平等之说，非拨乱之要也。"[②]

五、余论

章太炎早年的尊荀思想，首先是中国传统文化自身演变的结果。清代乾嘉学术，在对古代大批经典文献的考释中，动摇了宋明理学的根基，同时也就开辟着中国传统文化走向近代的道路。而荀学复兴，正是中国传统文化走向近代的思想呼声和历史表现。乾

---

① 章太炎：《訄书·明群》，《章太炎全集》（三），第52页。
② 章太炎：《訄书·平等难》，《章太炎全集》（三），第36、38页。

嘉荀学复兴的趋向是寻求维持社会秩序的手段的规范化和制度化（"礼"）。章太炎承继了荀学复兴的思想成果，又受到西方近代社会学理论的影响，从而形成了他独特的社会历史学说——"合群明分"。而章太炎之所以受到西方社会学的深刻影响，也正是其承继了荀学复兴的思想成果。在这个意义上，可以说，乾嘉以来的荀学复兴就构成章太炎接受西方社会学的先见①。

　　章太炎早年的尊荀思想，起点在于承继了乾嘉以来荀学复兴的思想成果，但西方近代进化论、社会学理论也起了重要作用。戊戌维新时期，章太炎参与翻译了英国社会学家斯宾塞的《论进境之理》和《论礼仪》两篇文章，斯宾塞的学说自然远非这两篇短文所能完整表达，但在这两篇文章中，斯宾塞对人类社会生活的存在、进化、发展规律的论述，大大启迪了章太炎在这些方面的思路，使章太炎以近代社会学的眼光来观察人类社会生活，解说中国传统文化的思想材料和历史遗产。在西方近代社会学理论的观照下，章太炎重新审视了中国旧有学术思想和他所承继的荀学复兴思潮，发现了荀子学说中"明分使群"观念的理论价值，并予以西方新"理要"的重新解说。这样，章太炎的尊荀思想就远远超出了乾嘉学者

----

① 这种先见的作用和影响是十分重要的。戊戌时期，康有为、严复、梁启超等，都非常重视"合群"对救亡的重要意义，但都没有注意到"明分"。这与他们各自接受的中国传统学术渊源甚有关系。代表性的例子如严复，他和章太炎在不同程度上都受到斯宾塞思想的影响，但严复主要吸取了斯宾塞"鼓民力、开民智、新民德"等提高国民素质的思想学说，章太炎则受到斯宾塞关于人类社会的分工、制度、结构等方面理论的启迪。这固然与斯宾塞自身的思想庞杂有关，但也与章、严所承继的中国传统的不同学术资源密不可分。章氏注重对"礼""法"制度等社会管理体系的探讨，是承继了乾嘉荀学复兴的思想成果，故而敏锐地意识到此乃正是可以与西方政治学、社会学传入的新"理要"沟通、吸纳、融合之处。关于严复与斯宾塞思想的关系，参阅蔡乐苏《严复启蒙思想与斯宾塞》，《清华大学学报》1989年第1期。

的思想水平，从而将清中叶以来的荀学复兴向前大大推进了一步。

　　章太炎尊荀思想的特色在于对"合群明分"的解说。正是通过对"合群明分"的重新解说，章太炎将中国古代的社会学思想改造成为具有近代意义的社会学理论，同时也将中国古代的礼治论发展为近代的法治理论。这在中国近代思想史上具有独特价值和重要意义。

　　（原载郑大华、邹小站主编：《传统思想的近代转换——中国近代思想史研究集刊》，社科文献出版社2007年版）

转型时代的观察与思考：夏曾佑晚清政论试析

张灏先生指出，1895年至1920年初这二十五年，是中国近代思想史与文化史上的转型时代①。本文所要探讨的夏曾佑（1863—1924），恰好生活于这一时代前后，而其生命史上光彩熠熠的一段，也正与转型时代相始终。鉴于学术界以往主要研究其史学思想及其著作《最新中学教科书中国历史》，对其社会政治思想则罕有论及，而笔者因编辑《夏曾佑集》之缘，搜集和阅读了夏曾佑刊布在《时务报》《国闻报》《新民丛报》《中外日报》《东方杂志》《外交报》等晚清报刊上的大量政论。本文即拟依据他的政论文章，对其社会政治思想做一简略的梳理和介绍。不当之处，请方家指正。

一、"荀学"与"秦人之教宗"乃中国近代落后之源

夏曾佑是晚清一位杰出的学者和思想家。在为报刊撰写公开发表的政论之前，他对中国古代的历史演变就做过深入的研究，形成

---

① 张灏：《转型时代在中国近代思想史与文化史上的重要性》，《张灏自选集》，上海教育出版社2002年版，第109页。

了一套独立的见解——从"政教"的角度考察中国古代的历史，并进而探究中国近代落后的原因。早在1895年致友人的信中，夏曾佑就提出：

> 中国政教，以先秦为一大关键。先秦以后，方有史册可凭；先秦以前，所传五帝三王之道与事，但有教门之书，绝无国家之史。教书者各以己之教旨寄迹古人，以自取重。故言尧、舜、文、武之若何用心、若何立政，百家异说，莫可折衷，其同归依托则一也。①

夏曾佑提出这一主张，是有特殊的背景和语境的。

近代中国的落后，西方列强的入侵以及随之而来的西方文化的传播，迫使中国统治阶级和知识分子中一部分思想敏感的仁人志士寻求新的救亡之路，他们在向西方学习先进技术、先进思想、先进文化以及先进制度的同时，不得不思考造成中国近代政治黑暗、思想闭塞和社会落后的原因。在这些仁人志士中，康有为无疑是戊戌维新时期的代表人物，他于1891年发表的《新学伪经考》，提出造成中国社会落后的祸首是西汉末的古文经学派的领袖刘歆。康有为的这一激烈观点，冲击了人们长期信奉的正统观念，引起了保守官僚及部分士大夫的反对。事实上，康有为的这一观点，在学术上非常武断，因此即使在维新派内部，也有不同的看法。针对康有为的观点，在南方很有影响的维新派学者宋恕就提出，"长夜神州之狱"

① 夏曾佑：《致宋恕书》，杨琥编《夏曾佑集》上册，上海古籍出版社2011年版，第445页。

应归于叔孙通、董仲舒、韩愈、程颐（及程颢）。而夏曾佑则对康有为和宋恕的观点都不赞成。相反，夏氏提出，"长夜神州之狱，归重兰陵"[①]，认为中国落后的祸首在于曾经做过楚国兰陵令的荀况，而并非刘歆或其他人。

1895年（光绪二十一年），夏曾佑在答宋恕函中，最早表达了这一见解。他说："孔子之教"在流传中，"诸弟子有全闻者，有半闻者。全闻者知君主之后，即必有君民并主与民主，故道性善，而言必称尧舜。其不全闻者，不知后二，但知初一，故言性恶而法后王"。"盖教门之宗子，所学者为帝王之学，而其他为辅也。而荀卿乃此中之一支。"夏氏认为，由于荀卿的弟子李斯相秦，"大行其学，焚坑之烈，绝灭正传，以吏为师，大传家法"。因此，叔孙通、董仲舒都是荀子之徒，西汉十四博士多半出于荀学。"盖中国之各教尽亡，惟存儒教，儒教之大宗亦亡，惟存谬种，已二千年于此矣。"无论是康有为提出的刘歆的经古文学，或是宋恕提出的北宋二程等之性理学说，"皆贼中之贼，非其渠魁"，而韩愈"不过晚近一辞章之徒"，"其己心亦不自以为一定，俳优而已"。在夏氏看来，导致中国"晦蒙否塞，长夜不旸，万事凌夷，遂有今日"的根本原因，在于"素王之道淆于兰陵，兰陵之道淆于新师，新师之道淆于伪学"。所以，康、宋二人的见解，"譬犹加穿窬之盗以篡窃之名"，没有击中要害[②]。

如果说这是夏氏在与友人私信中所展现的"思想火花"，那

---

① 宋恕：《致夏穗卿书》，胡珠生编《宋恕集》上册，中华书局1993年版，第526页。

② 以上引文均见夏曾佑《致宋恕书》，《夏曾佑集》上册，上海古籍出版社2011年版，第445页。

么，在1898年发表的《论近代政教之原》一文中，夏曾佑公开宣称：世人信仰和尊奉的孔子之道、圣人之道，并非真正的孔子之道，而是经过后世帝王改造的为其统治服务的"秦人之教宗"。他指出：

> 惟我神洲【州】，建国最早，文、周、孔、孟之圣，《易象》《春秋》之经，其法繁备，其道变化，率而循之，万世无弊可也，与埃及等邦之古教一成而不变者不同也。然则何为而成此一成不变之俗哉？曰祸始于秦而已。今日之政法，秦人之政法，非先王之政法也；今日之学术，秦人之学术，非先王之学术也；今日之教宗，秦人之教宗，非先王之教宗也。

又说：

> 秦人创业垂统几三千年，至今日而始觉其不可用，岂偶然哉？盖必有微言眇旨以运乎其间矣。……祖龙与韩非、李斯，相契若是之深也，是以秦人一代之政，即荀子一家之学，千条万派，蔽以一言，不过曰"法后王"与"性恶"而已。惟法后王，故首保君权。古之治天下也，以民为本位，故井田、学校、封建，均从宗法而积之；今之治天下也，以君为本位，故财赋、兵刑、建置，均从天子以推之。惟人之性恶，故猜防御下。古之人知天下之可为君子，故衣裳钟鼓之化，达乎上下；今之世料天下之必为小人，故凡食货、选举、职官一切诸政，非以求进化也，防流弊也；非以待驯良也，御盗贼也；非以礼

士夫也，蓄奴隶也。^①

尽管对于中国社会长期信奉的圣人——孔子本人及其学说，夏氏尚不敢直接予以批判，但他通过考察中国古代政教的起源尤其是儒家学说在历史上的演变，揭示了世人所尊奉的圣人之道已被荀子、李斯、秦始皇所污染和败坏，而由秦始皇开创并为后世中国古代君王所继承的"阳儒阴法"的"政教"，是造成中国社会黑暗落后的主要罪魁祸首。这种观点在当时乃石破天惊之语，具有极大的冲击力。

稍后，在《论八股存亡之关系》一文中，夏曾佑表达了同样的观点。他指出，孔子之道在后世分为孟、荀二派，但孟学无传，荀学则大行其道：

> 孟子言性善，荀子言性恶；孟子称尧舜，荀子法后王；孟子论孔子，推本于《春秋》，荀子言孔子，推本于《礼》，此其大端矣。若其小节，更仆难终。孟子既没，公孙丑、万章之徒，不克负荷，其道无传。荀子身虽不见用，而其弟子韩非、李斯等，大显于秦。秦人之政，壹宗非、斯，汉人因之，遂有今日。汉世六经家法，强半为荀子所传，而传经诸老师，又多故秦博士，则其学必为荀子之学无疑。故先秦两汉皆兰陵之学，而非孔子之宗子也。^②

---

① 《论近代政教之原》，原载《时务报》第63册，1898年6月9日，《夏曾佑集》上册，第30—31页。
② 《论八股存亡之关系》，原载《国闻报》1898年7月4日，《夏曾佑集》上册，第33页。

夏曾佑批判荀子，不是发思古之幽情，也不是从荀子学说本身出发去理解荀子，而是从他自己的政治观念、政治立场出发，即从反对既存"政教"的政治需要出发，借批判"荀学"而批判当时人们所崇奉和信仰的"政教"。他这样做的根本目的，就是要求变法，要求改革现存的旧"政教"，重建符合时代需要的新"政教"。因此，他的结论是：

> 夫以秦法为因，而遇欧洲诸国重民权、兴格致之缘，于是而成种亡教亡之果。昔人有言：圣人之道，与时消息，生今反古，灾及其身。事至今日，使其道真为尧、舜、禹、汤、文、武、周、孔所传，犹当斟酌损益，与时偕行，而况所守者，乃秦人之法哉！①

在为悼念夏曾佑而撰写的《亡友夏穗卿先生》一文中，梁启超说在戊戌维新时期，他和夏曾佑、谭嗣同等共同发起"排荀运动"："清儒所做的汉学，自命为荀学。我们要把当时垄断学界的汉学打倒，便用擒贼擒王的手段去打他们的老祖宗。"②并说"彼辈排荀运动，实有一种元气淋漓景象"③。从以上的分析中可以看出，在近代，首倡"排荀"主张的学者正是夏曾佑。

---

① 《论近代政教之原》，原载《时务报》第63册，1898年6月9日，《夏曾佑集》上册，第32页。
② 梁启超：《亡友夏穗卿先生》，《晨报副镌》1924年4月29日，《夏曾佑集》，第1150页。
③ 梁启超：《清代学术概论》，朱维铮校注《梁启超论清学史二种》，复旦大学出版社1985年版，第69页。

夏曾佑的"排荀"主张，在当时及后世都产生了一定影响。正面的例子是谭嗣同。谭嗣同说："二千年来之政，秦政也，皆大盗也；二千年来之学，荀学也，皆乡愿也。惟大盗利用乡愿，惟乡愿工媚大盗，二者交相资。"①这些话，是大家耳熟能详的名言，而这一说法的来源无疑是夏曾佑②。通过谭嗣同的文章，辛亥、五四一代的学子多受到夏、谭"排荀"主张的影响，如李大钊即在《民彝与政治》《乡愿与大盗》等文中多次阐述了这一观点。反面的例子是章太炎，他在戊戌维新前后撰写了《尊荀》一文，并列于《訄书》的首篇，展开与"排荀"主张者的对话和辩难，显然，此乃夏曾佑主张引起的反弹③。

二、"孔教改良"与"改革政体"

夏曾佑是一位具有世界眼光的思想家和学者，他不仅研究和反思中国历史的治乱兴衰，而且悉心研究了世界各个民族的古代历史，尤其是欧洲宗教改革、文艺复兴的历史。因之，对"政教"关系的认识不断在深化。在为严复翻译的甄克斯《社会通诠》所作序言中，夏氏揭示了"宗教"与"政治"互相为用的关系：

---

① 谭嗣同：《仁学》，蔡尚思、方行编《谭嗣同全集》下册，中华书局1990年版，第337页。
② 朱维铮：《晚清汉学："排荀"与"尊荀"》，收入朱氏著《求索真文明——晚清学术史论》，上海古籍出版社1996年版。
③ 参阅杨琥《戊戌时期章太炎尊荀思想及其中西学术渊源》，收入郑大华、邹小站主编《传统思想的近代转换》，社科文献出版社2007年版，已收入本书。

宗教、政治必相附丽。不然，不可以久。其由甲政治以入乙政治也，必有新宗教以慰勉之，而其将出乙政治以入丙政治也，例先微撼其宗教，而后政治由之而蜕。未有旧教不裂，而新政可由中而蜕者。故其宗教与政治附丽疏者，其蜕易；其宗教与政治附丽密者，其蜕难。此人天之大例矣。人之于宗法社会也，进化所必历也。而欧人之进宗法社会也最迟，其出之也独早，则以宗教之与政治附丽疏也。吾人之进宗法社会也最早，而其出也历五六千年，望之且未有厓，则以宗教之与政治附丽密也。[1]

夏氏如此重视"政教"之意义，是中国近代在列强入侵、民族危亡的条件下，先进士人要求政治变革、思想变革之现实的反映。他讲述的是历史上的"政教"，其目的则在于现实中如何对待清政府、如何对待孔子儒教，即如何"改政""改教"。在该序言中，他明确指出：

孔子之术，其的在于君权，而径则由于宗法。盖籍宗法以定君权，而非借君权以维宗法。然终以君权之借径于此也，故君权存而宗法亦随之而存，斯托始之不可不慎矣。

自汉以来，用秦人所行之主术，即奉秦人所定之是非。秦之时，一出宗法社会而入军国社会之时也。然而不出者，则以

_____

[1]　夏曾佑：《〈社会通诠〉序》，《夏曾佑集》，第127页。

教之故。故曰：铃键厥惟孔子也。政治与宗教既不可分，于是言改政者，自不能不波及于改教。[1]

如果说，戊戌时期的夏曾佑尚不敢明确批判孔子，而借批荀子而批判孔教，那么，到清末新政之时，他则将批判的矛头直接对准孔教。当时，部分西方传教士及报刊舆论，常常认为中国人无爱国心，维新人士也接受了这种看法，呼吁民众要"振起爱国思想"。夏曾佑认为，这种看法和做法没有找到真正的病根，而"医者治疾，必先明其致疾之故，而后乃有用药之法"。他认为，不是中国民众天然地缺乏爱国心，而是孔教和专制制度造成了民众对国事的淡漠，这才是近代中国政治落后的重要原因。他指出："夫地球之上，无论何国，其民间之风俗必本于政治，而风俗、政治必同本于宗教，此乃一定之理。中国世崇孔教，而孔子立教，即置民于国家之外，惟由士以上方有与闻国事之责，而庶民则无之。"[2]夏曾佑以《孝经》为例，对自己的这一论断进行了充分的论证。他指出：

> 按孔子自言："吾志在《春秋》，行在《孝经》。"是则孔子立教之宗旨，实已全寓于《孝经》之中。今《孝经》第四章说士之孝，曰："故以孝事君则忠，以敬事长则顺，忠顺不失，以事其上，然后能保其禄位而守其祭祀。"其第五章说庶人之孝，则曰："用天之道，分地之利，谨身节用，以养父

① 夏曾佑：《〈社会通诠〉序》，《夏曾佑集》，第128页。
② 《论中国风俗之本于宗教》，原载《中外日报》1914年1月8日，《夏曾佑集》，第121页。

母。"其词意明白显著如此，意即谓惟命士以上，有辅佐天子、赞襄政务之责任，当移孝以作忠为一代之完人；自余庶民，则但须耕田凿井，出作入息，孝养厥父母，即已完其为民之义务，而无待他求。宗教既种此因，政治及风俗即结成此果，乃成一完全无缺之专制政体。国家之政治，惟天子得主持之，惟公卿、大夫、士得与闻之，而民人则丝毫不能干涉，既不能与闻国事，即止能随国家为转移。①

在夏曾佑看来，在孔教的培育下，在专制政体的统治下，专制政府不要求也不允许民众参与和关心国家政治生活，民众长期生活在这种政教和风俗中，自然形成了不关心国家政治的习惯："今中国之宗教、政治，乃明谓国家为皇帝之产业，惟皇帝得宰治之，惟皇帝所用之人能佐理之，而人民特产业中之一物，但能受治于人，不得与闻国事，则其随国家为转移，今日属某甲，处之泰然；明日属某乙，亦处之泰然，固其所也，夫何足怪？"②他又说："中国自古以来，惟责百姓以安分度日，受治于君上，而不令其与闻国事，故为百姓者，除家事而外，亦并不知有国事，但一听君上之命令而已，其于己身之与国家有无牵连之处，则更无从知之。至于今日，根蒂已固，痼习已深。"③为此，他明确主张："是知欲使国民有爱

---

① 《论中国风俗之本于宗教》，原载《中外日报》1914年1月8日，《夏曾佑集》，第121页。
② 《论中国风俗之本于宗教》，原载《中外日报》1914年1月8日，《夏曾佑集》，第122页。
③ 《论中国救亡之策》，原载《中外日报》1914年1月20日，《夏曾佑集》，第124页。

国之思想，必当使之与闻国事，必当使之知国家乃公众之产业，非皇帝一人之产业，而民人即为一国之主人。既为主人，则自能激励其保国之思，而与害我者为仇敌。"①

夏曾佑通过对中外历史的考察和对比分析，认为人类社会不可能消灭宗教，关键在于要采纳适应本民族当前需要的宗教："人群不可无宗教，其理可以决定，所当研究者，何等风俗当用何等宗教耳。"而当时的中国，"其腐败至于此极，无论行新法、行旧法，无不可见其腐败之情，识者皆知为人心使然。若人心不变，则万事皆不可为，然世间万物，有何物能改革人心者乎？则宗教而外，更无别物矣"。他深入考察了中国历史和社会上流行的儒家、佛教、天师道、回回教和天主教等五种宗教，分析了其在中国政治、社会中产生的流弊和危害，认为均不足以担当救亡之使命。为此，他提出了改良"孔教"的主张："莫如孔教改良"，而改良孔教，"必择其本有者而表彰之，择其本无者而芟薙之，不能择其本有者而讳言之，择其本无者而厚诬之也，此亦有待于圣人之亚者"②。

由于资料的缺乏，夏曾佑对"改良孔教"的具体方案，我们目前尚无法详细论述。但可以肯定的是，"改良孔教"，是希望恢复先秦诸子百家争鸣、思想自由时代的原始儒家。他以史家的眼光观察世事变化，辩证地看待历史之演变。就在他批评荀学、批判孔教的同时，夏曾佑指出，中国尽管落后，荀学、秦政祸害中国长达二千年，但从明清以来历史变化的趋势中，发现儒教演变的规律是"以

① 《论中国风俗之本于宗教》，原载《中外日报》1914年1月8日，《夏曾佑集》，第121—122页。
② 《论中国前途当用何种宗教》，原载《中外日报》1905年5月11日、13日、15日，《夏曾佑集》，第336—337页、338页。

复古求更新"，因而可以预见儒家学说在未来的命运并非消亡。他坚信，经过改革与革新，不仅儒教仍有复兴与更新之日，先秦诸子百家复兴的局面亦会到来：

> 然而天道循环，往而必返。观有儒教以来，素王之道淆于兰陵，兰陵之道淆于新师，新师之道淆于伪学。剥极于有明，其变已穷，于是而有顾、阎、戴、惠诸君讲东京之学，而于是又有庄、刘、龚、戴诸君讲西京之学。昔之往而益远者，今且返而益近，而大道之行、三代之英，将在此百年间矣。[1]

他又说：

> 天地之运，无往不复，一阴一阳之为道，一文一质之为世。孔子之教，剥极于有明，而国初顾、阎、钱、戴诸儒，已由名物制度，以求东京之学。中叶以后，庄、刘、龚、魏诸儒，又从群经大义，以求西京之学。以是卜之，他日必有更进西京，以求六艺者。椭圆之道，亦殆将返矣。[2]

夏曾佑在呼吁"改良孔教"的同时，在政治上也提出了"变法""革政"的主张。他指出：晚清的中国现状"非自强不能保存，而非变法不能自强。变法从何始？当对病发药，变其根本为

---

① 夏曾佑：《致宋恕函》，《夏曾佑集》，第445页。
② 《论八股存亡之关系》，原载《国闻报》1898年7月5日，《夏曾佑集》，第33页。

转型时代的观察与思考：夏曾佑晚清政论试析　049

始"。什么是根本呢？夏曾佑认为，最重要的是"改革政体"①。夏曾佑通过分析日俄战争中俄、日士兵的不同表现以及战局的逐渐演变，不断地阐释和宣传自己的这一论断。

夏曾佑首先回顾和总结了中国近代的改革历程，认为自鸦片战争以来，中国人经过了洋务运动的"浮慕新法"、戊戌的"实行新法"和"阻挠新法"、庚子的"敷衍新法"、甲辰的"试行新法"等五个阶段，但这些新法"皆无裨于今日之大局，无救于今日之危亡"。"是岂新法之不可行哉？抑岂是等新法皆宜于欧美诸国而不宜于中国哉？然而其收效异者何也？"他的回答是："由中西之政体截然不同故也。"②夏曾佑指出：

> 西国之政体以地方为百姓之公共产业，以百姓为一国之主人，而以君主及大小官吏，为百姓之代表，是故于一国有利之事，百姓欲兴之，政府不能不兴也；于一国有害之事，百姓欲除之，政府不能不除也。若是者其政体以民为主人，而政府为百姓之公仆。至于中国则反是，乃以皇帝为一国之主人，以地方为皇帝之产业，大小官吏为皇帝所役使之人，而百姓特为产业上之所有物，等于奴隶犬马。如是则一国之事，惟皇帝得主持之，惟官吏得与闻之，若百姓则惟有束手受治而已，何暇与闻国事？③

---

① 《论中国宜改革政体》，原载《中外日报》1904年2月24日，《夏曾佑集》，第140页。

② 《论中国必革政始能维新》，原载《中外日报》1904年1月31日至2月1日，《夏曾佑集》，第131页。

③ 《论中国必革政始能维新》，原载《中外日报》1904年1月31日至2月1日，《夏曾佑集》，第131—132页。

而"此一大原因，乃结成二大恶果"：其一是，"官吏以为我乃皇帝所用之人，但使不得罪于皇帝，则虽剥削元气，败坏大局，皆与百姓无涉，非百姓所能责问"。其二是，"百姓非特不欲与闻事，且并不知有国事，其于国家之利害安危，皆视为身外之事，极至国亡君死，亦漠不关心，率存一今日属此明日即属彼之意"①。

日俄战争的爆发，使中国政体的弊端和长期积累的问题更加突出："俄日交争，今方日亟，中国大势危如累卵，而各地之人民茫乎尚未之知，筹款之诏迭见明谕，而毁家纾难者绝无其人"，因为"国家平日既不使百姓与闻国事，民之于国截然分为两橛，如东邻之与西邻，彼此不相闻问，则仓卒之间既无所施其警告，即无所用其改革"。为此，夏曾佑疾呼"是知中国欲行新法，非革政不可"②。

在日俄战争爆发后，夏曾佑密切地关注着战事的进展，而当战争爆发不久，随着日胜俄败的消息不断传来时，夏曾佑撰写了大量时评，借日俄战事而批评清政府之作为，呼吁清政府实行立宪制度。在夏曾佑看来，日、俄之战，不仅仅是日本和俄国两个国家之间的战争，而且代表了黄种人与白种人、立宪与专制之间的战斗。他说，在近代中国，西方列强侵略中国，使中国面临两大问题："黄种、白种，中国之一大问题也"，"专制、立宪，中国之一大问题也"③，而"亚欧人自相遇以来，欧人无不胜，亚人无不败，黄不

---

① 《论中国必革政始能维新》，原载《中外日报》1904年1月31日至2月1日，《夏曾佑集》，第132页。
② 《论中国必革政始能维新》，原载《中外日报》1904年1月31日至2月1日，《夏曾佑集》，第132页。
③ 《论中国所受俄国之影响》，原载《中外日报》1904年4月4日，《夏曾佑集》，第154页。

如白之言，遂深入人心而不可破"。然而，"今日日俄之战一开，又得发明世间一至大之公例。此例为何？乃国家强弱之分，不由于种而由于制。黄种而行立宪，未有不昌；白种而行专制，未有不亡。自今日地球上黄人立宪之国，惟一日本；白人专制之国，亦惟一俄罗斯，而此二国适然相遇，殆彼苍者天特欲发明此例，以开二十世纪之太平"①。

夏曾佑以日俄战争中日本士兵、日本民众的表现为例，将其与清朝士兵和民众在面对战争时的表现进行比较：一，"中国向来军士从征，即视为置身于死地"；而日人则"一闻宣战之令，即踊跃奔赴如恐不及，以战死相励，以败归相戒者"，"以较中国，何一勇而一懦"。二，"中国民人，向来视国家为两橛，国家若有大军旅、大征役，百姓若不闻知"，如果军队有借资民力之处，百姓"即啧有繁言，以得免波及为幸，从无有愿国家之开战，而罄其所有以供公用者"；而"日本政府则能得此于民"，初期既不闻"阻止主战之说"，开战以后，也"不闻军事所需，政府筹款之令既下，而民间不肯奉行"，"以较中国，何彼齐心而此离散"。三，"中国历来军务，率由逼迫而起，故必赖大有为之君，其气量能涵盖一切，凌厉无前，而后可以言战，而后可以期战胜，否则遇大敌而不前，临前敌而退缩，皆视为常事。……以较日本，何彼忠勇而此退却"。夏曾佑认为，中、日士兵和民众之间，之所以有如此种种差异，根本原因则在于中国和日本的政治制度不同："是则中国之与日本，其殊异之处虽悉数之，不能终也，而其大原因则由彼为立宪之国，而此为

① 《论日俄之战之益》，原载《中外日报》1904年2月13日，《夏曾佑集》，第167页。

专制之国而已。"①他分析了立宪之国与专制之国的利弊优劣：

> 立宪之国，为国家与百姓所公有，国家之荣即百姓之荣也，国家之辱即百姓之辱也，故遇有外敌相凌，即人自为战，期于战胜而后已，不闻曰此为国家之事，非百姓之事也。若夫专制之国，则一切内政外交，皆皇帝一人独任之，百姓非特不能与闻，抑且若不知有其事，故驱民与敌战，即为置民于死地；征民之财赋以供军事之用，即为竭民之身家、产业以供皇帝之一掷，是皆非民之本愿，特以为政府之意如此，吾侪小人，不能不勉强遵从之云尔。至于因何而有军务，有军务后必如何而后为尽职，则皆非其所知矣。则夫胜败之分，岂待决之于战后哉？②

为此，他再一次疾呼："专制之极弊如此，则中国今日而言保存言自强，殆非改革政体不可。"③

夏曾佑认为，如果说日本取胜树立了宪政的榜样，那么俄国战败，则也会促使清政府不得不进行政治改革。他总结了清政府以往反对宪政的历史，指出当时的世界，"凡称为富强之国，非立宪即共和，无专制者"。但是，清政府"数十年来所以绝不思改良内治"，

---

① 《论中国宜改革政体》，原载《中外日报》1904年2月24日，《夏曾佑集》，第140页。
② 《论中国宜改革政体》，原载《中外日报》1904年2月24日，《夏曾佑集》，第140页。
③ 《论中国宜改革政体》，原载《中外日报》1904年2月24日，《夏曾佑集》，第140页。

其中一个重要原因，就是俄国"其国势则称为盛强，其政体则称为专制。此事实与公例不合，而使人疑众论之非，于是政府遂以俄为口实，以拒绝民权"。然而，当日俄战争之时，"海陆军事，绘图帖说，日腾布全世界之耳目，几于人尽能知"，而俄国的表现如何？"俄都之人则咸以为俄人每战皆胜，甚且有不知日俄之战，以为俄土之战者。其他官吏侵蚀之情形，士卒怯战之状态，大约较之甲午之中国，有过之无不及。"如果没有日俄之战，俄国军队的落后、政府的腐朽都不可能暴露，也就不可能为世人所了解，"俄之内容永不揭示于天下，吾知专制立宪之问题亦终不能决"。"既有此战，而俄国之内容遂不能不揭。"①战争的结果，使专制与立宪的优劣利弊对比十分鲜明。

夏曾佑认为，日俄战争中，日胜俄败的情形，为中国改革专制制度、实行立宪制度提供了难得的契机。他说：日俄战争"于世界最大之关系有二：一则黄种将与白种并存于世，黄白优劣天定之说，无人能再信之；二则专制政体为亡国辱种之毒药，其例确立，如水、火、金刃之无可疑，必无人再敢尝试。此二者改，则世界之面目全换矣。其关系之至重者，则在中国"②。因为在十九世纪末二十世纪初的十年间，"天下汹汹若不可终日者，一由于俄国之弄兵，一由于中国之召侮"。而如今俄国如果战败"经此挫折，若政体不改，则将为突厥、支那之续，其力不复及于他国；若改为宪政，则其政策必与今日之俄国大异，如此，则俄国之弄兵改矣"。

---

① 《论日胜为宪政之兆》，原载《中外日报》1905年5月21日，《夏曾佑集》，第341页。

② 《论中国前途有可望之机》，原载《中外日报》1904年5月5日，《夏曾佑集》，第168页。

至于中国，一定会从此重大事件吸取教训，而奋发图强。他指出：

> 若中国则黄种之专制国也，鉴于日本之胜，而知黄种之
> 可以兴，数十年已死之心庶几复活；鉴于俄国之败，而知专制
> 之不可恃，数千年相沿之习庶几可捐。此二者之观念，入人至
> 深，感人至捷，数年之间，必有大波轩然而起。虽政府竭力沮
> 之，吾知其不能也。不见夫甲午乎？当中日战事将毕未毕之
> 时，岂有人能料及将来有戊戌之局，又有庚子之局耶？如此，
> 则中国之召侮改。①

三、"变法必以历史为根本"

作为维新人士，夏曾佑戊戌维新之际，在天津与严复、王修
植创办《国闻报》，宣传维新变法；清政府开始新政之时，夏曾佑
又主持《中外日报》，呼吁朝廷立宪。但是，此时的夏曾佑，既经
历了戊戌变法的失败，又曾至安徽祁门担任过三年县令，因之，在
呼吁清政府实行新政举措的同时，他对政府所变法的方法、措施都
进行了思考和总结。一方面力主变法改革，另一方面又提出"变法
必以历史为根本"，即变法的措施、方法和途径都要结合中国的社
会、历史条件和文化风俗习惯而进行。

1905年，清政府宣布"饬停刑讯""赐留学生出身""派载泽等
出洋考察"，开始实行新政。对于清政府的这些举措，夏曾佑认为

---

① 《论中国前途有可望之机》，原载《中外日报》1904年5月5日，《夏曾佑集》，
　　第168页。

是历史上从未有过的行为，是"真变法"。但"惟其为真变法，而所谓法之质性、变之方法，皆不可不研究之矣"。夏曾佑认为："凡合一群之人同立一国，其国中必有要质数端，若其无之不成为国：一、其国之地形也；二、其国之生计也；三、其国之风俗也；四、其国之宗教也；五、其国之政治也。"在这五项要素中，先有国土，然后有生计，在地理环境和生活条件的基础上，又形成风俗，而"宗教者，因乎风俗而创者也"，"政治者，因乎宗教而立者也，是为最后"①。正因为各项要素产生和形成的先后不同，其因果和功能也就不同。政治变革，牵一发而动全身，各国的历史不同，其政治变革的措施也自不同，必须从自身的历史出发而斟酌损益，进行变法。夏曾佑指出：

> 夫政治既居最后，则当肇有政治之始，其四者之建设久矣。是四者为因，而政治为果也。四者之历史，国国不同，则政治之条理，亦国国不同，其中岂无辟王，立不合于历史之政治？然其民不能一日安，则其政治亦无有不归澌灭。凡其能行之而不废，循焉而有效者，皆其推本于历史者可知也。②

与此相联系，夏曾佑指出，中国要变法、改革，必须向西方先进的事物学习，包括学习西方的政治制度和"政法"。但是，学习"政法"与其他学科不同，因为"政法由于社会而成，社会由

---

① 别士：《论变法必以历史为根本》，《东方杂志》第二年第八期，1905年9月23日，《夏曾佑集》，第373页。
② 别士：《论变法必以历史为根本》，《东方杂志》第二年第八期，1905年9月23日，《夏曾佑集》，第373页。

于历史而成，各国有各国之历史，各国有各国之社会，即各国有各国之政法。其繁赜变幻，不可言喻，人异而家不同，万不能以前之待算术、心理、科学、物理者待之也"。他主张："政法固吾人所不可不亟之事，然讲之当有次第，其至要在观察本国社会之情状、历史之事实，而知其所以成此之故与其所以必致之情，而后援他人之已事，以为考证为比例。既得其公例，而后试之，则庶乎无败绩之虞矣。"①

夏曾佑以中国和欧洲的历史实际，说明中、西政体不同，与各自的历史条件和地理状况密切相关，因之，变法与改革，都要适合本国本民族的历史："要而言之，可见致治之密合于历史，几如在躬之衣服，其长短必符乎身；攻疾之药石，其寒热必视乎病，断无可易国而治之之理。"②

但是，主张政治制度要符合历史，并不是要"闭关自治"，因为中国的历史业已证明了自身治道的不足："夫如是，则治国之道，可以闭关自治，纯以吾道行之乎？是又不然。纯以吾道行之，此数千年以来政治所以日窳也。" 正确的做法是，广泛地考察和研究西方各国的政治制度，并与中国的政治加以比较，中、西会通，采纳适合之制度，即要让变法的措施与中国的历史、政治等相配合，从而发挥应有的作用，使变法能够取得真正的实际效果，达到变法的"目的"："今惟就各国之政治，观其所从来，而究其所终极，各得其所以然之故，而用以比例吾国之政治，然后能洞悉吾国政治因果

---

① 《论学问上之外交》，《外交报》第九十五期，1904年11月10日，《夏曾佑集》，第277页。

② 别士：《论变法必以历史为根本》，《东方杂志》第二年第八期，1905年9月23日，《夏曾佑集》，第374页。

之理。于是会而通之，以改良吾国之政治，将来再因政治之效力，而使所受于历史之诸因，渐以转移，以达今日变法之目的。若漫然择外人一二事以施之吾国，是何异借长短不同者之衣而强服之，乞疾病不同者之药而饵之，非徒无效，而其害亦岂有极哉！"①

对于宪政，夏曾佑大声疾呼中国要实行。但是，他认为，一切变法举措都要结合实际，综合考虑。他说：

> 夫立宪，善政也，然而吾若行之，则当师其意，而不必袭其名。若徒袭其名，而不通其意，有如前日所谣传，以政务处为上议院、都察院为下议院者，则于存亡仍无当也。我国家以专制之教行专制之政三千余年，教政相持，极为周密，其事非常识所能窥。若不统计其全体如何，而漫改其一二以为文明之形像，则惟有文质不相应可耳，如欲实行，其事必败。此如一大机器厂，其诸机彼此相维，以成所制之一物，若有不知此学之人，漫然改其一二，而又强迫以行，非停止，即炸裂而已，岂复能成一物乎？②

改革要考虑后果，要循序渐进，要根据中国的历史、风俗习惯而逐渐变革，这是夏曾佑此时思考的重心。在清末，随着西方近代科学知识的不断传入和基督教的传播，对于中国民间的鬼神、术数信仰，造成了极大的冲击，中国的革新人士也主张要破除各种迷信

---

① 别士：《论变法必以历史为根本》，《东方杂志》第二年第八期，1905年9月23日，《夏曾佑集》，第373—374页。

② 《论日胜为宪政之兆》，原载《中外日报》1905年5月21日，《夏曾佑集》，第341页。

和陋习。对此，主张向西方学习的夏曾佑，则撰写了《论旧俗不可骤易》一文，从宗教信仰的功用上，对鬼神、术数信仰的存废也进行了一分为二的分析。他首先考察了中国鬼神信仰的特点及长期存在的原因：

> 案中国人之鬼神，具一种特别之色，为糅合孔、佛二教而成。孔教之鬼神，无报应，无转轮，依人而成立，故天子为百神之主，而祖宗魂气必就养于其子孙，此一说也；佛教鬼神，则有报应，有转轮，鬼神与人皆六道之一，而同以阿赖耶识为主体，法身流转六道，是曰众身，此又一说也。此二说者，理不相容，而中国乃两存之。……而其所以能并用者，孔说之行由于政体，盖以此为宗法社会之根本故；佛说之行，则以救宗法社会之穷，而出于不得不然。宗法社会之人，生而有一定，所遇而善，是曰天幸；所遇不善，忍而终古而已。生与死均无所报，其苦莫大于是，而佛教转轮之说正足以济其穷，故吾民一闻其说，即沛然而不可御。①

夏曾佑指出：鬼神、术数与中国社会、中国民众之关系如此密切，则更易和变革的难度可想而知，"盖鬼神、术数，所以慰藉人之心魂，使人于万无可慰藉之间而有所慰藉，其用也如酒然，亦如鸦片然，明知其无用，而无用之用，社会所不能一日离也。今拟一旦去之，其力固有所不及，即使及之，转使社会失此慰藉之具，而

---

① 别士：《论变法必以历史为根本》，《东方杂志》第二年第八期，1905年9月23日，《夏曾佑集》，第374页。

苦者愈苦，未为得也"。不仅如此，晚清中国的现状是，"社会既已腐败，人之良心已经澌灭"，在这种情形下，鬼神的存在仍具有一定的合理性："有鬼神以怵其后，则恶尚有所不敢为，善或有所不敢弃；有术数以平其心，生而贫贱者或可以不为盗，遇人不淑者或可以不窬闲。若无鬼神、术数，则荡然而回决，其社会将散矣。"①

夏曾佑的这种思考体现在他的不少政论中。如对于晚清科举废除这一巨大事件，夏曾佑先后撰写了不少文章，予以讨论。早在戊戌维新时期，他就发表了《论中国科举不能变之故》，指出当时的中国，面对内忧外患，急需杰出的人才，而其选拔人才的方法仍然是传统的科举制度，"所谓制艺、试帖、楷法、弓矢、刀石之属，犹相率相习而未有以变也"。之所以如此，是"今日在朝之达官贵人，满缺而外，殆无一不自科举出身"。在这些"达官贵人"看来，废除科举，就会损害他们的权力和利益："议科举之变法，则固京朝达官剥肤之灾，宜乎其掩耳疾走，不欲一闻其说也。"夏曾佑揭露了"达官贵人"为"自保一时权力"的丑恶行径，大声呼吁改革科举制度②。

1905年，当清政府开始实行行政之时，夏曾佑发表了《论废科举事》一文，呼吁尽快废除科举制度。他说："夫使科举之停废与否，初于大局无关，则犹可说也。惟是今方值强邻逼处之秋，竞争最烈之时，静观环球大势，则各国所以谋我者，方攘臂轩眉惟恐不及，我即穷日夕之力，废寝食之暇，以从事于育人材、振国耻之事

---

① 《论旧俗不可骤易》，原载《中外日报》1904年11月3日，《夏曾佑集》，第274—275页。

② 《论中国科举不能变之故》，原载《国闻报》1897年12月2日、24日，《夏曾佑集》，第28页、第29页。

业，犹惧无济于事。若犹徘徊中道，观望两端，人方一举而千里，我乃望尘而莫及，则颠沛之象，岂必俟诸异日。"而要育人才，则要兴学校；科举不废，学校不兴。因此，他力主"速停罢"科举：

> 论我国今日应办之事，固不止兴学校一端，然而非育人材，无以救危亡；非兴学校，无以育人材。……而其足为学堂之敌，足以纷学生之心志，歧斯民之耳目如科举者，实不能不在罢废之列。良以物莫能两大，学堂为将兴之事业，科举为积重之政体；将兴者固祝其蒸而益上，积重者虽已处于就衰之数，而其流演之余势，犹足贻祸学校、阻遏人材而有余，实非速为停罢不可。①

而当清政府正式宣布废除科举制度之后，夏曾佑则又撰写了《论废科举后补救之法》，分析废除科举之后的善后事宜。他说：废科举设学堂之策，"关系于社会者至深"，因为"社会行科举之法千有余年，其他之事无不与科举相连，今一旦举而废之，则社会必有大不便之缘"②。为此，他针对废科举上谕中"安顿诸生""多设小学"两条措施，做了细致的分析。他指出，尽管由进士而得官者，每三年仅三百人，但实际上，每年参加科举考试的府、县学生，"通国当不下数十万人"，"此数十万人，大都进不能得官，退不能迁业，以徼幸妄想终其身，诚可为天下之至苦。而究其原，则非

---

① 《论废科举事》，原载《中外日报》1905年8月25日，《夏曾佑集》，第366页。
② 《论废科举后补救之法》，原载《中外日报》1905年9月10日，《夏曾佑集》，第368页。

其人作奸犯科自致于此，国家之所以诱致者使然也。以徼幸之法诱人，人道既苦，人材亦弊，此亦可谓之作法于凉矣。然而足以相安千余年而不见其不可终日者，则以若辈虽多终身不得之人，而要无日不有可得之理，故其希望之心不绝，即此希望之心，彼乃藉此以养生尽年，而得以优游卒岁矣"。而今，"一旦废科举，则彼之希望绝，绝则不可以久，虽曰国家为其妥筹出路，然所谓出路者，必不能敌其所希望之物，而不足以宽其生也"。为此，政府要设法，"固宜有策以善处之"①。

同时，他指出，传统中国，民众尽管贫困，但传统教育的投资甚低，"其识字之人所以尚不至绝无仅有者，则以读书之值之廉也"。因为在科举制度之下："考试之法，人蓄《四书合讲》《诗韵》并房行墨卷等数种，即可终身以之，由是而作状元宰相不难，计其本，十金而已，以至少之数而挟至奢之望，故读书者多也。"然而，即使如此，中国"识字之人尚居各国之至少数"，而科举制的废除，将会引发一系列后果。夏曾佑指出：

> 今一旦废科举而兴学校，其所学者必科学也。一器之费千万金，一师之俸数千金，此断非数家之力所及，不能不合一县之力成之（此从乡曲多数立论，非指少数之人与地也）。而今之县，稍有余力，均已尽于赔款，盖有欲兴一小学堂而不可得者。况即兴一小学堂，而其力亦不足以养多人（所收学费，不能不十倍于平时乡塾之费）。即以官力助之，今之官力亦能

---

① 《论废科举后补救之法》，原载《中外日报》1905年9月10日，《夏曾佑集》，第369页。

有几？①

更为严重和需要注意的是，"一废科举设学堂之后，恐中国识字之人必至锐减。而其果效，得使乡曲之中并稍识高头讲章之人而亦无之，遂使风俗更加败坏，而吏治亦愈不易言，则于立宪之途更背驰矣"。

为此，他提出自己的建议，设想"私塾之改良为考生之出路"。他说："考中国之人口，大县数十万人，小县亦必数万人，如准此以设学堂，则大县之学堂当有数百，而小县之学堂亦当有数十，如此，则识字之人或不至锐减于科举未废之先，而今度官私之力恐不足以举此，则惟有以私塾补学堂之不足而已。"其具体做法是"私塾随乡而设，学额不能一定，惟教科书与学费及学年，则必当有一定限，不能听其随意高下。大约教科必极浅，学费必极廉，学年必极短，而后可期其普及。以其极浅极廉极短之故，人人之力可以及之，而后识字之人大进，必使田家子姓无论男女，皆略辨之无而后已"。如果按这样的计划实施，全国各地"所需私塾，数必极多，而适有此无数不能应考之考生得以弥补其缺，既省经费，又广教育，且养寒士，岂非事之一举而三善备者哉"？相反，如果按清政府的要求，全国大规模地创建新式学堂，既要大量财力物力的投入，又缺乏新式教员，新学堂"则所设能有几何？遂致失职之士欲糊口而未由，乡曲之民求识字而不得"，是真正的"两失之道"②。

---

① 《论废科举后补救之法》，原载《中外日报》1905年9月10日，《夏曾佑集》，第369页。
② 《论废科举后补救之法》，原载《中外日报》1905年9月11日，《夏曾佑集》，第370页。

四、以历史的眼光分析和预测时局演变

夏曾佑研史、撰史之时，与现实紧密结合，而他发表政论时，则又常常从历史出发，在历史与现实的比较中观察时局，分析时局。

夏氏所处之时代，清政府的统治已岌岌可危，戊戌变法、义和团运动、日俄战争、新政立宪，内忧外患互相交织；与此同时，作为政府对立面的革命势力则日益增长，变法、自由、革命等口号与要求不断演进，武装起义与思想潮流互相激荡。一面是大厦将倾，另一面又是新机萌芽，如何认识此一时代及其特征，是摆在当时每一个思想者面前的问题，对于思想敏感的夏曾佑来说更是如此。

与他在《中国历史教科书》中对战国、秦汉历史的分析相同，夏曾佑在观察现实时，也善于透过现象抓住本质。他通过比较、分析中国古代从黄帝立国至春秋、战国时期的历史，认为当前的世界局势与中国古代的战国初期相似。他说："若以今日之大势，较我古人，则当在战国之初，离秦吞天下时尚远。"①这个时代，正是一列国混战的时代，凡是今日世界、国际之间所存在之现象，在战国时都已出现过：国与国之间，"其间大之于小，有纳贿之法、行刺之法、反间之法、欺骗之法、恫吓之法、数国共分一国之法；小之于大，有割地之法、输币之法、献国之法、称臣之法、乞命之法，居两大之间坐以待毙之法。一切无不与春秋大异，而与今日尤

---

① 《论今日与战国时之异同》，原载《外交报》第78期，1904年5月29日，《夏曾佑集》，第183页。

同"①。然而，物极必反，从这种列强混战的局面，他预见二十世纪必有"大变化"。他说：

> 十年以来，天下咸以俄为秦，自日俄开战以来，而俄之万不能为秦，已晓然为天下所共见，然则求秦之何在？……虽然，人心之理，必据往以测来，而天道之行，则每变而无滞，安见世界之必须混一也。然而无论须混一、不须混一，其必有一从来所未有之大变化，起于二十世纪，则断可知矣。②

此一时代，征杀夺伐，弱肉强食，在夏曾佑看来，这是一个"金钱与利剑"主宰的世界："至秦汉间，大革命起，而古人之局，为之一变；即古人之理，亦为之一变，遂以成今日之局，而黄金、利剑又至矣。"③在这个世界中，中国被迫屈服于列强之下，而要发愤图强，则又不得不学习和模仿列强实现富强之方式，而政府打着保国、富强名义所实行的措施，则无异强化了这一特征。这不仅与中国自古以来之政教相冲突，而且将会使中国陷入更加贫困和危险的境地："能生人者莫如金钱，能死人者莫如白刃，故金钱与白刃遂握天下苦乐之原，而为左右人情之利器。……至于近世，人事愈繁，此风弥盛，无论作为何事，非有此二物以随其后，则其所图必不得成，而惟我中国之持论，则甚异于是。原中国人之性情，其贪财苟活之心，初不异于他族，然其古来之政教，则必以不贪为贵，

① 《论今日与战国时之异同》，原载《外交报》第78期，1904年5月29日，《夏曾佑集》，第183页。
② 《论今日与战国时之异同》，《夏曾佑集》，第184页。
③ 《论今日与战国时之异同》，《夏曾佑集》，第183页。

致命为尚。""今政府呶呶于筹饷练兵，已显揭金钱白刃之主义于天下，然谋己之富而不顾天下之贫，保己之生而先置天下于死，而古之政教又如此，吾不知朝廷持何物以与吾民易之也。"①

夏曾佑见微知著，善于从细微之处观察事物之将来的变化。如他从户部侍郎铁良南下考察并提出中央统一财政主张一事引起的议论中，观察到当时中国南北之间的矛盾。对于南北矛盾这一现象，夏氏从历史上中国南方和北方的地域差异、生活环境、风俗文化等入手分析，指出中国既有民族融合的传统，又有南北相争之特点，因此，他向清政府提出忠告，政府若一味搜刮民财，激化南北矛盾，中国将来很有可能出现南北分裂之局面。他说："论中国立国之形势……将来有冲突与否尚不可知，而南北之争则甚显，将来恐不免有冲突之祸。"②对于革命党人宣传的反清主张，他从文化风俗、民族同化的角度质疑："满汉人种，名为不同，而其实相貌性情，与北人几无毫发之异。汉人衣满人之衣冠，久而自忘其故衣冠之为何等也；满人言汉人之言语，久而亦自忘其旧言语之为何如也。盖自汉纳南匈奴，北方之汉人，与北族往来日久，已混淆而不可分矣，天下安有同化如此而忽起其冲突之心哉？"相反，南北之间，除历史惯例之外，清政府"自李鸿藻创重北抑南以来，南北相侵颇急，庚子义和团之乱，朝中大戮南人，至江表自守，不复助匪，而北人愈益侧目"。而铁良南下之后，不顾一切，以"括刷南方之脂膏，捆输北方为得计"，这使"南北方之意见，于是乎又深一层矣"。为

① 《论金钱与白刃》，原载《中外日报》1904年11月17日，《夏曾佑集》，第279页。
② 《论中国有南北分裂之兆》，原载《中外日报》1904年10月17日，《夏曾佑集》，第267页。

此，他忧心忡忡地指出："窃恐中央集权之说，政府见有北方多数人之赞同，而为之愈勇，主之愈力，其朘削所及，必有予南人以难堪者，则冲突之祸以起。冲突之时，必各假一外国之为援，而外国于此，必借以干预之谋而锐身自任，印度之覆辙为不远矣。他人当此竞争之日，方力图合小国为大国，以自完于优胜劣败之间，而我乃反之，其亦难于自立矣。"①

又如，他从清政府实行的一些政策中，发现晚清中央政府的权力下移现象。他指出："本朝承明制，不设宰相，故政权所在，每随时势为变迁。大抵雍正以前，权在南书房；雍正以后，权在军机处。至于今日，军机处为通国权力之总汇，而政府之名于是在焉，其实际固尽人所知者也。"然而，清末新政开始之后，政府欲大加改革，但其政策往往前矛后盾，因为"今日朝廷之举措，其为之主动力者似已不在政府，而政府以外之人，实司其管钥。"这意味着政府权力的削弱："朝廷所定之方略，不起于政府，而起于政府以外之人，而政府不啻间接以下其命令，则政府之权力渐损可知。"②

五、针砭政府之弊 批评新党之病 力求发表"公论"

夏曾佑是清政府统治阶级下层官吏中的一员，而他结交往来的朋友中，既有严复、张元济、汪康年等力图推动清政府自身进行改革的维新人士，又有康有为、梁启超等流亡海外之清廷要犯，还

---

① 《论中国有南北分裂之兆》，原载《中外日报》1904年10月17日，《夏曾佑集》，第267页。
② 《论政府权力之转移》，原载《中外日报》1905年6月6日，《夏曾佑集》上册，第348页。

有章太炎、蔡元培等主张反清、推翻政府的革命分子。作为思想敏感的学者和思想家，同时处在这样一种多重矛盾的政治身份与社会关系中，他的忧思、焦虑远比一般的士人要深刻与复杂，在他的身上，身心家国一体，个人前途与国家命运紧紧捆绑在一起，从而使其观察时局的眼光与众不同，其言论亦往往具有多重之意蕴。

夏曾佑的这种社会身份与他的思想追求，决定了他所发表的言论既是他的心声，又是与各派朋友之间的对话，而主持公众报刊的身份，也影响他发言的立场。因而，他所发表的政论，一方面反对专制，主张改革，主张变革，要求立宪，要求自由；另一方面，则不赞成革命，不赞成反清。他力求在二者之间寻求平衡，发表能够代表在他心目中的"公论"。早在1899年，戊戌政变后不久，面对当时的舆论状况，他就表示拟撰两文，"一篇拟论新党今日之自处，一篇拟论康党之实状"。为什么要写这两篇文章？他说："中国有史以来，大约从无真话，肃党之事，近在耳目之前，亦不可知其详矣。至于今日国民亦知政府之不可信，然亦无从核其实。"在他看来，专制政府封杀事实真相，舆论只能非黑即白："读八月上谕以后，则舆论以康为当诛，读东洋某某报以来，则舆论又以康为无罪，公论之不可恃亦甚矣。"①由此可见他对真正的"公论"的追求。

1903年9月，在著名的《苏报》案了结之后，日、俄战争即将爆发之前，夏曾佑先后发表的《论政府之将来》和《论新党之将来》等文，就典型地反映了他的这一特点。在《论政府之将来》

① 夏曾佑：《致汪康年书·二十六》，1899年2月27日，《夏曾佑集》，第458页。

中，他分析当时清政府内部的形势是："第一，有满汉之隔阂；第二，有〔皇〕太后与皇上之隔阂。此二者为障碍者之至大者，而专制之政，凉血之俗，犹次之也。所以生其间者，人人有国非其国之意。"而清政府的对立面则有"保皇主义""逐满主义"两派，且外部尚有日俄两国在东北争霸，而清政府处在这样的内外矛盾之中，政府如果不能妥善处理和应对，反而"一意以遂其恣睢贪婪之情"，"将凡为新党所道及之事而悉反之矣"。这样的结果只能是："上之疑忌益深，则下之横决益甚；下之横决益甚，则上之疑忌益深。二者相乘，怨怒日积，而又才力相等，形势相格，可以相贼，不能相灭，遂人人有不有其国之心矣。"①

如果说在《论政府之将来》中，夏曾佑主要分析的是清政府面临的困境，批评政府专制、贪婪、反动之措施，而在《论新党之将来》一文中，则重点分析新党之缺点。夏曾佑首先指出，在一般舆论中，"皆以为新党之所以无所成者，均由旧党阻力之故"。而实则不然，在他看来，"新党之所以不能成事者，实以其才其德不足以见信于社会，遂为社会之所弃，无以自解，托辞于旧党以自为地"。他认为，新党有四大毛病："吾人之败德专属于新党者，约有数端。"即"有宗旨而无方法""有议论而无心志""知有人而不知有己""知有己而不知有人"。他批评说，新党"终日所言，皆欧美、日本之粗迹，而于己国历史之往事，社会之现情，瞢乎未之有睹，而且不屑道之"，这是一种"盲从"。他说，这些是新党身上"皆专属于学术上之病，其他与旧党同病者，更与无学术之人等"。新

---

① 《论政府之将来》，原载《中外日报》1903年9月27日，《夏曾佑集》，第84—85页。

党之病"所以误群者，正复不浅"①。夏氏在这里批评的新党，不仅指革命党人，也包括保皇党人。公允地说，他的批评并非无的放矢。

夏曾佑指出，一般情况下，"新党之胜旧党者，公理也"②，但是，"新党"如不反思历史，不总结历史经验，不吸收新知，不采纳他人意见，不实行新的制度，即使战胜旧党，也不过是换汤不换药的循环。中国古代历史上的数次"革命"就是如此。夏曾佑认为，中国"古今革命之举，其大者四次：一、秦汉之际，二、前后汉之际，三、元明之际，四、咸同之际（此皆下等人之反对上等人者，故为革命）"。但是，问题是"所最奇者此等革命而成之人，既由下等人以升至上等人，而及其既为上等人也，其绝不顾下等人如故，甚且举向时藉以为号召之资者，而一一躬犯之"。而原因就在于这些革命者，"其初起也为救困穷而来，则其结果也以得富贵而止"。在推翻前朝夺取政权之后，"一无所惮，择其最利己者而用之，于是尊儒术、进文士、作礼乐、定律例，彬彬然又一朝之盛世矣。如此则政治安得改良？种族安得进步？"因此，中国历史是："一治一乱，迭起相循，忽忽不知二千年于此矣。"如果没有西方新知、新理的传入，"治乱存亡之理，虽百世可知也"③。中国要学习的西方新知、新理，是"去专制政体"，而并非中国的传统意义上的"革命"。夏曾佑指出：对于中国而言，"其行良法之道，则在乎去专制政体；然去专制者，又非革命之谓也，革命之事与去专制无涉（观

① 《论新党之将来》，原载《中外日报》1903年9月30日，《夏曾佑集》，第85—86页。
② 《论新党之将来》，原载《中外日报》1903年9月30日，《夏曾佑集》，第86页。
③ 《乱事之将来》，原载《中外日报》1903年3月7日，《夏曾佑集》，第56页。

中国革命已数十次矣，而政体依然，即可知其为两事也）；去专制之道，在人人去倚赖之性而各求一可以自立之道"①。因此，即使是新党，也要吸收真知，吸纳新理，建立新制，如此才能使中华民族获得新生。

对于他自己曾经大力支持的戊戌维新，夏曾佑也进行了反思。他认为，戊戌维新的失败，并非一般人认为的是慈禧训政，实际上则是新党的急躁和内部的矛盾。他说：

> 变法之说，发端于甲午，实行于戊戌，……然皆变法而不见变法之效，非变法之无效也。戊戌之变法也失之亲，彼此不相顾，前后不相应，徒使天下陈力就列者，目眩乱于国家之无常，职业之不可保，而不能知其命意之所在。故八月而政变，政变而新政熄。道路流言，以为此□□训政之故，其实亦新政之幸耳，使迟之数月，而内哄亦作矣，以言实效，非敢期也。②

从以上分析可见，夏曾佑发表的政论，不是为政府或新派某一政治派别立言，而是超越新、旧两党的对立，以深邃而敏锐的历史眼光，从中华民族的历史、文化与西方国家的历史、文化、知识

---

① 《论吾人待日本战胜之道》，原载《中外日报》1904年6月27日，《夏曾佑集》，第193页。
② 别士：《论变法必以历史为根本》，《东方杂志》第二年第八期，1905年9月23日，《夏曾佑集》，第373页。此前四年，在致汪康年的私信中，夏曾佑对戊戌领袖康、梁的批评更为严厉："康、梁之所图真可怪，彼经如此之大起大落，而识见仍与丙申、丁酉不殊，真可怪之甚也。以三字谥之：一曰乱，二曰编，三曰昏。"（《致汪康年书·六十六》，1901年6月5日，《夏曾佑集》，第478页。）

中，探寻真正有益于民族觉醒和民族更新的新知、新理、历史经验
和教训。

六、余论

夏曾佑的思想主张和政论，在当时和后世都产生过一定影
响。孙宝瑄在其日记中对夏曾佑关于"黄金与白刃"的观点做了评
论[①]。在夏曾佑逝世后，其好友叶瀚在整理其遗文时，为其言论所
折服，称赞夏氏之政论"见古今社会之变迁，目光如炬，论亦极
透"[②]。而其排荀主张，如前所述，曾经影响了谭嗣同、梁启超、
李大钊等人，因之梁启超称赞他为"晚清思想界革命的先驱者"，
是梁氏"少年做学问最有力的一位导师"和"讲学最契之友"[③]。

综观夏曾佑的政论，无论是批判"荀学""秦人之教宗"，或者
主张"孔教改良"；无论是揭露清政府的种种腐败和弊端，还是提
出"改革政体"的主张；无论是反思维新党人的失误，还是尖锐批
评革命党人的激烈态度，他都是针对当时中国社会的现实问题而提
出的变革举措和思想主张。夏曾佑的特色在于，在他撰写历史著作
之时，与现实紧密结合，而他发表政论时，则又常常从历史出发，
在历史与现实的比较中观察时局，分析时局，并进而分析和预测未
来。一方面，他积极主张变法维新，呼吁立宪；另一方面，他又主

---

① 参阅孙宝瑄《忘山庐日记》，上海古籍出版社1983年版，第839页。
② 叶瀚在夏氏手稿《社会通诠》序言上的批语，北京大学图书馆藏。
③ 梁启超：《亡友夏穗卿先生》，《晨报副镌》1924年4月29日，《夏曾佑集》，第
　　1149页；梁启超：《清代学术概论》，朱维铮校注《梁启超论清学史二种》，第
　　68页，复旦大学出版社1985年版。

张，变法一定要结合中国社会、历史和文化条件来进行。他的这些主张，大体上反映了晚清维新人士和立宪党人的思想，但又体现了他个人作为史家的鲜明特点。

而转型时代——晚清社会新旧交织的矛盾，也充分反映在夏曾佑身上。就其政治身份而言，夏曾佑首先是政府官员，但他是中国传统"政教"培育出来的士人，恰逢时代剧变，因而胸怀天下，忧国忧民。面对晚清中国所处的历史条件和现实境遇，他对自己身在其中的政府之所作所为忧心忡忡，甚而强烈不满；对曾经培育他的传统"政教"产生怀疑、不满和反思。为此，他积极投身于近代产生的新式报刊，或任主笔或为之撰稿，大声呼吁政府当局面对现实，努力向西方学习，进行政治改革，实行宪政。然而，因为各种条件的束缚和限制，最终他又回归仕途。他是一位转型时代的探索者，也是一位过渡时代的人物，思想趋新而不忘本，主张求变而有所守。他的这种特点，在晚清时期的清政府中下级官员和士人中具有一定代表性。而加强对夏曾佑及其社会政治思想的研究，对于认识晚清的士人群和从戊戌开始的转型时代，无疑都具有重要意义。

民初严复与章士钊关于"民约论"的论争

卢梭的《民约论》（今译《社会契约论》）是一部曾经产生过世界性影响的政治理论著作，在法国、美国的资产阶级革命中发挥了巨大的宣传作用。在近代中国，当中国资产阶级登上历史舞台后，卢梭的《民约论》也被引进、介绍到中国。它不仅在中国思想界产生了广泛的影响，也深深地卷入当时中国现实的政治斗争与思想论争中。民国初年，严复与章士钊有关卢梭"民约论"的论争，即是近代中国思想家对于卢梭学说汲取不同内容而运用于中国现实社会的一个典型事例。考察这场思想论争，对于理解严复与章士钊在民初的思想内涵及其内在困境，认识卢梭学说与近代中国政治、思想变革的复杂关系具有重要意义。

一、清末民初"民约论"在中国的传播

近代中国介绍宣传卢梭的思想与学说，从戊戌维新时期开始，至二十世纪初年达到高潮。1898年，上海同文译书局将日本思想家中江笃介用汉文翻译的《民约论》第一卷印刷出版，书名为《民约

通义》，这是《民约论》的最早中文译本。1900年底到1901年初，江苏留学生杨廷栋，又据日译本转译此书，题为《民约论》，在《译书汇编》第一、二、四、九期连载。1902年，杨廷栋全译了《民约论》，由文明书局印刷出版，书名为《路索民约论》。这是《民约论》的最早中文完整译本①。如果说，杨廷栋是从学理上以翻译为主向国人介绍卢梭学说，那么，梁启超、邹容、刘师培等人则热烈地呼唤在中国建立卢梭所主张的"民主共和国"。梁启超认为，当时的中国最需要的是卢梭的思想。他说："欧洲近世医国之国手不下数十家。吾视其方最适于今日之中国者，其惟卢梭先生之《民约论》乎！是方也，当前世纪及今世纪之上半，施之于欧洲，全洲而效；当明治六、七年至十五、六年之间，施之于日本而效。今先生于欧洲与日本既已功成而身退矣，精灵未沫，吾道其东，大旗舥舥，大鼓咚咚，大潮汹汹，大风蓬蓬，卷土挟浪，飞沙走石，杂以闪电，趋以万马，尚其来东。呜呼！《民约论》，尚其来东！东方大陆，文明之母，神灵之宫，惟今世纪，地球万国，国国自主，人人独立，尚余此一土以殿诸邦，此土一通，时乃大同。呜呼！《民约论》兮，尚其来东！大同大同兮！时汝之功。"②他认为，中国数千年来生息于专制政体之下，"诚能博采文明各国地方之制，省省府府，州州县县，乡乡市市，各为团体，因其地宜以立法律，从其民欲以施政令，则成就一卢梭心目中所想望之国家，其路为最

① 熊月之：《中国近代民主思想史》，上海人民出版社1986年版，第307—308页。
② 梁启超：《破坏主义》，原刊《清议报》第30册，1899年10月25日，《饮冰室合集·专集之二》第6册，中华书局1989年影印版，第25—26页。

近，其事为最易焉"①。邹容则运用天赋人权学说论证革命的必要性："今试问吾侪何为而革命？必有障碍吾国民天赋权利之恶魔焉，吾侪得而扫除之，以复我天赋之权利。是则革命者除祸害而求幸福者也"，"有生之初，无人不自由，即无人不平等，初无所谓君也，所谓臣也。……后世之人，不知此义，一任无数之民贼独夫，大盗巨寇，举众人所有而独有之，以为一家一姓之私产，而自尊曰君，曰皇帝，使天下之人，无一平等，无一自由……故我同胞今日之革命，当……杀尽专制我之君主，以复我天赋之大权，以立于性天智日之下，以与我同胞熙熙攘攘，游幸于平等、自由城廓之中"②。在以上诸人宣传的"天赋人权"说的影响下，年轻的经学家刘师培于1903年撰成《中国民约经义》一书，用民约论的学说诠释分析中国古代的民主思想③。由此可见二十世纪初年中国留日学生界及国内知识界宣传卢梭天赋人权说的热潮。

　　然而，中国资产阶级思想家对卢梭的宣传，在1904年以后趋于消沉。宣传卢梭最为积极的梁启超，在介绍卢梭民主主义学说的同时，就已开始介绍德国学者伯伦知理的国家主义，认为卢梭"立于十八世纪，而为十九世纪之母"，而伯伦知理则"立于十九世纪，而为二十世纪之母"。肯定其所宣传的国家主义可以"使国民皆以爱国为第一之义务，而盛强之国乃立"④。1903年，梁启超在一篇

---

① 梁启超：《卢梭学案》，原刊《清议报》第98—100册，《饮冰室合集·文集之六》第1册，第110页。
② 邹容：《革命军》，《辛亥前十年间时论选集》第1卷下册，生活·读书·新知三联书店1978年重印本，第665页、667页。
③ 熊月之：《中国近代民主思想史》，第390—392页。
④ 梁启超：《论学术之势力左右世界》（1902年2月8日），《饮冰室合集·文集之六》第1册，第114页。

介绍伯伦知理的文章中说："深察祖国之大患，莫痛乎有部名资格，而无国民资格"，"故我中国今日所最缺点而最急需者，在有机之统一与有力之秩序，而自由平等直其次耳。何也？必先铸部民使成国民，然后国民之幸福乃可得言也"①。因此他说："故伯氏谓以国家自身为目的者，实国家目的之第一位，而各私人实为达此目的之器具也。"②随着他对伯伦知理的推崇和赞扬，梁启超对卢梭的态度转向批评和否定："卢氏之说，其有功于天下者盛多，其误天下者抑亦不少。"③自由、平等、共和让位于国家的统一与秩序，国家利益是第一位的，而个人则是实现国家利益的工具。人的自由、平等权利问题就这样被国家的救亡与振兴压倒了。

介绍、宣传卢梭学说在二十世纪初年的中国，由热潮趋于沉寂，既有"天赋人权"理论自身的原因，也有当时中国的现实原因。

首先，就理论而言，卢梭的"天赋人权说"虽有历史的合理性和反封建专制的进步性，但其理论基础从整体上来说，则是唯心主义的，空想的，不科学的④。"天赋人权说"是未经验证的先验的理论，它没有把人放在具体的社会经济形态和人类历史进化的过程中考察，而是把个人看成抽象的、自然的、孤立的个人，这些人都有

---

① 梁启超：《政治学大家伯伦知理之学说》（1903年10月4日），《饮冰室合集·文集之十三》第2册，第69页。
② 梁启超：《政治学大家伯伦知理之学说》（1903年10月4日），《饮冰室合集·文集之十三》第2册，第88页。
③ 梁启超：《政治学大家伯伦知理之学说》（1903年10月4日），《饮冰室合集·文集之十三》第2册，第69页。
④ 参阅卢梭著、何兆武译《社会契约论·译者前言》，商务印书馆1982年版，第1—2页。

永恒不变的人性。天赋人权说的这种不科学性和非历史性，自十九世纪以来，随着自然科学和社会科学研究的发展，随着实证主义和经验主义的兴起，已显得愈来愈落后于时代，因而，不断受到欧洲思想界、学术界的批评，其影响已大大下降了[1]。

另一方面，更为重要的原因是，十九世纪以来，由于工业革命的完成，工业资产阶级取得了政治上的统治地位。随着他们的地位影响变得更加巩固，他们的政策和思想发生很大变化。最重要的变化是"这个阶级的社会地位使得它在世界观和方法论上逐渐失去它的革命性"[2]。资产阶级在实现国家制度民主化时，竭力避免采取激烈的手段，而是通过自由主义的改良措施来实现这一任务，他们不再需要激进的"天赋人权"学说，取而代之的是具有改良性质的自由主义理论。功利主义的哲学代替了革命的信条。

其次，就中国的现实而言，十九世纪末、二十世纪初的中国，在国际上面临的是帝国主义的加紧侵略，国内则是清王朝统治于各族人民之间的矛盾，这样就使当时资产阶级革命的直接目标更多地不在人权，而在救亡，它的着眼点也更多地不是个人而是国家。在紧迫的救亡任务面前，"天赋人权"只是手段，成为处于第二位的从属的东西，集体的生存压倒了个人的权利[3]。因此，不论是立宪派，还是革命派，对"天赋人权"的宣传不久就让位于对"国家""民族"的关心。变化极端的如梁启超，则从宣传"天赋人

---

[1] 萨拜因著，刘山等译：《政治学说史》（下册），商务印书馆1986年版，第742页。

[2] 萨拜因：《政治学说史》（下册），第743页。

[3] 何兆武：《自然权利的观念与文化传统》，收入氏著《历史理性批判散论》，湖南教育出版社1994年版。

权”说转向提倡“开明专制”。这样，直到辛亥革命胜利，卢梭与“天赋人权”说在中国基本上“无人道及”[1]。

二、严复、章士钊关于“民约论”的论争

中华民国成立后，南京临时政府颁布的《中华民国临时约法》，以法典的形式体现了“天赋人权”的精神。然而，围绕着“民权”与“国权”争论的展开，由于国权主义的盛行，卢梭“天赋人权说”则成为各派人士批评的对象。倾向革命、同情国民党的章士钊在文章中多次表示：“天赋人权乃十八世纪不可通之旧说。”[2]“主权属之人民之说”是“夸张无据之谈”[3]。而由原立宪派转变而来的进步党人对天赋人权说的批评更为严厉：“卢梭天赋人权之说，本由宗教之意味所演出。其言一播荡于法兰西即已演成暴民惨杀之惨状，使泰西史上多泡浓血。中国决不适于民约主义，只能取国家主义。”[4]民元、民二年间这种批评民权主义、赞扬国权主义的思潮，客观上有利于袁世凯的专制统治。

袁世凯的专制统治使人民的政治权利丧失殆尽。人民的生命权、财产权、行动自由权受到摧残。袁世凯的所作所为“实乃侵夺

---

[1]　CWM：《民约》，《甲寅》杂志第1卷第1号“通信·民约”，1914年5月10日。
[2]　秋桐：《国权与民权》，《独立周报》第1卷第10号，1912年11月24日，《章士钊全集》第2卷，文汇出版社2000年版，第623页。
[3]　秋桐：《约法与统治权》，《独立周报》第1卷第1号，1912年9月22日，《章士钊全集》第2卷，文汇出版社2000年版，第526页。
[4]　《卢梭能为中华不桃之祖乎？》，《神州日报》，1913年1月26日，转引自胡绳武、金冲及《辛亥革命史稿》（第4卷），上海人民出版社1991年版，第251页。

人民一切公私权利，集收政府之下，听其恣意执行"①。对于袁的专制行为，无论是流亡海外的国民党人还是留在国内的进步党人中的激进分子，都著文展开了批判。然而，正在这时（1914年2月），严复则在梁启超主编的《庸言》杂志上发表《民约平议》，将卢梭的民约论和天赋人权说比诸"洪水猛兽"②，从各个角度对其展开了批评。一石激起千层浪，严复对卢梭"民约论"的这一批评，迅即引起了各方人士的注意，也激起了资产阶级革命派的反批评，从而引发了一场关于卢梭民约论的思想论争。

从戊戌至辛亥，严复批评卢梭的民约论与天赋人权说的态度和思想是一贯的。民初他发表《民约平议》一文，也有着他自己的真实意图和用心。严复认为，卢梭民约论尽管影响很大，但其思想从根本上讲是错误的："自卢梭《民约》风行，社会被其影响不少，不惜喋血捐生以从其法，然实无济于治。盖其本源谬也。"问题在于，自民约论出现以后，"垂二百年，不徒暴烈之子，亦有仁义之人，愤世法之不平，闵民生之况瘁"，将民约论"奉若金科玉律，以为果足救世"，以至"一误再误，不能自还"，因此，他才要撰《民约平议》一文，指陈民约论的谬误，"以药社会之迷信"③。

然而，不论严复批评卢梭的真实意图何在，作为一名自戊戌以来即译介、宣传西方近代社会、政治理论的著名学者和思想家，

---

① 高一涵：《民福》，《甲寅》第1卷第6号，1915年6月10日。
② CWM：《民约》，《甲寅》杂志第1卷第1号"通信"。
③ 严复：《民约平议》《致熊纯如信》，见王栻编《严复集》第2册，中华书局1986年版，第336页；第3册，第614页。关于严复批评卢梭的问题，参见蔡乐苏《严复拒卢梭意在讽康、梁》，《近代史研究》1998年第5期；王宪明：《关于戊戌时期严复传播"社会契约论"和"天赋人权论"问题再探讨》，收入刘桂生、林启彦、王宪明编《严复思想新论》一书，清华大学出版社1999年版。

严复此时对卢梭民约论与天赋人权说的公开而系统的批评，具有相当的代表性，所产生的消极影响难以估量，客观上配合了袁世凯的专制统治。在《民约平议》中，严复声称："自不佞言，今之所急者，非自由也，而在人人减换自由，而以利国善群为职志。"①这就是说，为了国家的利益，个人应当放弃自由平等的要求。袁氏周围的御用文人即利用严复的观点，宣称"民权自由，群治之所由不进"。人权自由之说不仅不能救国，反而会误用②。这种论调的流行，迫使资产阶级民主主义不得不起而应战。为此，民初曾一度否定天赋人权说的章士钊，在《甲寅》杂志第一期发表《读严几道〈民约平议〉》一文，针对严复对卢梭民约论与天赋人权说的攻击，展开了反批评，捍卫这一学说的合理性与正当性。

严复对天赋人权说的批评，主要围绕着民约形成的自然状态是否存在，人是否生而自由、平等，人是否具有天赋权利以及天赋权利是否基于民约等方面而展开，因此，章士钊也以这些问题为核心，针对严复的论点一一进行了反驳，从而使"天赋人权说"在中国重新得到确立。

首先，关于民约论形成的前提问题。卢梭认为，民约形成于"自然之境"，即"民居之而常自由、常平等"的自然状态。而严复借用赫胥黎的观点说，远古时代，人民"其神明既为迷信之所深拘，其形骸又为阴阳之所困厄，忮疑好杀，家相为仇。是故初民，号为最苦"。因此，他认为，卢梭《民约论》所勾画的社会"考诸前面而无有，求诸后而不能"，完全是虚构的。因此，"卢梭之所谓

---

① 严复:《民约平议》，王栻编《严复集》第2册，第337页。
② 钱基博:《现代中国文学史》，岳麓书社1986年版，第61页。

民约，吾不知其约于何也"。严复否定了民约形成的社会状态，也就从根本上推翻了《民约论》。既然历史上根本不存在一个自然状态，卢梭的《民约论》就是"向壁虚造""毒天下"的"乌托邦之政论"①。

卢梭的民约论是一个先验的未经证实的假说，他所说的自然状态，在历史上并不存在。十九世纪欧洲学术思想的发展，已经对此多有批评。严复所做的批评，借用的正是十九世纪后期社会学进化论的理论武器，其对《民约论》的批评也相当有道理。要对《民约论》进行辩护，已不能从已落后于时代的《民约论》的理论本身出发，而必须寻找新的武器。在章士钊那里，这个新的武器也就是进化论。与严复一样，章士钊也深受十九世纪末二十世纪初西方自由主义与进化论的影响，因此，他承认，从历史上并不存在一个自然状态的角度出发批评民约论，"要不得谓无的放矢"，但他以进化论的观点，对民约的形成做了新的解释。他认为，人民在最初时候是自由平等的，但是在这个自然状态破坏以后，出现了一个人与人之间征战的状态："民之始犹禽兽也；离群处独，狞毅犷愚。人以其一而与其群为战，当此之时，其小己之自由固甚大也。而弱肉强食，昼夜喘喘，无一息之休居，不得已，乃相约为群。"因此，民约并非如严复所说是"向壁虚造"，而是"约于弱肉强食之时"，"约于假物相争争而不已之时"②。因此，即使否定了自然状态的存在，也不能武断地否定民约论。这样，《民约论》的基础在进化论的基

---

① 严复：《民约平议》，王栻编《严复集》，第340页、337页。
② 秋桐（章士钊）：《读严几道〈民约平议〉》，《甲寅》第1卷第1号，1914年5月10日，《章士钊全集》第3卷，第21页。

础上重新确立，这就使民约即人民生而自由平等的权利获得承认，从而为批驳严复的其他论点提供了理论前提。

其次，关于人生而自由平等的问题，卢梭《民约论》开宗明义第一条，就是主张人生而自由、平等。严复则指出，人生而自由平等，这不符合事实。其理由是：第一，新生之孩儿，连保持自己生命的能力都没有，哪里还谈得上什么自由？即使他长到十五六岁，如果让他处于完全的自然状态，享受完全的自由，那他就不可能成为一个社会的人："是呱呱者，尚要得自由之能力乎？……且不必言其最初，即逮稍长，至十五、六，使皆处于自然之境，而享其完全之自由，吾不知何等社会而后有此物也。"①相反，人要成为一个社会的人，他就必须接受人类社会已经形成的、既有的语言、饮食、穿着以及是非取舍标准，因此，从实质上而言，与其说人生而自由，不如说"人生而为奴"更符合真理，更符合事实。第二，至于说平等，人的自然条件本身就是不平等。"若强弱若灵蠢，若贤不肖，往往大殊，莫或掩也。"人后天的贵贱贫富，就出于人们先天的自然差异。因此，人与人之间的不平等，正是最自然不过的事。不是平等，而是不平等，才是"天赋之权利"②。

针对严复的上述论调，章士钊指出，卢梭"人生而自由、平等"之"生"，决不是"生育"之"生"，而是指"天生"即自然。当然的意思："卢梭所谓'人生而自由者也'，此特以示自由之性，出于天生，不出于人造已耳"，因此，"于生育之事无与也"。而严

---

① 严复：《民约平议》，王栻编《严复集》第2册，第336页。
② 严复：《民约平议》，王栻编《严复集》第2册，第336页。

复的错误是将"天生之生"改换为"生育之生","以欺庸众"①。
至于严复所说的人智愚强弱的体质不平等问题，章士钊指出，卢梭
并不否认。相反，正因为卢梭早已认识到人有智愚强弱的自然等
差，因而，他所说的平等，是用道德的、法律的平等取代体质上的
不平等；是指人们在法律面前享有同等的权利："是乃民之初约，在
不违反天然平等之性，而以道德法律之平等，取体质之不平等而代
之，以体质之不平等，乃造物以加于人，无可解免者也。由是民力
民智，纵或不齐，而已有约之故，其在法律，乃享同等之权利。"
所谓平等，并不是说对于权利与财富，每个人"皆当保持同等之
量"，而只是指"有权者不当使之为暴，其行权也，务准乎位，依
于法，富者不当使之足以买人，反之贫不当使人不足自存，至于自
鬻，如斯而已"②。一句话，平等就是要求在法律面前人人应当平
等，应当享有同等的权利，这是人民订立社会契约以保证其权利的
根本缘由。

再次，关于天赋人权问题即人的自由、平等权利的来源，卢梭
认为，人是生而自由与平等的，这是人的天赋权利。因此，如果自
由被强力所侵夺，则被剥夺了自由的人民有革命的权利，可以用强
力夺回自己的自由。严复则认为，既然人天生是不自由的，也是不
平等的，那么，所谓自由平等的权利也不是天赋的："自由平等者，
法律之所据以为施，而非云民质之本如是也。"③针对严复否认天

---

① 秋桐：《读严几道〈民约平议〉》，《甲寅》第1卷第1号，1914年5月10日，《章士
钊全集》第3卷，第25页。
② 秋桐：《读严几道〈民约平议〉》，《甲寅》第1卷第1号，《章士钊全集》第3卷，
第26页。
③ 严复：《民约平议》，《严复集》第2册，第337页。

赋人权的这一说法，章士钊指出，自由平等权利，既非天赋，"今之法律据以为施者，胡自而来"？结论只能如同边沁所言："一切权利，皆政府所造者也。"这实际上等于说人民自由平等的权利是由法律所赋予的。然而，自由平等，"既为法律所造矣，而法律复据之以为施"。严复的这种说法，是自相矛盾的。章士钊不仅从逻辑上指出严复论证的漏洞，而且还引用斯宾塞批评边沁的观点来批评严复："造有二义，一从无生有，一即原有之物而营构之。"而"人为之政府"，绝不能从无生有，而只能是"即前有之物，政府从而范之而已"。人的自由、平等以及财产权利，是在人类社会的发展中，从社会习俗中自然而然形成的，而"所谓俗者，无他，即所以认明个人权利也。而所谓个人权利，又不在外于何种范围而能行动，主于何种事物而运用也"。而"俗"与权利的形成，则是因为"人类生而为群，彼我相接，各有意欲，根于愿欲，各有要求，既有要求，自不期而成俗，以交相主张，交相容许，势出自然，无能牵强"，是一个自然过程，遵循着自然法则。人的权利是自然的，天赋的。至于法律，只是对人民既有权利的认可，它本身无能力创造出人的权利："政府后起，权力为俗所缚，莫能自由。""有法以前，财产就已为国人所公认"，"盖吾之所谓法，其能事不过本固有者而条理之而已也"①。在这里，和斯宾塞批评边沁一样，章士钊在批评严复的同时，运用社会进化论的观点解释了人的权利的来源问题，重新树立了"人权天赋"的观念。

与人的权利来源相关的问题是人的自由平等权利的享用与行

---

① 秋桐：《读严几道〈民约平议〉》，《甲寅》第1卷第1号，《章士钊全集》第3卷，第27—28页。

使，这也是天赋人权的题中应有之义。关于这个问题，一方面，严复在理论上承认，人们在政治上享有平等权利，"本法律而言之，诚为平国之要素，而见于出占投票之时"。但他又说，政治、法律平等是否有实际好处，要视人民程度而定："须知国有疑问，以多数定其从违，要亦出于法之不得已。福利与否，必视公民之程度为何如。"因此，要"慎用此平等已耳"。而另一方面，当考虑到中国的实际时，严复认为，提倡自由平等会造成社会的不安定，值此国家创建之初，"夫言自由而日趋于放恣，言平等而在在反于事实之发生，此真无益，而智者之所不事也"。因此，他主张"今所急者，非自由也，而在人人减换自由，而以利国善群为职志"①。实际上是要求人民自动放弃自由平等权利，支持和维护袁世凯的统治。

章士钊认为，严复所说法律平等之益处依公民程度而定的观点，是"颠仆莫破"的真理。但是，人民应享有的平等权利不仅仅是"出占投票"，还包括多方面的内容："资地平等，置爵授勋之制宜除；裁判平等，普通行政之别宜废；信仰平等，国教不宜定；婚姻平等，姬妾不宜有。凡类于此者，可以推知。"而且，即使就参政权而言，也"不得藉口于公民程度之低，而废多数取决之制"。即不能因为国民程度不够，而废除民主议政的国会。如果因为国民程度低下而不能实行立宪，那么"专制亦将莫可"②。至于严复所讲的国家存亡危急之时，人民应"减损自由""以利国善群"的观点，尽管不无道理，但也要分清楚"何项自由宜减，何项自由宜

---

① 严复：《民约平议》，《严复集》第2册，第337页。
② 秋桐：《读严几道〈民约平议〉》，《甲寅》第1卷第1号，《章士钊全集》第3卷，第31页。

损"。政府更不能借口救亡而剥夺或限制人民的自由平等权利："盖平等云者，乃言平时之法制，无与于变时之风云，国家苟至存亡危急之秋，而不许政府以权，便宜行事，自非狂易，莫为此言。读者须知政府便宜行事，恒与平等之制，风马牛不相及也，如信仰平等、婚姻平等云云，致以国有大故而废除之，愚未之闻也"。①

与"减损自由""慎用平等"的主张相联系，严复还否定卢梭的权利基于民约而不基于强力、强力不构成权利的观点。严复认为，契约实际上是用实力而建立的，因此，权利实际上归强有力者所有。他说，凡战胜攻取者，皆应以应得权利看待："凡战胜攻取者，果皆不应得之权利也欤？"他举例说，如两国交战，其权利总为胜方所永享，因此，他的结论是："约固在也，力实成立，安在力之不足畀人以权利耶？"②显然，严复的这种论调是针对民初中国的现实。当时，二次革命结束不久，袁世凯正在加强自己的专制统治，国民党人又在倡导第三次革命之际。严复的意思无非在说明，二次革命后，袁世凯以军事力量夺取和巩固的统治是合法的，而那种宣称革命的观点则是非法的，误国的，人们应该服从袁世凯的合法统治。

章士钊认为，卢梭所说的民约是人民在共同意愿之下结成的契约，而不是在强力的压迫下定立的。因此，"约以意而不以力"。如果强有力者以力获得"权利"、维持"权利"，那么，"以力服人

---

① 秋桐：《读严几道〈民约平议〉》，《甲寅》第1卷第1号，《章士钊全集》第3卷，第32页。
② 严复：《民约平议》，《严复集》第2册，第340页。

者""一旦失其所以为力者，即失其所以为权利者"①。如果统治者违反人民的意愿，背弃原有的契约，用强力剥夺人民的自由平等权利，那么人民就有权利夺回来："凡物之以力而有者，义当以力夺之。"他指出："光复旧物，正指此也，吾中华民国之所由来，亦维此义足以自立。"光复自由平等权利，正是中华民国成立的缘由②。在这里，与严复将权利归强有力者的观点针锋相对，章士钊捍卫的实际上是人民对专制者独裁者实行革命的权利。

三、结语

张奚若指出，章士钊、严复关于卢梭的争论，"均以当时国中实在政象为目标，非欲究探政理作学术上有统系之讨论也"③。这个评论，确为一语中的。严复否定卢梭的"天赋人权说"，是他一贯的思想，在他看来，卢梭学说"其所以误人者，以其动于感情悬意虚造，而不详诸人群历史之事实"④。自戊戌维新时期开始，他所鼓吹和传播的思想，是"十九世纪中后期英国派的进化的、实证的、功利的自由主义思想"⑤。从前面的论述中可以看出，严复批评卢梭，指出《民约论》所谓天赋人权、人人平等的空想性，以及

① 秋桐：《读严几道〈民约平议〉》，《甲寅》第1卷第1号，《章士钊全集》第3卷，第33页。
② 秋桐：《读严几道〈民约平议〉》，《甲寅》第1卷第1号，《章士钊全集》第3卷，第34页。
③ 张奚若：《社约论考》，《张奚若文集》，清华大学出版社1989年版，第29页。
④ 严复：《民约平议》，《严复集》第2册，第340页。
⑤ 王宪明：《关于戊戌时期严复传播"社会契约论"和"天赋人权论"问题再探讨》，前揭刘桂生等编《严复思想新论》一书，第327页。

卢梭立论的感情化与非历史性，也正是立足于十九世纪科学主义、实证主义理论，这个批评，从理论上而言，是正确的、合理的。然而，严复对于卢梭学说的批评，又是和当时中国的现实政治紧密结合在一起的，他对天赋人权说的否定，客观上等于为袁世凯的专制统治辩护，而且在他的文中也多处流露出这样的意图。

如前所述，民元、民二年间是国权主义思潮盛行的年代。正是国权主义的盛行，使袁世凯得以轻而易举地击败国民党人的二次革命，并获得全国大多数资产阶级工商业者的支持和拥护。革命党人痛定思痛，开始反思辛亥革命失败的原因。在这种反思中，以章士钊为代表的《甲寅》杂志的一批青年思想家，开始从理论上、思想上总结和反思革命失败的原因，探求新的救国之路。而严复针对卢梭天赋人权说的批评，则为他们反思批判国权主义思潮、捍卫天赋人权说提供了适当的突破口。

章士钊对天赋人权说的捍卫，主要有这样几个特征：第一，坚持人生而具有自由、平等的权利，坚持"约以意而不以力"，坚持人的平等、自由权利来自天赋，坚持人民拥有推翻专制独裁的革命的权利。第二，他捍卫天赋人权说的武器，主要的不是卢梭的学说，而是斯宾塞的观点，他是以斯宾塞的社会进化论观点重新解释了天赋人权学说的原则，重新解释了民约形成的问题。他对天赋人权说的捍卫，带着浓厚的自由主义、功利主义色彩。之所以如此，是因为卢梭的《民约论》已暴露出其空想性与非历史性，章士钊要为其辩护，就不得不寻找新的武器。而自由主义对于权利的认识，同样具有"天赋"的味道。自由主义假定个人是价值的唯一来源，这与天赋人权说具有相通的一面[1]。尽管大多数自由主义者并不赞成天赋人权说（他们实际上赞成"人权"，反对"天赋"），但自由主义在人权说上的这种特征，为章士钊将卢梭思想与自由主义思想相结合提供了理论依据。实际上，他所依赖的斯宾塞，正是十九世纪自由主义中少数几个仍然坚持天赋人权说的思想家之一。第三，章士钊对天赋人权说的捍卫，是不彻底的、不全面的。严复对于卢梭学说的空想性与非历史性的批评，实际上是十九世纪西方学术思潮发展而形成的共识，深受自由主义影响的章士钊，对这一点是相当清楚的。因此，他在捍卫天赋人权说时，对严复观点的合理性，基本上置于"悬而不论"。这就不能不影响对天赋人权说的坚持和传播。由此可见，近代中国对天赋人权说的宣传，不论在清末，还是民初，都具有极大的局限性。可以说，十九世纪以来西方学术思潮对天赋人权说的批评，在一定程度上妨碍天赋人权理论在近代中国的传播。第四，联系到民初中国的现实政治，一方面，章士钊对于严复为专制辩护的观点予以反驳，但另一方面，和严复同样深受英国自由主义思想影响的章士钊，面对近代中国救亡的紧迫性，也不得不认同严复的某些观点。因而，他在《读严几道〈民约平议〉》一文中，开头就首先声明："愚非醉心于卢梭之共和说者也，且虑国人过信此物，驰于空想，而因隳其立国之基"，对于坚持天赋人权说的斯宾塞之"过于放任之处"，"究不敢附和"。甚而对于严复所主张的"人人减损自由，而以利国善群为职志"，他也表示"愚不敢非之"。与严复一样，他也主张"吾人治国，首当以国家

---

① 萨拜因：《政治学说史》（下册），第816页。

绝对之权,整齐社会风习之事"①。民初的中国,一方面需要维护共和反对专制,另一方面却又需要维护民族的团结与国家的统一。资产阶级民主主义者处于这样的两难境地中,当有人否定天赋人权说并为专制统治张目时,他们不得不起而捍卫人的自由、平等权利,但国家、民族的生存又迫使他们不得不坚持以国家利益为重,人权与国权、个人利益与国家利益的矛盾,始终困扰着近代中国的民主主义者。

（原载黄瑞霖主编《中国近代启蒙思想家——严复诞辰150周年纪念论文集》,方志出版社2003年出版）

---

① 秋桐:《读严几道〈民约平议〉》,《甲寅》第1卷第1号,《章士钊全集》第3卷,第19、30页。

章士钊与中国近代报刊"通信"栏的创设

——以《甲寅》杂志为核心

近年的研究表明，五四新文化运动前期最重要的两项内容：文学革命和反孔思想，都是在《新青年》"通信"栏首先提出，并引起广泛的讨论与社会反响，从而引发了这场文化运动，由此可见"通信"栏的重要作用①。因此，对中国近代报刊"通信"栏做一专门的考察十分必要。本文拟通过对章士钊在民初主持的《民立报》《独立周报》和《甲寅》等报刊"通信"栏的创设与发展、"通信"栏讨论的问题及其社会反响的考察，说明"通信"这一近代报刊栏目的设立在沟通编者与读者之间的思想互动方面所起的作用，以及思想议题与社会、政治演进之间的互动关系。在此基础上，进一步探讨《甲寅》"通信"栏对《新青年》"通信"栏的设置及其讨论议题所起的先导作用。

---

① 杨琥：《〈新青年〉"通信"栏与五四时期社会、文化的互动》，载李金铨主编《文人论政：知识分子与报刊》，广西师范大学出版社2008年版。

一、章士钊与"通信"栏的设置及其演变

中国近代报刊"通信"栏的设置，有一个发展过程。最初一般称之为"投函"，后来又称之为"通讯"，最后则基本上称为"通信"[①]。以下，我们对中国近代报刊"通信"栏的创设与发展，做一简略的考察。

（一）章士钊主持《民立报》与"投函"栏的创设

考察中国近代报刊"投函"栏的设置，不能不从章士钊主持《民立报》开始。

章士钊（1881—1973），湖南长沙人。早年就投身革命活动，1902年在上海参加爱国学社，后又主编《苏报》与《国民日日报》，宣传反清革命思想，其思想言论相当激进，在革命队伍中颇有影响。1905年赴日留学，转而重视追求知识和理论探索，对政治活动很少参与。1908年又赴英国留学，潜心研究西方资产阶级学说。1911年武昌起义后，闻讯返国。回国后，在1912年2月，于右任邀其加入《民立报》社。《民立报》是同盟会的机关报，此时原有编辑多半任南京临时政府的要职，章士钊加入后，就成为该报编辑部的实际负责人。

章士钊是从1912年2月开始主持《民立报》的。在此之前，《民立报》就设有"投稿"栏，专门刊登社外来稿，主要是消息、建议

---

① 《甲寅》称"通讯"，《新青年》最初称"通讯"，后来又称"通信"，当时二者区别不甚明显，本文为方便见起，在正文中一般均称之为"通信"，在注释中则分别注明原来报刊的栏目名称。

之类的文稿（作者也多为较有名气的人）。章士钊主持《民立报》后，就刊登了一则启事，称："弟自英伦归来，颇承诸友展转探问，深以为感。弟以略有政见，即借《民立报》与诸友商证，此当较面谈函达为佳。有赐函者，以后请即由《民立报》转，或径寄弟寓静安寺路二十九号亦可。"①这本是他刊登的一则私人启事，但他说："略有政见，即借《民立报》与诸友商证"，又请诸友"赐函"，因之，不久即有读者响应。2月22日，该报刊登了读者——章士钊湖南同乡朱德裳的来信，信中称：

> 记者足下：今者清廷退位，民国已成。重大问题，以次解决。所最急者，莫如首都之地点及政府之组织。……以弟一人私见，中国此时，万不能不有内阁。共和先例，莫如法美，而一有内阁，一无内阁。其利害得失，早为学者所研究。弟足迹未至欧美，且不能睹其政治之外观，何能批评其制度之美恶？但以中国情形言之，民国权舆，百端开始，言庞事杂，舆论无常。若大总统直接担负责任，推其流弊所及，必有推倒总统之时，开各国未有之新例。且民国初成，所最惧者，莫如王政复古，启第二次之革命。若大总统亲揽政权，总理一切，渐积所趋，即无异帝制自为，东方拿翁，容易发现，中国历史人物，有帝王思想，无总统思想。中国社会眼光，有帝王观念，无总统观念。野心家而总统也，若利用之而达其目的，其危险有不可胜言者。故就国情言之，其必用法制矣。区区之愚，未敢自

---

① 《章行严启事》，《民立报》，1912年2月11日。

信，欲就正于有道，微阁下其谁归？①

　　关于这封来信，值得注意的是：1．在这封信的前面，标明"投函"，这是《民立报》第一次出现"投函"两个字。而就在"投函"栏之前，另有一栏称"投稿"，说明在该报编辑心目中，"投函"与"投稿"二者之间似有所区别。2．该信的内容是关于"政见"的，而非一般普通的消息、报道、建议。3．针对该信中关于内阁制以及中国须建立何种行政制度的议论，章士钊在当日"社说"栏做了详细的解释和评论②，这说明从一开始，"投函"栏的设置，就体现出编读往来、自由讨论的意味。此后，《民立报》在2月27日至5月1日之间，又分别刊登了读者杨伯群、朱宗良、陈耿夫、汪叔贤（馥炎）、王季同、马育鹏、张树立、尹香纫等人的来信，提出了"中央集权与地方分权""行政法""共和与专制""统一与联邦""逻辑""译名"等问题，而章士钊针对这些问题，也分别做了答复③。其中，章士钊与王季同的讨论书信，往来达四次，这说明，尽管《民立报》从未明确宣布它已设立"投函"栏，且所刊的版面也很小，但这种不定期的"投函"字样的出现，已引起了读者初步的反响。

　　1912年5月5日，《民立报》在第一版刊登了一则"编辑部启事"，第一次提到该报设立"投函"栏的目的："本报之设'投

---

① 《投函·朱君德裳来书》，《民立报》，1912年2月22日。朱德裳（1874—1936），字师晦，号九还，湖南湘潭人。曾留学日本，著有《三十年闻见录》。
② 行严：《复朱德裳书》，《民立报》，1912年2月22日。
③ 参见《民立报》，1912年2月27日、3月3日、3月17日、3月21日、4月4日、4月18日、4月21日、4月23日、4月24日、4月26日、5月1日。

函',原以广征舆论,互换智识。"①同月20日,《民立报》又刊登了一则"特别广告",宣传将辟出一整版,专门刊登通信稿件:

> 编辑部紧要告白:本社自扩充函稿栏,爰读诸君以鸿篇矩制相贶者无数,而所扩充之栏幅举不足以容之,以致日有搁积,深有负于投函者之盛心,至为歉然。自今日起,将本报十二版全幅登载此类稿件,而"社说"之与投函有关联者,亦并见于是版,原有之小说则移于第二版,读者幸为注意。记者观欧美大报,每日所登函件及专论,有多至数十通者,必如此方足以称舆论之机关。本报不量其力,颇复以此为鹄,而尤愿出其意见与读者痛加讨论。诸君子如有关于政治、法律、宗教、教育、文学种种之高见或疑问,务希不吝金玉,使本报有所闻知,记者固不才,而获从诸君子之后,有所贡献于论坛,则至引为荣幸者也。②

从这则广告可以看出,该报在标立"投函"栏之后,已引起广大读者的热烈反响,因而,来信大为增加,而设此栏之目的,则是为了编者与读者之间讨论学理、答疑辩难,使广大读者的意见得以发表,以反映真正的"舆论"。因之,这一则宣言,我们可视作《民立报》设立"投函"栏的标志。

然而,《民立报》这次宣布设立的"投函"栏并未能定期化,它在时断时续地延续了三个月之后,随着章士钊的离开,"投函"栏也就无疾而终了。

---

① 《编辑部启事》,《民立报》,1912年5月5日。
② 《特别广告》,《民立报》,1912年5月20日。

（二）《独立周报》的创办与"投函"栏的定期设置

"通讯"栏的定期设置，是从《独立周报》的创办开始的。

《独立周报》，1912年9月22日创刊于上海，主编章士钊，发行人王无生。这是章士钊继《苏报》《国民日日报》和《民立报》之后，所主编的第四个刊物。它出现于1912年9月，命名"独立"，既有它本身的特殊含义，也具有当时的时代意义。

在《独立周报》创刊号的发刊辞中，章士钊开宗明义阐明了他创办该刊的理由与宗旨。他说："英伦有周报曰司佩铁特（The Spectator），乃记者最爱读者也。而此报之名，有三百余年之历史，相与存之至今。初发刊时，实在千七百一十年三月一日。主持论坛者，为当时文家艾狄生。司佩铁特者，袖手旁观之谓也。艾狄生实以自况，其第一文即叙述司佩铁特之为人。"章士钊则"欲自荐为东方司佩铁特"。为什么取名"独立"？他说："虽记者痛当今舆论囿于党见，窃不自料，随同人之后，欲稍稍以不偏不倚之说进之。"据此，所谓"独立"，则含两义："袖手旁观"与"不偏不倚"。章士钊自问：以这样的宗旨办报，前途将如何？他自答："或不见容于今日之社会，因招巨怒极骂，人人挤排吾说，使无容头过身之地亦未可知。天下滔滔，又谁与立？"他又说，美洲有一周刊，"名仿佛与独立相近，所谓隐棣攀顿（The Independent）是也。其取义未审视吾报何如？读者试妄加以隐棣攀顿呼吾报焉，或亦避狙怒之道也"①。由此，该刊封面在中文刊名《独立周报》的上端，

① 秋桐：《发端》，《独立周报》第1期，1912年9月22日，《章士钊全集》第2卷，文汇出版社2000年版，第518页。

附以英文The Independent的字样。

从以上所引章士钊的言论可以看出，《独立周报》的宗旨就是追求"言论独立"，而他创办的理由则是"痛当今舆论囿于党见"，不难体会，章士钊是带着不平之气表达他的这些关于"言论独立"的独立见解的。为什么会这样呢？这需要联系章士钊创办《独立周报》时特定的历史背景来说明这个问题。

如前所述，章士钊早年就投身革命活动。1912年回国后，就被于右任聘为《民立报》主笔。从1912年2月至8月，在他主持《民立报》期间，他就当时的许多重大问题发表了自己的主张，在舆论界产生了广泛的影响。

然而，当时民国初建，同盟会的干部人员掌握重权，"而该会中的一部分成员，妄自骄功，举动暴烈，干部领袖不能节制。同盟会便为人所诟病"[①]。而章士钊则信奉资产阶级自由主义思想，崇拜英国的两党政治，意图秉着客观、冷静的态度，"冀于同盟会炙手可热之时，进以稳健之论，使不失天下之望……自后《民立报》与同盟会提携之道，不出于朋比，而出于扶掖"。这样，"有时持论，势不得不与党人所见互有出入"[②]。结果因此遭到同盟会中一些激

① 李剑农：《戊戌以后三十年中国政治史》，中华书局1965年版，第153页。
② 《章行严与杨怀中书》，《独立周报》第1期，1912年9月22日；《章士钊全集》第2卷，第506页。当时，章士钊在基本的政治主张上，与同盟会一致，但也有很多不一致的地方。典型的例子如他提出的"毁党造党说"，引起同盟会内很多人的不满；又如在张、方案件的责任问题上（1912年8月16日，湖北革命党人张振武、方维被袁世凯杀害），与国民党以为袁世凯是罪魁祸首的意见不同，他认为中国实行的内阁制，总统不负责任，应对张、方案负责的是陆军部。参见行严《毁党造党说》《张振武案解决法》《总统责任问题》等文，分载《民立报》，1912年7月29日、8月20日、8月21日。

进分子的严厉抨击①，章士钊被迫离开《民立报》。

　　章士钊既退出《民立报》，一些革命党人在《民权报》和《中华民报》上仍继续攻击他，一连十余日不休。他们称，章士钊为保皇党，至少也是"徘徊于梁卓如（梁启超）、杨皙子（杨度）之间"，并说章士钊在《帝国日报》上发表文章，鼓吹革命会招致列强干涉，倡言"和平改革"，且用的是"秋桐"笔名，而今主笔《民立报》，却隐去"秋桐"之名，而用"行严"本名，显然是隐瞒曾经反对革命的不光彩历史。他们又说，章士钊以非革命党人而主笔同盟会的机关报，所发议论居然和梁启超相似，而且又不加入国民党，显系别有所图。这样的攻击之词，最后竟然达到了"中国可亡，而章行严之名誉不可不毁"的地步。②针对这些攻击，章士钊在《独立周报》创刊后，特辟"别报"栏，发表了《与杨怀中书》，一方面为自己十多年来的革命经历做了回顾，并对他不加入国民党的原因做了解释。他说，他昔年参加革命，不入同盟会，民国成立，他不参加国民党，就是"要以证明不借革命党之头衔，以自矜重则有余"。另一方面，他批评一些革命党人的偏狭心态，他认为，革命或者立宪，都是人们本着自己的认识，同为国家之进步奋斗，不应相互排斥。而一些革命党人则认为革命成功是他们奋斗得来的，新国家应是革命党一家独占，立宪党人除了破坏、阻挠革命外，就没有干过好事，因而也无权参与新政权。对于这种偏狭心

---

① 当时在张、方案问题上，戴季陶主持的《民权报》与《民立报》之间进行了长达一月的笔战，对《民立报》所刊章士钊的观点、主张进行了严厉的批评与抨击。

② 《章行严与杨怀中书》，《独立周报》第1期，1912年9月22日，《章士钊全集》第2卷，第506页。

态，章士钊指出："民国者，民国也，非革命党所得而私也。今人以国民之资格，自活动于其国，宁得以非革命党之故，而受人无理之排斥。弟固非保皇党，今退一步言之，即听为保皇党；弟固非政闻社员，今退一步言之，即听彼硬指弟为是，弟亦决不以此故生其惭怍，而缩小其运动之范围。且己以革命党自矜其功，对于稍异己者，挟一顺之者生、逆之者死之见，行见中华民国陷于此辈'骄横卑劣'者之手，愈不得不设法以消其焰。吾舌可断，斯言不可毁也。"①

由此可见，《独立周报》是在革命党人不能容纳不同意见的背景下出现的。而章士钊"既痛当日舆论，缚于党见，意皆有所郁结不得抒"②，又以"东方艾狄生"自况，因此，他创办《独立周报》，就不但打出"言论独立"的旗帜，而且决心在自己所创的刊物上实践言论独立，以养成健全的社会舆论风气。为此，在栏目设置上，除设立了当时报刊上常见的"纪事""政论""专论""评论之评论""文苑"等栏目外，又专门设立了当时报刊上不曾有过的一个栏目："投函"栏，专门刊载读者来信。

《独立周报》"投函"栏的设置，在中国近代报刊史上具有重要意义。首先，《独立周报》设立"投函"栏，使这一栏目经常化、固定化、专门化。尽管在此之前，梁启超在所创办的《清议报》和《新民丛报》上，曾经分别设立过"寄书"或"问答"栏，但那些栏目都是不定期的，时断时续，未成为一个定期栏目。即

---

① 《章行严与杨怀中书》，《独立周报》第1期，1912年9月22日，《章士钊全集》第2卷，第511页。
② 钱基博：《现代中国文学史》，岳麓书社1986年版，第455页。

使章士钊本人在《民立报》开设的"投函"栏，也未能长期坚持下去。而《独立周报》的"投函"栏，从第1期到第35期，每期都有。据统计，在第1至35期中，该刊共刊登了七十四封来信，平均每期两封，最多的一期达五封。而且，"投函"一栏在《独立周报》中处于比较醒目的位置，在"纪事""社说""专论"之后，排在第四栏（《民立报》将"投函"栏设在最后一版——第十二版），可见该刊对"投函"一栏的重视。后来，《甲寅》《新青年》继承了《独立周报》的这一栏目，并将其改为"通信"栏，从此，"通信"栏成为五四前后许多重要期刊的一个常设栏目。其次，《独立周报》设立的"投函"栏，专门刊载读者来信，为广大普通读者提供了一个自由发表言论的场所。梁启超主编的《清议报》《新民丛报》，也曾经刊登读者来信，但那些来信的作者是黄遵宪、徐佛苏、汤觉顿等梁启超的师友们，并不是一般的普通读者，因而即使是"投函"，其言论也具有浓厚的党派性与倾向性。而《独立周报》以言论"独立"相标榜，以超越"党见"为职志，在其"投函"栏鼓励发表各种不同乃至对立的观点，因而《独立周报》"投函"栏的作者（即读者），多为普通读者。据统计，七十四封来信的作者，与章士钊相识或有关系的仅有马一浮、李寅恭等极少数人，而大多数作者如朱冠亭、张缉光、陈承泽、白坚武、李燕民、袁思、严伟等，均是因有感于民国时局或针对《独立周报》的言论主张而发表议论的普通读者①。这些普通读者的议论也有倾向性，但在一定程度上反映

① 参阅朱冠亭《政见商榷会之片影》、张缉光《民国之黑暗观》、白坚武《总统制预测之优点》、陈承泽《约法第二条第四条之评论》、李燕民《兴王学以救时》、严伟《论蒙事》、袁思《今之政党之政纲》，分载《独立周报》第1、2、3、5、8、10期。

了社会上普遍的现象，是一种社会舆论的表达。第三，《独立周报》"投函"栏的设置，为编辑与读者之间提供了一个自由对话的场所。该刊的"投函"栏，既刊载读者来信，同时又由该刊编辑（通常是章士钊本人）针对读者来信中提出的问题或议论，分别做出答复或加上跋语。这样一种编辑与读者之间自由讨论的形式，是一种新的办刊方式与风格，它有利于培养公众独立思考的精神，也有利于在公众中养成健康的社会公共舆论风气，是近代报刊办刊风格的改革与创新。关于这一点，《独立周报》限于各种原因，体现得尚不充分，到《甲寅》时代，则表现得非常明显，我们在下面还会谈到。

（三）《甲寅》"通信"栏的设置

1914年5月，《甲寅》杂志在日本东京创刊，这是章士钊继《独立周报》之后创办的又一份政论性刊物。

《甲寅》杂志继承了《独立周报》的栏目设置，但在办刊宗旨与办刊风格上，则更加明确、更加成熟。它在创刊号上，明确宣布其宗旨是："本志以条陈时弊、朴实说理为主旨，欲下论断，先事考求；与曰主张，宁言商榷，既乏架空之论，尤无偏党之怀，惟以己之心，证天下人之心，确见心同理同，即本以立说，故本志一面为社会写实，一面为社会陈情而已。"即倡导以无党无偏的态度，从学理出发来讨论国事，它宣称："本志非私人所能左右，亦非一派之议论所得垄断，所列论文，一体待遇，无社员与投稿者之分，任何意见，若无背于本志主旨，皆得发表。"为了充分体现其宣布的宗旨和主编者容纳不同意见、主张的精神，该刊将《独立周报》

的"投函"栏改为"通讯"栏，并宣布："本志既为公共舆论机关，'通讯'一门，最所置重，务使全国之意见，皆得如其量以发表之。其文或指陈一事，或阐发一理，或于政治学术有所怀疑，不以同人为不肖，交相质证，俱一律欢待，尽先登录。若夫问题过大，持理过精，非同人之力所及，同人当设法代请于东西洋学者，以解答之。"①从上述通告中可以看出，《甲寅》旨在倡导一种新的文风，即"朴实说理"的文风，也在倡导一种新的刊风，即反映"公共舆论"、主张言论独立的刊风。《甲寅》所倡导的这种文风和刊风，否定了民国初年那种党派意味浓烈、好持绝对之论、学理不足以服人就进行人身攻击的论战文风，也否定了那种只刊载倾向于、有利于本党本派言论的刊风。这种文风与刊风，对于提高读者的识别判断能力，对于形成健康的社会舆论，具有十分重要的意义。有人指出，章士钊的政论文风，影响了李大钊、高一涵、李剑农等人，形成了"甲寅派的逻辑文"②。事实上，《甲寅》的办刊风格也开一代新风。

正因为章士钊与《甲寅》所倡导的是一种新的文风和办刊风格，因之，当时的读者对《甲寅》尤其是"通信"栏，都非常重视与欢迎。当该刊尚未印行时，一读者从《时报》上读到其创刊的广告，就写信给编辑部，信中说：

> 记者足下：读上海《时报》，见诸君有新志之作，踵《独

---

① 　《本志宣告》，《甲寅》第1卷第1号，1914年5月10日。

② 　关于这一点，许多学者都有论述。参阅胡适《五十年来中国之文学》，《胡适文存》第2集；钱基博《现代中国文学史》，岳麓书社1986年版，第479页；朱成甲《李大钊早期思想与近代中国》，人民出版社1999年版，第67页。

立周报》，而以健全稳练之作指导社会，甚盛甚盛。自大记者主持《民立报》以来，仆即见其对于"通信"一门，颇为注意，意在步武欧美诸大周刊、日刊诸报，以范成舆论之中心。然国人研究讨论之心，不甚发达，虽亦有应者，而究属寂寥，是诚可惜。仆当《独立周报》时代，亦曾妄以管见，填其余白。今幸大志赓续前志，锲而不舍，论风之开，仆将以是卜之，而仆所有怀疑，亦有时会相与剖晰，此诚私心狂喜者也。……①

可见读者对章士钊设置"通信"栏的用心是理解并欢迎的。另外有一读者，在读了《甲寅》第1号之后，也致信该刊编辑，说："记者足下：大志首期出版，展诵一过，拍案欢迎，如当郑卫杂陈之中，忽闻钧天咸池之奏，心神之感，江海同深，转移风气，针灸政俗，将视此志矣。"然后，他说对于《甲寅》言论，也有不赞成之处，因《甲寅》欢迎读者来信批评，他愿意提出来商榷："惟是不佞对于足下立言之际，亦有欲妄加批评之处。管蠡之见，当与事理与否，非所敢信。然大志广其途以征言，不佞附于斯例，自可谬为陈说，惟幸足下有以进之。"②由上引两例可见，《甲寅》的办刊宗旨与办刊风格，得到了好学深思的知识分子的欢迎与认同，因而

① 李荩：《宪法会议（致〈甲寅杂志〉记者）》，《甲寅》第1卷第1号，1914年5月10日。
② 周悟民：《人治与法治（致〈甲寅杂志〉记者函）》，《甲寅》第1卷第2号"通信"，1914年6月10日。

"一时风行全国，产生了难以估量的影响"①。

《甲寅》"通信"栏所刊通信，无论从数量还是质量而言，远远超过《独立周报》，据统计，从第1卷第1号到第10号，《甲寅》共刊载了88篇通信，平均每期达9篇之多。在这些通信中，讨论的问题非常广泛，牵涉到政治、思想、宗教、伦理、经济以及时事，在此我们不拟详细介绍，仅举其前三号的篇目如下，以见其一斑。第1卷第1号：周悟民《政与学》、郑逸《世界大势与中国》、李荄《宪法会议》、吴敬恒《人心》、曹工丞《人民与政府》、吴宗毂《逻辑》、CWM《民约》、桂念祖《佛法》；第1卷第2号：李北村《政本》、周悟民《人治与法治》、陈蘧《政治与历史》、刘陔《新闻记者与道德》、CC生《生机》、吴市《逻辑》、曹工丞《通信道德》、黄枯桐《佛法》；第1卷第3号：何亚心《平政院》、詹瘦盦、韩伯思《复旧二首》、朱芝裳、顾一得《新约法二首》、郁嶷《人口》、张尔田、梁士贤《孔教五首》、陈敏望《宗教与事业》、李大钊《物价与货币购买力》、高吾寒、高一涵《民国之祢衡二首》、周锐铎《译书》。

二、《甲寅》"通信"栏与民初社会、文化的互动

《甲寅》杂志"通信"栏，在当时特定的历史条件下，在批判袁世凯专制统治，传播民主主义思想，解答读者心中的疑惑，廓清读者思想中的迷误方面，发挥了重要的社会功能，产生了广泛的

---

① 张申府：《我所认识的章行严先生》，中国人民政治协商会议全国委员会文史资料研究委员会编《文史资料选辑》总第121辑，文史资料出版社1979年版。

社会反响。概括而言，"通信"栏促进了编者与读者之间的思想交流，反映了思想演进与政治、社会演进之间的互动关系，以下分别论之。

（一）编者与读者之间的思想互动

"通信"栏的设置，沟通了编者与读者之间的联系，促进了他们之间思想、主张的交流与互动，使报刊舆论转变为真正的公众舆论。中国古代社会，除了官办的邸报以外，不存在民间办报的可能。甲午战争以后，维新思潮兴起，维新派所办《中外纪闻》与《强学报》先后刊行，中国始有民办报刊①。二十世纪初年，资产阶级改良派梁启超创办了《清议报》《新民丛报》，资产阶级革命党人创办了《民报》，他们或介绍西方社会、政治、哲学、法律学说，或宣传民主革命思想，在当时产生了相当大的影响。但是，如果从公共舆论形成的角度看，这些刊物一方面反映了部分公共舆论的意见，但另一方面主要反映了资产阶级各个政派的主张和利益。民国成立后，政党、派别林立，所办报纸数量激增，全国统计达五百多家②，刊物也较多。但是，从办报形式与风格而言，这些报刊的撰稿人基本上是本社编辑，其立说、撰稿基本上都是自说自话，与读者没有多少联系（当然不否认读者仍受其影响和引导）。这样，编者（立说者）与读者（接受者）二者之间实际上存在着相当程度的疏离。而"通信"栏的设置，既为读者提供了一个自由发表言论的论坛，又为编者了解读者关心的问题、答复读者的疑问和

---

① 戈公振：《中国报学史》，中国新闻出版社1985年版，第21、95页。
② 戈公振：《中国报学史》，第149页、153—154页。

反复阐发本人的主张、观点，提供了一个机会。于是，编者与读者之间，一方提出其主张观点，一方便反馈到其读后的反应；反之，读者对于社会现象或学说理论提出疑问，编者则予以回答和评论。这样，在立说者与接受者之间，就形成了编者与读者思想、论题的互动。

这种思想、论题的互动，主要表现在以下两方面：

1．读者来信提出的问题，引起编者或其他读者的关注，由此引发对一批重要问题的讨论。首先看"民约"问题。在《甲寅》杂志创刊号上，第一、二篇为主编章士钊撰写的长篇政论，其中第二篇题为《读严几道〈民约平议〉》，是专门为严复的《民约平议》一文而撰写的商榷文章。事实上，这一问题首先就是由读者"通信"提出的。在《甲寅》杂志第1卷第1号"通信"栏中，刊有读者CWM君的来信。信中称："天津《庸言报》载有严君几道《民约平议》一首，自时文之铮铮者。惟仆于其为文之旨，颇不满意，为足下道之，以为何如？"在信中，该读者回顾了严复在中国近代传播西方思想、学说贡献及其思想地位，但是，他"乍得严君之文而喜，乃细读之而益悲"，因为严复的《民约平议》"痛诋自由民权，至欲铲除净尽"。他不同意严复的观点，在信中激烈批评严复"掊击卢梭"，是"支离灭裂"，"无的而放矢"①。对这封读者来信，章士钊在答词中指出，该信批评严复的态度"偏于感情"，而不"合乎名理"，为此，他"别为一文"，以还质严先生（严复）②，该文就是

①　CWM：《民约（致〈甲寅杂志〉记者函）》，《甲寅》第1卷第1号"通信"，1914年5月10日。
②　记者（章士钊）：《答CWM君》，《甲寅》第1卷第1号"通信"，1914年5月10日。

《读严几道〈民约平议〉》。这封来信触及了民初思想舆论界遇到的一个重大问题。当时（1914年初），严复在《庸言》杂志上发表《民约平议》，不仅从学理上批评西方近代传入中国的卢梭"民约论"，又指出"民约论"不适合当时的中国。在《民约平议》中，严复声称："自不佞言，今之所急者，非自由也，而在人人减换自由，而以利国善群为职志。"[①]这就是说，为了国家的利益，个人应当放弃自由平等的要求。袁世凯周围的御用文人即利用严复的观点，宣称"民权自由，群治之所由不进"。人权自由之说不仅不能救国，反而会误用[②]。这种论调的流行，迫使资产阶级民主主义不得不起而应战。章士钊的《读严几道〈民约平议〉》一文，就是针对严复对卢梭民约论与天赋人权说的攻击而展开的反批评。且不谈章士钊该文的思想贡献[③]，仅从办刊的角度而言，章士钊的这种做法，既从学理上阐述了他作为刊物主编对严复文章的态度和认识，又对这位读者来信提出的现实问题做了深刻的剖析与解释，这在当时的报刊中是很少见的，是章士钊独创的办刊方法。

再如关于人口问题的讨论。这一问题也是由读者来信提出而引起讨论的。读者郁嶷曾致信《甲寅》，称他"比为此间诸生讲授农业政策，对于人口过庶问题，不揣谫陋，妄有研究，于西国鸿哲持论，且多微词。自顾所学极浅，谬附解人，终不慊怀。"因此，他

---

① 严复：《民约平议》，《庸言》第25—26期合刊，1914年2月；王栻主编《严复集》，中华书局1986年版，第337页。
② 钱基博：《现代中国文学史》，岳麓书社1986年版，第61页。
③ 关于章士钊与严复有关"民约论"论争的思想意义，参阅邹小站《章士钊〈甲寅〉时期自由主义政治思想评析》，载《近代史研究》2000年第1期；杨琥《严复与章士钊关于"民约论"的论争》，载《中国近代启蒙思想家——严复诞辰150周年纪念论文集》，福建人民出版社2004年版。

将自己所撰之文寄给《甲寅》，请主编者"为斯问题下一最终解答也"①。对这封信，章士钊在跋语中说："所发问题，切要而极饶趣味"，表示将"乐与贤者一纵论之"②，撰写一篇专论刊布于《甲寅》第四期，同时，他将郁嶷《人口过庶问题之研究》刊布于《甲寅》第三号。后来，因章士钊本人太忙，就委托其弟"运甓"（即章勤士）③撰文答复。运甓所撰文题为《人患》，连载于《甲寅》第一卷第八、九号。郁嶷在文中，分析和比较了英国学者赫胥黎与斯宾塞的人口观点，指出人口随着自然进化，已越来越多，成为学者担忧的问题，但他认为，"安知近世人口果有过庶之一境"，因而要研究。针对郁嶷的观点，运甓则运用马尔萨斯的理论，指出人口增长是必然的趋势，不应担忧"人口过庶"，而要及早预防人口过剩，为此，他主张改革中国家庭关系，排弃养亲之传统，同时又提出限制生育及注重教育的主张④。在这里，《甲寅》编者既回答了读者郁嶷的疑问，又将两种对立的观点载于一刊，分别介绍给其他读者。这种由读者来信提出疑问，编者予以解答或评论的做法，促进了编者与读者双方之观点、主张、思想、论题的沟通，而其他读者的参与讨论，则将一个个体心中的困惑转变为公众讨论的话题，由此形成了编者与读者、读者与读者（立说者与接受者）之间思想的互相促动、互相提高。除上述问题外，其他诸如孔教问题、开展

---

① 郁嶷：《人口》，《甲寅》第1卷第3号"通信"，1914年8月10日。
② 记者（章士钊）：《人口——答郁嶷》，《甲寅》第1卷第3号"通信"，1914年8月10日。
③ 运甓，为章士钊之弟章勤士的笔名。参阅杨琥《每周评论等报刊若干撰稿人笔名索解》，原载《历史研究》2009年第3期，已收入本书。
④ 运甓：《人患》，《甲寅》第1卷第8号，1915年8月10日；参阅白吉庵《甲寅》，《辛亥革命时期期刊介绍》第4集，第540—541页。

"文艺复兴"的问题，都是分别由读者张尔田、黄远庸在通信中提出来的。这些问题，尽管在《甲寅》上未展开讨论，但在《新青年》上则成为热烈讨论的话题。

2.编者（撰稿人，立说者）的主张、观点，在读者（接受者）中引起反响（赞同、质疑、批评、驳难），而读者的意见反馈于编者（立说者），使编者单方面的思想观点（话语）转变为众多读者的主张与信仰，从而使精英知识分子（立说者，主编与撰稿人）的意见转化为一般公众的普遍认知。典型的例子，如关于"政本"问题的讨论。当《甲寅》创刊时，正是袁世凯解散国会、废除临时约法、加强专制统治之时，因此它在第一号就发表了章士钊的《政本》一文，从理论上对专制统治进行了批判。作者指出，为政之根本，在"有容"，在"不好同恶异"，即要容许对立面的存在，这样双方互相监督，取长补短，统治才有力量。反之，则互相争斗，结果必致灭亡。而专制统治"强人之同于己"，恰与为政之本背道而驰，因此必然不能长久存在①。由于此文对革命党也进行了批评，认为革命党失败是犯了"好同恶异"的错误："而彼未能注意于利益不同之点，极力为之调融，且挟其成见，出其全力以强人同己，使天下人才尽出己党而后快。"②因而在发表后，引起读者的广泛注意。赞同者的议论，此不赘述，此处引两封持异议的来信，以说明主编章士钊如何运用"通信"这一栏目来宣传其主张的。当时，读者李北村致书《甲寅》，指出袁世凯政府"以一私部

---

① 秋桐：《政本》，《甲寅》第1卷第1号，1914年5月10日，《章士钊全集》第3卷，第1、7页。
② 秋桐：《政本》，《甲寅》第1卷第1号，《章士钊全集》第3卷，第11页。

之异，压天下使从同"，抵制袁世凯的办法，只能是"天下惟有固守其同，令公同不为私化"。而如果按照章士钊提倡的"有容"主张，那么其结果一定是专制统治大行其道："非尽纳天下之公同，悉同化于彼之部中不止"，由此可见，《政本》一文是"有意为恶政府谋救济，是援恶"①。针对这位读者的驳难，章士钊在答词中指出，所谓"有容"，"乃在使异者各守其异之域，而不以力干涉之，非欲诱致异者使同于我也"。他进一步申论《政本》一文的观点："愚为《政本》，只论同异，不论是非，若以同为是，以异为非，即是好同恶异。故真正立宪国，其政党所守之规律，在认反对党行为之合法。"②章士钊的意思无非是说，不论是哪一个政党执政，都有对立面，因而其执政的原则在于容许对立面存在。可见他是从理论上抽象地分析这个问题，并不以现实中的政治环境的变化而动摇其原则。在同一期上读者周悟民也在来信中提出，章士钊《政本》一文，既主张"为政之本，在有容，在不好同恶异"，又说"为政在人，人存而政举"，这样，得出的结论就会是"政治为枝叶，而人才始为根本"，因此，他认为章士钊的观点"偏于人治，而略于法治；偏于道德方面，而略于法律方面"③。针对周悟民的疑问，章士钊指出，所谓法，即是"一国所有公私权力相维相系之规则或习惯也"，而法治之精神，在于"一国之人，共守权界而不失"，而要守此"权界"，首先就要克服人类"好同恶异"的共同野性。这

---

① 李北村：《政本〈致甲寅杂志记者〉》，《甲寅》第1卷第2号"通信"，1914年6月10日。
② 记者（章士钊）：《政本——答李北村》，《甲寅》第1卷第2号"通信"，1914年6月10日。
③ 周悟民：《人治与法治》，《甲寅》第1卷第2号"通信"。

样，结论自然是"必也先不好同恶异，而后可生法治之精神"①。由此可见，章士钊作为编者与立说者，在得到读者相反的意见后，既不回避矛盾，也不强为辩护，而是在评论对方的观点时重申其立论的要点，这种编者与读者之间平等讨论、自由对话的方式，既有利于立说者完善其主张，又有利于立说者观点的传播。就这样，主张"有容"、反对"好同恶异"的观点，为越来越多的读者所接受和认同②。此外，如关于国体问题、联邦论问题，也都是由撰稿者（章士钊）提出，然后引起读者讨论的③。

从以上所述，可以看出，"通信"栏及"通信"这一形式，沟通了编者与读者之间的联系，促进了双方之间的思想互动。

（二）"通信"栏与民初社会、文化的互动

"通信"栏不仅促进了读者与编者之间的互动，实际上，"通信"栏本身也处在一个更大范围内的互动关系中。编者与读者，都生活在特定的现实环境（时空环境、政治环境、社会环境）中，而现实环境则处在变动之中，因此，编者与读者，乃至"通信"栏本身也都在一定的时空环境中变化着。"通信"栏中，读者与编者之间讨论的话题（思想言说），既是双方之间自由的对话，同时也是现

---

① 记者（章士钊）：《人治与法治——答周悟民》，《甲寅》第1卷第2号"通信"。
② 读者孙毓坦、韩伯思及GPK等均投函于《甲寅》"通信"栏，对此问题提出讨论，韩伯思甚至运用这个观点，反驳《民口》杂志（美洲出版，中华革命党人主持）对章士钊"有容"观点的批评。参见《甲寅》第1卷2号、第4号、第5号"通信"。
③ 参阅秋桐《联邦论》《学理上之联邦论》、储亚心《联邦论》、潘力山《读秋桐君学理上之联邦论》《再读秋桐君之联邦论》、张东荪《政制论》《宪法与政治》《吾人理想之制度与联邦》等文，均见《甲寅》第1卷第4号、第5号、第7号、第9号。

实的政治、社会生活的反映。凡是"通信"中热烈讨论的话题，都是与现实政治、社会以及社会生活的各个领域密切相关，与编者和读者的生活、思想密切相关。从这个意义上说，"通信"栏的思想言说（讨论的问题）与政治、社会之间处于互动的关系之中。下文以"爱国心"为例说明这种关系。

"爱国心"问题，是在"通信"栏最先提出的。《甲寅》第1卷第2号刊发了CC生（陈独秀）的来信，信中说："自国会解散以来，百政俱废。……生机断绝，不独党人为然也。国人唯一之希望，外人之分割耳。"①对此，章士钊认为其言"急激"，拟撰文论述此一问题②。不久，陈独秀在《甲寅》杂志第4号上又发表《爱国心与自觉心》一文，明确提出"爱国心与自觉心"的问题。陈独秀说："国人无爱国心者，其国恒亡。国人无自觉心者，其国亦殆。二者俱无，国不必国。"他尖锐地指出："国家者，保障人民之权利，谋人民之幸福者也。不此之务，其国也存之无所荣，亡之无所惜。若中国之为国，外无以御侮，内无以保民，且适以残民。"国家本应是保护人民自由权利、增进个人自由幸福的工具，而中国的实际情形则是，国家为专制者所把持，成了他们残民以逞的工具，这样的国家值不值得人民去爱呢？他认为"保民之国家，爱之宜也；残民之国家，爱之也何居"？愤激之余，他说中国只有听任亡国瓜分的命运："立国既有所难能，亡国自在所不免，瓜分之局，事实所趋"，"海外之

---

① CC生：《生机（致甲寅杂志记者）》，《甲寅》第1卷第2号"通信"，1914年6月10日，任建树主编《陈独秀著作选编》第1卷，上海人民出版社2009年版，第143页。
② 记者（章士钊）：《生机——答CC生》，《甲寅》第1卷第2号"通信"，1914年6月10日。

师至，吾民必且有垂涕而迎之矣"。他以激烈的态度宣称："穷究中国之国势人心，瓜分之局，何法可逃？亡国为奴何事可怖？""国家国家，尔行尔法，吾人诚无之不为忧，有之不为喜。"①

陈独秀《爱国心与自觉心》一文的主旨，本意是呼吁人们对个人自由权利的自觉，呼吁人们爱国应以对国家目的的自觉为前提。但"瓜分之局，何法可逃？亡国为奴，何事可怖？"的说法则又失之偏激、悲观，而"有国不如无国"的说法流行更表明了人们在自觉之后的彷徨心情，因此，这篇文章发表以后，招致许多误解与批评，章士钊也"获诘问叱责之书，累十余通"②。为了解释读者的疑惑，也为了回答陈独秀提出的"爱国心"问题，章士钊先后发表了《国民心理之反常》《爱国储金》《国家与我》等文章，进一步从理论与现实两方面探讨了爱国心与自觉心的问题。时在日本留学的李大钊则就陈独秀之文撰写了长篇通信《厌世心与自觉心》，也加入了对此问题的讨论。这样，当时的思想舆论界，就围绕着"爱国心"与"自觉心"的主题，展开了一场热烈的讨论。陈独秀、章士钊、李大钊是这场讨论的主角，而高一涵、张东荪、梁启超等人则从不同侧面论述了这一问题③。

关于"爱国心"的问题，之所以引起了热烈的讨论，就在于陈独秀提出的这个问题，与当时读者所面临的政治、思想状况密

---

① 陈独秀：《爱国心与自觉心》，《甲寅》第1卷第4号，1914年11月10日，任建树主编《陈独秀著作选编》第1卷，第146页、150页。

② 秋桐：《国家与我》，《甲寅》第1卷第8号，1915年8月10日，《章士钊全集》第3卷，第508页。

③ 高一涵、张东荪在《甲寅》和《正谊》等刊物上的文章多处论述了"爱国心"以及近代国家"如何爱国"的问题；梁启超在《痛定罪言》中也提出了爱国心的问题，参阅《大中华》第1卷第6期，1915年6月20日。

切相关。"二次革命"以后，袁世凯解散国会，取消《中华民国临时约法》，逐渐实行专制统治。袁世凯的统治使人们认识到，中华民国虽"号称民国"，实则"阳奉共和之名，而一切惟反乎专制是务"①；中华民国的实现政治"固仍为清之政治，不过变清国为民国一名词之不同而已"②。民主主义者痛切地感到："吾人于共和国体之下，备受专制政治之痛苦。"③然而，对于这种专制统治，袁世凯及其御用文人则以"忠国""爱国"的名义，要求人民为之做出牺牲，忍受其专制统治。1913年10月10日，袁世凯在就任正式大总统时宣称：古今立国之道惟在"整饬纲纪，修明法度"，"建行国家之威信"，而要建立国家的威信，则要求人们对国家做到"忠于一国"。如何才能做到"忠于一国"呢？他声称："人人以国为本位，勿以一身一家为本位，乃能屈小己以利大群。其要在轻权利重义务，不以一己之权利，妨害国家之大局，而义务心出焉。"④他所谓的忠国爱国，就是要人们只有"义务心"，而不要有"权利心"，即主动放弃自己的权利，服从他的专制统治。这样，在忠国爱国的名义下，人民的权利被剥夺，而统治者的非法行径则合法化了。这迫使资产阶级民主主义不得不思考并回答：爱国究竟爱什么样的国家？怎样才叫爱国？个人与国家的关系究竟如何？因此，对"爱国"进行严格的界定，弄清国家究竟是一个什么东西，以及国家与

---

① 秋桐：《国家与责任》，《甲寅》第1卷第2号，1914年6月10日。
② 张东荪：《制治根本论》，《甲寅》第1卷第5号，1915年5月10日。
③ 陈独秀：《吾人最后之觉悟》，《新青年》第1卷6号，1916年2月15日，任建树主编《陈独秀著作选编》第1卷，第202页。
④ 《袁世凯莅任宣言书》，引自白蕉《袁世凯与中华民国》，荣孟源等主编《近代稗海》第3辑，四川人民出版社1985年版，第53、56页。

个人的关系究竟如何处理，就成为摆在资产阶级民主主义者面前的最重要的历史任务与课题。因之，《甲寅》"通信"栏提出"爱国心"的问题后，迅即引起了李大钊等思想敏锐的青年思想家和部分读者广泛的讨论。《甲寅》"通信"栏与当时社会政治、思想文化的互动关系，于此可见一斑。

三、余论：《甲寅》"通信"栏的先导作用

《甲寅》杂志的"通信"栏，除了以上所论"民约论"、"政本"、人口、"爱国心"等问题外，还提出和讨论了其他许多问题。其中，在《甲寅》"通信"栏提出的话题"新文学"与"孔教问题"，尽管因当时社会、历史条件的限制以及《甲寅》停刊而未能展开讨论，但由于这两个问题触及了当时中国思想文化发展变革的重大方向问题，因之在《新青年》上则成为热烈讨论的议题，并由此引发五四新文化运动。

众所周知，"文学革命"与提倡"新文学"是《新青年》的重大功绩之一。实际上，这一问题最早也是发端于《甲寅》"通信"栏上。1915年9月，著名记者黄远庸写信给当时主编《甲寅》的章士钊，指出从讨论政治问题入手去解决救国问题已走入绝路："愚见以为居今论政，实不知从何说起。洪范九畴，亦只能明夷待访，果尔，则其选事立词，当与寻常批评家专就见象为言者有别。"他明确指出，当时解决中国问题的根本方法是提倡新文学："至根本救济，远意当从提倡新文学入手。综之当使吾辈思潮，如何能与现代思潮相接触，而促其猛省，而其要义，须与一般之人，生出交涉；

法须以浅近文艺，普遍四周。"他认为应借鉴西方以文艺复兴为中世纪改革之根本的经验，在中国也发起一场文艺复兴，并希望章士钊能做这场运动的发起人："史家以文艺复兴为中世纪改革之根本，足下当能语其消息盈虚之理也。" [1] 由此可见，黄远庸呼唤中国的文艺复兴运动，提倡新文学，是要发动一场思想革新运动，从根本上改变中国人的旧思想。他的这一主张，在政治变革走入死胡同的时候，提出以文学为手段从事思想革新运动的途径，适应了当时中国社会前进的需要，预示着一场以文学革命为核心的思想启蒙运动即将兴起 [2]。

不过，章士钊对这一主张却不以为然，他强调政治改革的优先地位。他在给黄远庸的答词中称文艺只是社会之事，而社会之事必须是政治得到改良，人民程度提高后的事情。他说："提倡新文学自是根本救济之法，然必其国政治差良，其度不在水平线下，而后有社会之事可言。"因而，他对黄远庸提出的极富深远意义的"新文学"，没有给予足够的重视。他认为欧洲之所以能发生文艺复兴，也是因为欧洲政治变革的产物："文艺，其一端也，欧洲文事之兴，无与政事并进。"而在当今中国，政治问题不解决，一切皆为旁枝末节，无论任何伟大的文艺作品，均无济于事。因而，他的结论是："以知非明政事，使与民间事业相容，即莎士比亚、嚣俄复生，亦

---

① 黄远庸：《释言（致甲寅杂志记者函）》，《甲寅》第1卷第10号，1915年10月10日，《远生遗著》卷4，商务印书馆1984年版，第189页。
② 岳升阳：《移植西方民主政制的失败与启蒙思想的复苏》，刘桂生主编《时代的错位与理论的选择》，清华大学出版社1989年版，第132页。

将莫奏其技。"①

这场讨论尽管在当时未引起人们广泛的讨论，但它却在民初思想界预示了一个新的趋向，即实行文学革命的必要性与迫切性。就在章士钊否定黄远庸主张的同时，《新青年》创刊。一年多以后，陈独秀在《新青年》上发表《文学革命论》，表明了他对这场讨论中双方的取舍。他明确提出："今欲革新政治，势不得不革新盘踞于运用此政治者精神界之文学"，在黄远庸与章士钊之间，明确地站在了黄远庸一边。在对欧洲政治科学与文艺的评判、选择中，他也隐含了对章士钊偏重政治轻视文艺的观点的批评："欧洲文化，受赐于政治科学者固多，受赐于文学者亦不少。予爱卢梭、巴士特之法兰西，予尤爱虞哥（章士钊称'嚣俄'，即雨果）、左喇之法兰西；予爱康德、赫克尔之德意志，予尤爱桂特、郝卜特曼之德意志；予爱培根、达尔文之英吉利，予尤爱狄铿士、王尔德之英吉利。"②由此，陈独秀举起了文学革命的大旗，掀起了新文化运动。

从本文以上所论可知，中国近代报刊"通信"栏的创设是章士钊在民初报刊中所首创，这是他为培育健全舆论而专门设立的报刊栏目。这一栏目的设置，既吸引了众多青年思想家和学者名流参与，又为广大读者提供了发表言论的平台。而"通信"栏提出和

① 记者（章士钊）：《答黄君远庸》，《甲寅》第1卷第10号，1915年10月10日。章士钊坚持政治改革的优先地位，不赞同文艺启蒙、社会改造等手段的先行，是与他的制度决定论思想分不开的。参阅秋桐《政治与社会》，《甲寅》第1卷第6号，1915年6月10日；又参阅邹小站《章士钊〈甲寅〉时期自由主义政治思想评析》（《近代史研究》2000年第1期），该文对章士钊的政治改造主张有深入的评述。

② 陈独秀：《文学革命论》，《新青年》第2卷第6号，1917年2月1日，任建树主编《陈独秀著作选编》第1卷，第289页、291页。

讨论的问题,与当时的社会、政治、文化问题息息相关,主编者将广大读者心中的问题刊布于"通信"栏,提供给更多更大范围的读者,使读者与编者、读者与读者之间发生共鸣。而之所以发生共鸣,引起讨论,则在于他们生活于同样的现实政治环境、社会生活之中,同样在为近代的中国寻求新的出路。"通信"栏讨论的话题、现实的政治与社会生活、编者与读者的政治活动、思想活动以及他们的精神追求,这一切都处于相互影响、相互促动的互动关系之中。

另一方面,我们也可以看出,"通信"栏这一开放的公共论坛,吸纳了黄远庸、张东荪、陈独秀、李大钊、郁嶷等当时思想舆论界一批杰出的青年政论家、思想家和学者,他们追随章士钊汇聚于《甲寅》,他们所提出和讨论的问题,既反映了他们对当时中国社会、政治和文化现状的批判,又表达了他们对中国社会政治、思想文化发展方向的探索。这种探索并不受《甲寅》主编章士钊的主张、观点和视野所局限,而黄远庸的观点,显示了舆论界部分代表人物对章士钊所主张的"政治救国"道路的超越,开始以提倡"新文学"而走向新的救国途径的探索。尽管章士钊不赞成黄远庸的观点,但黄远庸的来信仍然在《甲寅》公开发表,可以说,正是主编章士钊的倡导,《甲寅》"通信"栏的开放性、公共性才得以实现。而"通信"栏提出的问题,后来为《新青年》"通信"栏所继承。从这个意义上来说,《甲寅》"通信"栏不仅推动了民初报刊公共舆论的发展,而且对于《新青年》"通信"栏及其所讨论的问题也具有引领和先导作用。

（原载《安徽大学学报》2012年第4期）

蔡元培出长北京大学的前前后后

　　"蔡元培与北大"是人们常常谈论的老话题，也是蔡元培与北大校史研究中的重要内容之一。对于这样一个课题，以往的学术界已进行了很多研究工作，以致人们觉得"蔡元培与北大"似乎已是无可探究，早有定论的问题。然而，事情往往是相反相成的，唯其"无可探究"，其中也许反倒隐藏着值得探究之处。比如，蔡元培出长北大"是孙中山支持"的，以及蔡元培"在北京大学的工作，是革命党隐伏在北方文化教育方面的一着棋"[1]之类的说法，就长期在学术界流传，而这类说法，与历史的实际是否相符，换言之，蔡元培出长北大的历史事实究竟如何，正是本文所要考察探究的问题。

一、蔡元培出长北大并非孙中山"支持"和"指派"

　　以往关于蔡元培或北京大学校史的代表性著作，几乎无一例外地都认为，蔡元培出长北京大学是得到孙中山支持的，有些甚而提

---

① 　黄季陆：《蔡元培先生与国父的关系》，《传记文学》第5卷第3期，1964年9月；
　　罗家伦：《蔡元培先生与北京大学》，《传记文学》第10卷第1期，1967年1月。

出蔡同意出长北大是受孙中山指示的①。可见这种说法由来已久，流传甚广。但考察此一说法的来源，其持论根据不外乎罗家伦和黄季陆的回忆，换言之，罗、黄二位是此一说法的造其端者。现将罗、黄二人的说法照录于此，再做分析：

> 民国五年底，蔡元培先生自己被任为北京大学校长。……当时党内同志有两种意见，一种赞成他北上就职，一种不赞成。国父孙中山先生认为北方当有革命思想的传播，像蔡元培先生这样的老同志应当去那历代帝王和官僚气氛笼罩下的北京，主持全国性的教育，所以主张他去。蔡先生自己又不承认做大学校长是做官，于是决定前往。②

黄季陆在《蔡元培先生与国父的关系》一文中，也说：蔡元培在考虑接受当时北京政府的任命时，在上海曾遭受旧日同志的反对。而孙中山对蔡元培之担任北京大学校长一职却予以赞成。他进一步指出："蔡先生在北京大学的工作，是革命党隐伏在北方文化教育方面的一着棋。民国八年的五四爱国运动，如果说北京大学是当时思想策动的中心，那末其中心人物无疑也就是蔡元培先生。五四

---

① 参阅唐振常《蔡元培传》，上海人民出版社1985年版，第122页；周天度《蔡元培传》，人民出版社1984年版，第86页；陶英惠《蔡元培与北京大学》，《中研院近史所集刊》第5集，第273页；梁柱《蔡元培与北京大学》，北京大学出版社1996年版，第37—38页；萧超然等编著《北京大学校史》，北京大学出版社1988年版，第53页。唯陈万雄《五四新文化的源流》对此一流行说法提出了疑问及评论，参阅《五四新文化的源流》，生活·读书·新知三联书店1997年版，第59—62页。
② 前揭罗家伦：《蔡元培先生与北京大学》。

运动的真实意义是国民革命的发生和继续，是固蔽的思想、文化的突破，亦即是另一种形式的首都革命。"①

罗、黄二位先生言之凿凿，但事实的真相究竟如何呢？

（一）原始材料不能印证此一说法

1．翻检有关蔡元培的原始材料，蔡本人关于他出长北大之事，曾在若干文章中述及，最早的一篇是《我在北京大学的经历》。而据蔡元培回忆："民国五年冬，我在法国，接教育部电，促回国，任北大校长。我回来，初到上海，友人中劝不必就职的颇多，说北大太腐败，进去了，若不能整顿，反于自己的声名有碍，这当然是出于爱我的意思。但也有少数的说，既然知道他腐败，更应进去整顿，就是失败，也算尽了心，这也是爱人以德的说法。我到底服从后说，进北京。"②

蔡之回忆，只提"友人"，并未直接提指"孙中山"，更未说他愿去北大是接受"孙中山"的"着意安排"。后来，蔡在《我在教育界的经验》（1938年）中又回忆及长北大事，文字与上引文字略有不同，但所述情形与上文是一致的。

除蔡本人的回忆外，蔡之"日记""自述"中皆无直接材料印证此一说法。

2．具体考察1916年底到1917年初蔡元培任职北大时孙、蔡二人现有的交往材料，孙、李二人之间，也无关于蔡长北大的相关讨

---

① 前揭黄季陆：《蔡元培先生与国父的关系》。

② 蔡元培：《我在北京大学的经历》，《东方杂志》第31卷第1号，1934年1月1日，蔡元培研究会编《蔡元培全集》第7卷，浙江教育出版社1988年版，第500页。

论、协商之议。其间二人交往的具体情况是：

①蔡元培于1916年9月1日接到教育总长范源廉邀请其出任北大校长的电报，10月2日离法归国，11月8日到达上海。在上海，11月9日，孙中山、蔡元培等同在黄兴灵堂吊祭。

②11月12日，蔡就离开上海回杭州、绍兴。11月29日，以主丧友人的名义，与孙中山等联名向全国发出通告电，并在各报登出关于黄兴的"讣告"（蔡仍在杭州），直到12月12日左右返回上海。

③12月13日再赴杭州，然后由杭州直接北上。于21日到北京，26日，总统黎元洪发布命令，"任蔡为校长"[1]。

④蔡任北大校长后，孙、蔡的交往是：

1917年4月14日，在再次公祭黄兴时，孙中山向蔡元培电索黄公碑文，蔡即日复孙一函[2]。在此之后，一直到1918年11月14日，蔡、孙二人之间在一年多时间中再无通信。而从1918年11月14日到1919年1月21日，蔡又致孙中山函共四通，除第一、二通是向孙中山鼓吹和平主义、敦促井展南北和谈之事外，三、四通所谈论的都是无关实际政治活动的其他事务[3]。

由此可见，孙中山"支持"蔡元培出长北大的说法尽管流传甚广，但至今尚无确切的、充分的原始材料证明此一说法。

---

① 高平叔编：《蔡元培年谱长编》（上），人民教育出版社1996年版，第613—629页。
② 高平叔编：《蔡元培年谱长编》（中），第25页。
③ 《蔡元培全集》第10卷，第348、355、364、368页。

（二）从当时孙中山蔡元培二人的政治活动、思想倾向分析，二人正处于分歧状态之中

1. 政治上，二人分属于不同的政治派别：二次革命失败后，国民党的两位领袖孙中山、黄兴在如何"讨袁"的问题上产生分歧，导致革命党分裂，孙中山组织"中华革命党"，主张"武力讨袁"；而支持黄兴的人士则组成"欧事研究会"，主张积聚力量，联合其他政党，以温和渐进的方式共同反袁，蔡元培则属于此一系统，在反袁问题上，与孙中山的主张并不完全相同。

2. 思想上，二人的主张也不同。反袁结束后，如何建国？孙中山认为北洋政府腐败，政治上无法取得进步，故主张"实业救国"，准备从事实业。而蔡元培尽管也认为北洋政府腐败，但却力图从教育入手，以改造学校教育而提高人民素质。

3. 在具体的政治事件上，二人的政治态度和立场也不同乃至大相径庭。1917年2月，在蔡元培就职北京大学不久，北洋政府即因对德宣战问题而发生府、院之争。在对德宣战问题上，以孙中山为首的南方国民党人及其议员，大多数持坚决反对"参战"的态度，而蔡元培、陈独秀、李大钊等《新青年》作者群（新文化派）则赞成、支持北洋政府段祺瑞"对德宣战"，而且，陈独秀还撰文批评孙中山的态度[1]。

从以上的分析可以看出，在重大的政治、思想问题上，孙、蔡

---

[1] 参阅1917年3月3日蔡元培在国民外交后援会的演讲词，载天津《大公报》1917年3月5日；又参陈独秀《对德外交》《俄罗斯革命与我国民之觉悟》、李大钊《我国外交之曙光》等文。在这些文章中，陈、李均主张支持中国政府参战。

二人处于相当分歧、不一致的状态之中，在这种状况下，孙中山不可能支持、赞同乃至指示蔡元培出长北大校长一职，而蔡元培也未必接受孙中山的主张。蔡之所以出长北大校长一职，客观上有一定的大环境支持，而更为关键的，则在于他自己的思想、主张、理想促使他接受此一职务，外人的劝告实际作用并不大（关于蔡就职北大时的心路历程，详后文）。

（三）罗、黄等人的说法之误

众所周知，孙中山对"五四运动"是支持的，赞同的[①]，但对于新文化运动、白话文运动以及此一运动所反映出来的民族虚无主义，则持严厉的批评态度[②]。然而，问题在于，时过境迁以后，五四新文化运动却以文学革命、反孔斗争等而开辟了一个新时代。对于这样一场伟大的思想运动，其领导权究归于何人、何阶层呢？此一问题，在五四运动发生后几年不久，即成为各个政治派别争论的话题。随着时间的推移，对这一运动的评价越来越高，而作为国民党领袖的孙中山先生本人及国民党，却同这场运动关系不大。于是，论证孙中山领导了五四新文化运动，就成为国民党党内部分肯定五四新文化运动的史家的努力目标。罗家伦、黄季陆等就是这部分史家的代表。他们说孙中山支持蔡元培出长北大的说法，于史无证，于理不合，但为什么这样呢？其目的就在于争夺五四新文化运

---

① 在五四运动爆发后半年多，孙中山在《致海外同志书》（1920年1月）中，高度评价了五四运动。
② 孙中山在陈、胡提倡"文学革命"及白话文之时，即不大赞其主张。后因五四运动爆发，孙中山从中看到了学生之力量，因之对五四运动评价颇高。而在《孙文学说》及晚年的多次演讲中，对新文化运动进行了严厉的批评。

动的领导权①。

　　尽管孙中山本人和国民党与这场运动的关系并不十分紧密，但蔡元培却是新文化运动发生中心的北京大学的校长。他们如果将蔡进北大论证为受孙支持或"指派"，那么，孙中山领导了或指导了五四运动，就成为顺理成章的结论了。罗家伦、黄季陆等人作为国民党的史家，做出这样的论证或说法，是可以理解的。而我们大陆的史学家也承袭此说，不加省察，这就不能不令人深思了。

　　马克思说，意识形态的造作不等于学术研究，在蔡元培与北京大学校史的研究中，我们不能只为一时的宣传而神化、美化蔡元培或其他历史人物，而只能从原始的材料出发，去确实地说明每位历史人物的真实事迹。

二、蔡元培出长北大的外在之因

（一）北洋系、进步党（研究系）、国民党三派的合作，是蔡出长北大的大环境

　　蔡元培出长北大，有特定的时间、条件、环境和背景，即1916年袁世凯死后，北洋政府调整，段祺瑞上台，北洋系、进步党（以梁启超为首）、国民党三派人士大合作，当时的政局气象为之一新。原来的国民党、进步党两大党高唱"不党主义"，主张"容纳

---

① 黄季陆的文章中明确说："五四运动的成因，实导源于中山先生领导的国民革命的发展与继续。这是一项争议不息的问题，不得不加以剖析。"参阅前揭《蔡元培先生与国父的关系》一文。

异己"，因之政府由北洋、进步、国民三派人士合作组成，议院中最初也无党派对峙的局面。而北洋政府教育部长由进步党人范源廉担任，范与蔡元培在民元教育部曾共事（蔡长部长、范任次长），为蔡出长北大提供了政府方面的支持。

（二）北洋政府教育部，江浙人士的人际网络，为蔡出长北大提供又一便利条件

北洋政府的教育部，由晚清学部与民国初年教育部二者合流演变而来。晚清学部是清政府在"新政"中设立的一个新部门，其中不乏维新人士；而民初的教育部，在蔡元培主持下，更是大力引进了革命党人，尤其是浙江、江苏人士，著名的如袁希涛（普通教育司司长）、夏曾佑（社会教育司司长）、蒋维乔（参事）、许寿裳（参事）、鲁迅（金事），此外还有钟观光、董鸿祎、汤中等人（其中袁、蒋、汤为江苏人，余均为浙江人）。临时政府北迁后，教育部与学部合流，是北洋政府中思想、作风、气度等均较新的一个政府部门。而在这一部门中，同乡、同门的互相援引，使得浙江籍人士占有相当大的势力，在一定程度上，左右着北京的教育界。当时的状况是，教育部长及次长因受政治斗争、政局变动的影响，经常发生变更，而司长、参事则相对稳定（如夏曾佑，连任四年司长，许寿裳、蒋维乔任参事达五六年之久），至于下级官员和部员就更为稳定了（如鲁迅任金事，直到1926年南下广州为止，长达十多年）。

在任命蔡元培为北大校长之时，教育部的次长是袁希涛，参事是许寿裳、蒋维乔，专门教育司司长是沈步洲，均为江、浙人，而

且或为蔡元培早年的友人，或为其革命同道。

（三）北大内部的人事变动也为蔡出长北大创造了条件

具体到北京大学内部，在民国建立以后，临时政府北迁，大批议员随之北迁，倾向革命的文化人也纷纷到北京教育界谋职。北京大学在清末民初，是桐城派的天下，严复、马其昶、林纾、姚永朴、姚永概主导着北大文科。但在严复去职，何燏时、胡仁源长校，夏锡琪、夏元瑮分别主持文科和理科学长之后，却援引了大批留学归国的同乡及友人进入北大，他们是：沈兼士、沈尹默、沈士远、马裕藻、朱希祖、朱宗莱、钱玄同、黄侃、马叙伦、陈大齐、沈步洲、康宝忠等，这些人除黄、沈、康三人外，均为浙江人，其中大多是章太炎的弟子，部分则是章太炎清末革命时的师友。他们因同乡、同门的关系，在北大也自成一股势力（此派势力一直延续到三十年代），这股势力与教育部及北京教育界的其他浙江籍人士（如汤尔和）相结合，基本上左右着当时北京教育界的人事安排（沈步洲即由北大预科学长而入教育部，任专门教育司司长；后来马叙伦又任教育部次长）。

这种同门、同乡结成的人际网络关系，为蔡元培出长北大创造了极为有利的客观条件。"天时、地利、人和"，基本上都具备了，蔡元培只要愿意接受北洋政府的任命，即能有条件在北大进行改革。而蔡是否愿就北大之职，则需要考察蔡此一时期的思想主旨。

三、蔡元培出长北大的内在之因

根据上文所引蔡元培《我在北京大学的经历》一文所述，蔡元培在上海滞留期间，在考虑是否出任北京大学校长一职时，多数友人反对，少数友人赞成。而蔡元培本人，最终还是做出接任校长的决定，也即是服从少数的说法而进了北京。

由此可见，蔡元培如此选择，是力排众议的。而蔡氏为何做出这个选择呢？这要结合蔡氏一生的经历、思想、人格来探索。本文仅略举大端如下：

（一）早年的追求与行事：从参与革命到疏离政治斗争

蔡元培出身翰林，在戊戌维新运动中，同情维新派，但并未积极参与。戊戌维新失败后，蔡元培做了深刻的反思，其反思，一是针对清政府，"知清廷之不足为，革命之不可已，乃浩然弃官归里，主持教育，以启发民智"[①]；另一方面，则是针对维新派，认为"康党所以失败，由于不先培养革新之人才，而欲以少数人弋取政权，排斥顽旧，不能不情见势绌"[②]。于是，他在1898年冬由北京返绍兴，任绍兴中西学堂监督。由此可见，蔡氏早年在登上政治舞台后，最初所萌发的思想是：改革政治必先培养人才，而培养人才的根本途径是教育。后来，尽管蔡氏也曾参与革命，宣传反清，

---

① 蒋维乔：《民国教育总长蔡元培》，《教育杂志》第3卷第10期，转引自《追忆蔡元培》第6页，中国广播电视出版社1997年版。

② 《蔡元培口述传略》（上），原载新潮社编《蔡子民先生言行录》，转引自《蔡元培先生纪念集》，中华书局1984年版，第251页。

并曾一度热心暗杀活动，但主要从事的仍是教育活动①。而且，随着革命工作屡遭挫折，蔡元培"意颇倦"②，转而去德国留学了（1907—1911年），直到武昌起义爆发后才回国。

可以说，从戊戌到辛亥，蔡元培是一身兼二任，既是革命家，又是教育家。但从其人生道路发展的轨迹看，他经历了一场由投身革命到疏离政治活动的转变。

（二）教育救国：从倡导留法勤工俭学到主持本土国立大学

民国成立后，蔡元培任教育总长，此一时期，据其自述，他的关注对象主要在于高等教育："我的兴趣，偏于高等教育。"③但由于民初政争的影响，蔡不久即辞职，总长任内并未实现其改革整顿高等教育的理想。

二次革命失败后，国民党内以孙、黄为代表的政治、军事领导人大多流亡日本，而主要从事文化、宣传、教育工作的人士，如蔡元培、吴稚晖、李石曾、汪精卫等则赴法国。在法国期间，蔡元培与李、吴等人的一项重要工作，即是组织勤工俭学会、华法教育会，提倡留法勤工俭学等教育活动。

而接受教育总长范源廉邀请，决定出任北京大学校长，乃是蔡元培倡导留法勤工俭学活动，力图从教育入手救国的逻辑延伸，这在他出任北大校长后致汪精卫的信函中讲得较明确。他写道："在弟观察，吾人苟切实从教育着手，未尝不可使吾国转危为安。而在

① 如组织中国教育会，成立爱国学社。
② 前揭《口述传略》，《蔡元培先生纪念集》，第256页。
③ 蔡元培：《我在教育界的经验》（1937年12月），《蔡元培全集》第8卷，第508页。

国外经营之教育，又似不及在国内之切实。弟之所以迟迟不进京，欲不任大学校长，而卒于任之者，亦以此。昔普鲁士受拿破仑蹂躏时，大学教授菲希脱为数次爱国之演说，改良大学教育，卒有以救普之亡。而德意志统一之盛业（普之胜法，群归功于学校教育，然所以有此等小学教育者，高等教育之力也），亦发端于此。"[1]而在他与另一友人吴稚晖的通信中，更将他本人的心思表露无遗："弟到京后，与静生、步洲等讨论数次，觉北京大学虽声名狼藉，然改良之策，亦未尝不可一试，故允为担任。"[2]由此可知，蔡元培就任北大校长的真正原因，是本着"教育救国"的理想而做出的抉择。换言之，他是怀抱着"革新北大"，从改革大学教育入手而塑造和培养新的人才，从而提高人民素质，以实现祖国"转危为安"的目的而出任北京大学校长一职的。

正因为蔡元培怀抱这样的理想和胸怀，因之，他上任伊始，一方面即聘请宣传新思潮的《新青年》主编陈独秀任文科学长，另一方面也积极邀请其在法国从事勤工俭学活动的同志和友人吴稚晖、汪精卫、李石曾等来北任教[3]。而这样做的目的只有一个，就是以近代民主主义思想改革北大，在北京大学养成新的风气。由此可预知，随着蔡元培的出长北大，一场新的思想革新运动即将在北大上演。

（原载《北京社会科学》2004年第4期）

---

① 《致汪精卫函》，《旅欧杂志》第15期，1917年3月15日，《蔡元培全集》第10卷，第295页。
② 《复吴稚晖函》（1917年1月18日），《蔡元培全集》第10卷，第285页。
③ 前文所引蔡元培致汪精卫、吴稚晖信，均为蔡邀汪、吴任北大教职的信，而汪、吴均未聘，唯李石曾至北大任职。

下　篇

《新青年》与《甲寅》月刊之历史渊源[①]

——《新青年》创刊史研究之一

多年来，国内外学术界几乎已经形成一种惯例，即把1915年9月陈独秀主编的《新青年》（原名《青年杂志》，从1916年9月第二卷起改名《新青年》）的创刊作为五四新文化运动的起点或标志，而对于《新青年》这份杂志本身的形成发展过程，从不见有人做过深入细致的探索和研究。在国内外所有有关"五四运动史"或"新文化运动史"的综合性论著中，只有周策纵的《五四运动史》极为简略地谈到这个问题[②]。这样一来，《新青年》在许多人心目中就自然而然地成为一种"无本之木，无源之水"。源头一被切断，许多本来不难索解的问题，在后来的研究工作中，反而成为不可思议或头绪不清的疑难问题。只要是由《新青年》开始而在社会上发生重大影响的问题，常给人留下一种"自我作祖"的错误印象，其原因就在于此。溯源工作做得不够，对五四新文化运动的研究所造

---

① 本文在撰写过程中，曾得到业师刘桂生教授的悉心指导，谨此致谢。

② 周策纵先生指出：《新青年》的"许多早期撰稿人，如李大钊、高一涵都曾为不久前停刊的《甲寅》杂志撰写过文章"。参见周策纵《五四运动：现代中国的思想革命》，江苏人民出版社1996年版，第59页。

成的弊端是极为明显的。有鉴于此，我们认为，研究五四新文化运动的起点应从《新青年》的创刊开始再往前追溯。只有先把《新青年》的"史前史"，即《新青年》怎样成为《新青年》这样一个问题搞清楚，然后才有可能进一步去探讨这份刊物在新的历史条件下究竟怎样发生作用，以及它在什么文化层面上发生作用等这样一些问题。显然，由于与《新青年》创刊关系最直接、最密切的刊物是《甲寅》，因此，我们的讨论就从这两份刊物的关系着手。

1913年"二次革命"失败后，以孙中山、黄兴为首的革命党人被迫流亡日本。1914年，由黄兴筹款，章士钊创办了《甲寅》杂志（月刊），在东京编印，上海发行。从1914年5月到1915年10月，前后共发行了十期，历时一年零五个月，最后因袁世凯政府禁止在邮局寄售而停刊。这份刊物尽管只发行了十期，但它从政治思想上总结辛亥革命失败的原因和教训，检讨和反思民元、二年间政治理论的失误，并开始从更深入、更根本的层次上探讨中国实现民主政治的道路问题，因而不仅迅速引起了公众的注意，而且吸引了当时最优秀的一批政论家和青年思想家团结在它周围。如果我们从主编人、撰稿人队伍、发刊宗旨、栏目设置、刊物风格等方面进行考察，那么，不难发现，《新青年》与《甲寅》月刊之间存在着极为明显的继承与发展关系，兹分别论述如下：

第一，关于主编人

这两份刊物的主编人，从外表看，《甲寅》是章士钊，《新青年》是陈独秀，但这只是表面现象而已。陈独秀曾一身二任，既协助章士钊编辑《甲寅》，自己又单独主持《新青年》，此事许多老辈学者都知道。我们还可以举出陈独秀与吴虞的通信为证，1916年

12月，吴虞第一次向《新青年》投稿，在给编者的信中提到自己过去曾有文章在《甲寅》上发表。编者陈独秀在复信中回答说："《甲寅》所录大作，即是仆所选载。"接着又告诉他："《甲寅》拟即续刊；尊著倘全数寄赐，分载《青年》《甲寅》，嘉惠后学，诚盛事也。"①这些话不是十分清楚地告诉我们，在那一个时期，《甲寅》和《青年》两份刊物都由陈一人负责编辑吗？难怪我们在《吴虞日记》中就看到这样的现象，即吴虞1915年10月12日寄往日本投给《甲寅》月刊的文章，后来都陆陆续续地在《新青年》上刊登出来②。陈独秀又以两刊主编的身份向胡适约稿："《青年》《甲寅》两刊均求足下为文。"③这是陈1917年1月给胡适的信中的话，也是他主编过《甲寅》的铁证。

第二，关于撰稿人队伍

《甲寅》月刊为《新青年》的诞生准备了最早的一批撰稿人队伍，这份名单是：陈独秀、李大钊、胡适、高一涵、易白沙、杨昌济、吴虞、陶孟和、刘叔雅、谢无量、吴稚晖、李剑农、苏曼殊、程演生等。现将他们在两刊所刊文章之篇名及篇数列表如下（《新青年》只取第1、2两卷）：

① 陈独秀：《答吴又陵》，《新青年》第2卷第5号，1917年1月1日，任建树主编《陈独秀著作选编》第1卷，上海人民出版社2009年版，第282页。
② 1915年10月12日的《吴虞日记》这样记载："发《甲寅》杂志社函，计寄：《儒家重礼之作用》一首，《儒家主张阶级制度之害》一首，《儒家大同之说本于老子》一首，五言律诗三首，凡十一纸。"（《吴虞日记》，四川人民出版社1984年版，第221页。）我们只要一翻《新青年》就知道，其中《儒家主张阶级制度之害》一文载于1917年6月1日出版的《新青年》第3卷第4号；《儒家大同之说本于老子》刊载于1917年7月1日出版的《新青年》第3卷第4号。
③ 陈独秀：《致胡适信》，任建树主编《陈独秀著作选编》第1卷，上海人民出版社2009年版，第288页。

作者	《甲寅》月刊		《新青年》	
	篇数	篇名及刊号	篇数	篇名及刊号
陈独秀	13	《杭州酷暑寄怀刘三沈二》等诗7首（3号），《自觉心与爱国心》（4号），《述哀》诗一首（5号），《述游》诗二首（7号），《双枰记》叙（4号），《绛纱记》序（7号）。计13篇。	23	《敬告青年》《法兰西人与近代文明》（1卷1号），《今日之教育方针》（1卷2号），《抵抗力》（1卷3号），《东西民族根本思想之差异》（1卷4号），《一九一六年》（1卷5号），《吾人最后之觉悟》（1卷6号），《我之爱国主义》《驳康有为致总统总理书》（2卷2号），《宪法与孔教》（2卷3号），《孔子之道与现代生活》（2卷4号），《文学革命论》（2卷6号）（篇数太多，不一一列举）。
李大钊	4	《物价与货币购买力》《风俗》（3号），《国情》（4号），《厌世心与自觉心》（8号）。	1	《青春》（2卷1号）。
胡适	2	《柏林之围》（译文）（4号），《非留学》（10号）。	12	《决斗》（译文）（2卷1号），《致陈独秀》（2卷2号），《藏晖室札记》（2卷4号起连载），《文学改良刍议》（2卷5号），《白话诗八首》（2卷6号）。
高一涵	4	《民国之祢衡》（3号），《宗教问题》《民福》（4号），《章太炎自性及其与学术人心之关系》（5号）。	9	《共和国家与青年之自觉》（1卷1—3号），《近世国家观念与古相异之概略》（1卷2号），《民约与邦本》（1卷3号），《国家非人生之归宿论》《谈梁任公革命相续之原理论》（1卷4号），《自治与自由》（1卷5号），《戴雪英国言论自由之权利论》（1卷6号），《乐利主义与人生》（2卷1号），《一九一七年预想之革命》（2卷5号）。

作者	《甲寅》月刊		《新青年》	
	篇数	篇名及刊号	篇数	篇名及刊号
易白沙	8	《教育与卫西琴》《转注》（2号），《广尚同》《国务卿》《平和》（3号），《铁血之文明》（4号），《游诗》（10号），《涓蜀梁》（8号）。	5	《述墨》（1卷2、5号，2卷1号），《我》（1卷5号），《战云中之青年》《孔子平议上》（1卷6号），《孔子平议下》（2卷1号）。
杨昌济	6	《济南携手日》（3号），《游赤利蒙公园》（3号），《蹈海烈士杨君守仁事略》（4号），《宗教论》（6号），《改良家庭制度札记》（6号），《国之大忧》（8号）。	1	《治生篇》（2卷4—5号）。
吴虞	4	《辛亥杂诗》等四首（7号）。	2	《致独秀》（2卷5号），《家族制度为专制主义之根源论》（2卷6号）。
陶孟和	1	《学》（6号）。	1	《人类文化之起源》（2卷5—6号）。
刘叔雅	1	《唯物唯心得失论》（9号）。	5	《近世思想之科学精神》（1卷3号），《佛兰克林自传》（1卷5号），《美国人之自由精神》（1卷6号），《欧战与青年之觉悟》（2卷2号），《军国主义》（2卷3号）。
谢无量	2	《与马一佛书》三首《西湖旅兴寄怀伯兄五十韵》（1号）。	2	《寄会稽山人八十四韵》（1卷3号），《春日寄怀马一浮》（1卷4号）。
吴稚晖	1	《人心》（1号）。	2	《青年与工具》（2卷2号），《再论工具》（2卷3号）。

作者	《甲寅》月刊			《新青年》	
	篇数	篇名及刊号	篇数	篇名及刊号	
苏曼殊	4	《简晦闻》《无题》（5号），《绛纱记》（7号），《焚剑记》（8号）。	1	《碎簪记》（2卷3—4号）。	
程演生	2	《赠马浮》（8号），《西冷异简记》（9—10号）。	1	《致独秀》（2卷6号）。	

这些难道不是《新青年》早期（即第1、2卷）撰稿人队伍与《甲寅》月刊基本相同的明证吗？

第三，发刊宗旨

《甲寅》月刊和《新青年》的"发刊宗旨"，思想脉络贯通。《甲寅》创刊伊始，强调用"条陈时弊，朴实说理"①的办法来阐发"政治根本之精神"，亦即通过一件件具体政治事件的分析，来宣传"多数政治"之根本精神。如1914年5月袁世凯的《新约法》颁布以后，章士钊即撰文进行评议。他指出：《新约法》中出现大总统"总揽统治权"这样的条文，无异于把国家"货于一人"。章士钊说：今日总统"总揽统治权，是不啻曰总揽国家也。国家而有总揽者，是别建一人于国家之上也"。他认为这种由总揽者所"总揽"的"国家"，不是什么新事物、新"国家"，而是我国久已有之的那种"世主可得而均，权奸可得而窃，刘季可得以夸于仲，路易

---

① 《本志宣告》，《甲寅》第1卷第1号，1914年5月10日。

可得以同于朕"的国家，亦即刚刚被辛亥革命所推翻的那种国家。这样的"约法会议"，怎么谈得上是"为民国立法"呢？只不过干了一件"货国家于一人"的勾当而已。接着，章士钊指出，只有在认识上、在观念上、在思想上把国家和政府两者严格地区别开来，这才是人民有没有民主主义觉悟的第一个根本点。对长期生活在专制君主统治下的人民，这一点尤为重要。因为这是他们在实际政治生活中最不容易分清的。他分辨其中的原理道："国家者何？……统治权之本体也。政府者何？领受国家之意思，以敷陈政事者也。"[1]国家创造宪法，宪法规定政府之组织。"国家自国家，政府自政府，二者不可混而一之。"[2]准此以谈，便不难看出，民国以后所得者，只不过是共和之种种组织形式，"非其精神也"。吾人今后之"唯一觉悟"，是求共和之"真精神"。他说："精神而存也，共和与立宪，在理论无择。精神而不存也，共和与专制，在事实无择。"进一步说，则"与其假共和，毋宁真立宪"。"与其有独裁之总统，毋宁有守宪之君主。何也？吾人重形式，而尤重精神也。"[3]这样章士钊就结合现实政治问题，阐发宣传了多数政治的民主精神。

《新青年》杂志继承了《甲寅》月刊开启的注重政治根本精神的做法，并进一步发展到将其启蒙的重点放在青年身上，针对青年学生宣传民主主义理论，有意识地培养新一代的革命知识分

---

① 章士钊：《国家与责任》，《甲寅》第1卷第2号，1914年6月10日，《章士钊全集》第3卷，文汇出版社2000年版，第105—106页、109页。

② 章士钊：《主权无限说》，《独立周报》第3期，1912年10月6日，《章士钊全集》第2卷，第567页。

③ 章士钊：《救国本问》，《甲寅》第1卷第4号，1914年11月10日，《章士钊全集》第3卷，第300页。

子。《新青年》一创刊，就宣告："国势凌夷，道衰学弊，后来责任，端在青年"，并声称自己的宗旨是"欲与青年诸君商榷将来所以修身救国之道"[1]。为此，陈独秀在其《敬告青年》一文中，提出六项比较具体的政治理念："自立的而非奴隶的""进步的而非保守的""进取的而非退隐的""世界的而非锁国的""实利的而非虚文的""科学的而非想象的"等来告诫青年，激励他们"自觉"与"奋飞"。与此同时，在继承《甲寅》月刊"政治的觉悟"的基础上，《新青年》进而提出了"伦理的觉悟"的问题。陈独秀尖锐地指出："所谓立宪政治，所谓国民政治，果能实现与否，纯然以多数国民能否对于政治，自觉其居于主人的主动的地位为唯一根本之条件。……倘立宪政治之主动地位属于政府而不属于人民，不独宪法乃一纸空文，无永久厉行之保障，且宪法上之自由权利，人民将视为不足重轻之物，而不以生命拥护之，则立宪政治之精神已完全丧失矣。""共和立宪而不出于多数国民之自觉与自动，皆伪共和也，伪立宪也，政治之装饰品也。"[2]而多数国民的自觉，则首先需要"伦理的觉悟"，发动伦理思想的革命。由此可见，《新青年》将《甲寅》月刊讨论的个人对于国家的独立扩展到个人对于社会的独立上来。这是在创刊宗旨上对《甲寅》的继承和发展。

第四，栏目设置

就刊物的栏目设置和版式设计而言，《新青年》对《甲寅》月刊也多所承袭。两刊的栏目设置，开头均为"政论"栏；接下来，

---

[1] 《社告》，《新青年》第1卷第1号，1915年9月15日。
[2] 陈独秀《吾人最后之觉悟》，《新青年》第1卷第6号，1916年2月15日；任建树主编《陈独秀著作选编》第1卷，上海人民出版社2009年版，第203页。

《甲寅》设有"通讯""论坛"两栏,《新青年》设有"通信""读者论坛"两栏,基本一样;对《甲寅》的"时评"栏,《新青年》改为"大事记";《甲寅》的"文录"栏,《新青年》改为"文艺",只不过是改换名称而已。而在"社论"中,《甲寅》杂志首先是讨论政治问题,其次是经济、社会、伦理等问题,《新青年》也如此,首先是政论文章,其次才是谈哲学、伦理及其他社会问题的文章。如果撇开内容变化不谈,单就形式而言,那么,《青年杂志》几乎就是《甲寅》月刊的翻版①。

第五,刊物风格

《甲寅》和《新青年》的编辑思想上有一个共同的极为显著的特色,即两刊共同走着一条"政治刊物社会化"的路向,这一点充分体现在两刊共同设置的"通讯""论坛"这样一些栏目中。用"媒体传播学"的眼光来看,这是一种为"制造舆论"和"动员舆论"而设置的专栏。它把刊物作为"媒体"的功能,在当时情况下发展到极致,这在中国报刊史上是前所未有的事。要说有,也是由章士钊开创的。民国元年1至8月,章士钊主持《民立报》时期,就增设"投函"一栏,刊载读者来信。编辑部还为此专门刊登了一则"特别广告",声称:"记者观欧美大报,每日所登函件及专论,有多至数十通者,必如此方足以称舆论之机关。本报不量其力,颇复以此为鹄,而尤愿出其意见与读者痛加讨论,诸君子如有关于政治、法律、宗教、教育、文学种种之高见或疑问,务希不吝金玉,

---

① 当然,《新青年》的栏目设置,后来随着编辑队伍的壮大和思想内容的变化,有所调整,例如从第4卷第1号起,即取消了"国内、国外大事记"栏目,从第4卷第4号起又增设了"随感录"一栏。此处仅就初创时期而言。

使本报有所闻知。"因此,"自今日起,将本报第十二版全幅登载此类稿件,而'社说'之与投函有关联者,亦并见于是版,原有之小说则移于第二版,读者幸为注意"。无疑这就是《新青年》所承袭的"通信"这种栏目在中国报刊上设置的起点。然而,当章士钊1912年8月离开《民立报》之后,这种栏目就随之而取消了。

就在这一年9月章士钊办起《独立周报》之后,他又把这种栏目恢复了起来。

章士钊在创办《甲寅》月刊之后,一仍其旧,设置了"通讯"栏,并宣布:"本志既为公共舆论机关,'通讯'一门,最所置重,务使全国之意见,皆得如量以发表之。其文或指陈一事,或阐发一事,或于政治学术有所怀疑,不以同人为不肖,交相质证,俱一律欢待,尽先登录。若夫问题过大,持理过精,非同人之力所及,同人当设法代请于东西洋学者,以解答之。"①具体做法是,此栏发表读者来信、社外来稿和不同意见的文章,然后由主编亲自作复,对来函来文表明自己的观点,加以评说。不论来函或复函,都长达数百字,有的竟长达数千字。它又称:"本志非私人所能左右,亦非一派之议论所得垄断,所列论文,一体待遇,无社员与投稿者之分,任何意见,若无背于本志主旨,皆得发表。"这样,正是在章士钊的扶持下,中国报刊"制造"和"动员"舆论的工作才渐渐有了起色,并因之而越来越受到读者的欢迎。

而《新青年》创刊之时,同样继承和吸收了《甲寅》杂志的办刊风格,设置了"通信"栏,并明确宣布这一栏主要是为青年读者

---

① 《本志宣告》,《甲寅》第1卷第1号,1914年5月10日。

提供园地："本志特辟通讯一门，以为质析疑难、发抒意见之用。凡青年诸君对于物情学理，有所怀疑或有所阐发，皆可直缄惠示，本志当尽其所知，用以奉答，庶可启发新思，增益神志。"[1]如果说，《甲寅》的"通讯"栏曾给广大读者提供了一个自由讨论、相互沟通的对话空间，并在读者当中产生了积极的影响，那么，《新青年》的"通信"栏，就在新文化运动中掀起一场狂风巨浪。谁都知道，赫赫有名的"打倒孔家店"和"文学革命"，都相继发端于《新青年》的"通信"栏中。就前者说，首先是易白沙的《孔子平议》（1卷6号及2卷1号）一文引起远在四川的吴虞的共鸣。他投函于"通信"栏（2卷5号），由此又引起常乃德、俞颂华等人的讨论（亦在"通信"栏中），这才逐渐引发了一场"反孔思潮"。就"文学革命"来说也如此。首先是胡适的"八不主义"发表在第2卷第2号的"通信"栏里，接着就引起著名学者钱玄同在第2卷第6号"通信"中的积极响应，并立即在社会上引起广泛而深刻的影响，更不用说该刊主编陈独秀对此项主张的高度赞扬了。由此可见，"通信"栏在沟通读者思想、促动新文化运动中确实发挥了重要作用。更值得一提的是，"通信"栏还起到了发现和吸纳各地具有新思想的知识分子逐渐聚集于《新青年》，结成了新文化阵营的作用。我们不妨这样说，陈独秀、李大钊、胡适、高一涵等人无一不是经由《甲寅》的"通信"栏而登上历史舞台的；而钱玄同、傅斯年、常乃德、俞颂华、舒新城等人则又是经由《新青年》的"通信"栏而登上历史舞台的。"通信"栏在发现和培养新人方面的"功效"，于此

---

[1]　《社告》,《新青年》第1卷第1号，1915年9月1日。

也就可见一斑了。

由上所述，我们可以看出，《新青年》在撰稿人队伍、办刊宗旨、办刊风格与栏目设置等方面都继承了《甲寅》月刊的风格，它们之间确实是有"渊源"可寻的。《新青年》不是"无本之木，无源之水"，当无疑义。这一点，在当时的读者心目中，是十分清楚的。所以，《新青年》创刊之初，竟有不少人发出"甲寅再世"的呼声。《新青年》第2卷第1号上登载着这样一封读者来信，其中说：《甲寅》遭政府禁止后，在"一般爱读该志者之脑海中，殆为饷源中绝，饥饿特甚，良可惜也。今幸大志出版，而前之爱读《甲寅》者，忽有久旱甘霖之快感，谓大志实代《甲寅》而作也"①。在第3卷第3号上也有一封署名"安徽省立第三中学校学生"的来信，其中说："前秋桐先生之《甲寅》出版，仆尝购而读之，奉为圭臬，以为中华民国之言论界中当为首屈一指，不谓仅出十册，……仆当时为不欢者累月。然不料续《甲寅》而起者，乃有先生之《新青年》。"像这样的信，《新青年》头几卷中就载有六七封之多，其中一封是后来的叶挺将军写的——署名是"湖北陆军第二预备军官学校叶挺"。他在信中说："足下之孤诣，略见于《甲寅》，渴慕綦岁。呜呼！国之不亡，端在吾人一念之觉悟耳。足下创行《青年杂志》，首以提倡道德为旨，欲障此狂波，拯斯溺世，感甚感甚。……惟道德第一关头，在自身先有觉悟之机，而觉悟又非空言所能为力；若无觉悟之机，虽强聒以忠言善语，求其效十不见一二也。然纵有觉悟之机，不得他人提撕唤醒、力坚其信，亦必旋牵于物欲，

———————————

① 此封信的署名为"贵阳爱读贵志之一青年"。

而日趋污下"，因此，"吾辈青年，坐此沉沉黑狱中，一纸天良，不绝如缕，亟待足下明灯指迷者，当大有人在也"①。信中既反映出他对《甲寅》与《新青年》关系的深刻认识，又反映出对《新青年》的殷切的期望。青年时期曾在《新青年》"通信"栏投函（后来成为著名学人）的常乃德先生，在所著《中国思想小史》一书中一针见血地指出：前期新文化运动讨论的许多思想和问题，"都是由《甲寅》引申其绪而到《新青年》出版以后才发扬光大的"②。

当然，由于国内外时局的变动和主编者思想认识的不同和差异，《新青年》与《甲寅》月刊在办刊方针和思想内容上并不完全相同，何况《新青年》本身在不同时期亦有不同的主张和面貌。其区别突出地表现在下面几点上：1. 章士钊创办《甲寅》，是"图以文字与天下贤豪相接"③，因而《甲寅》带有浓厚的精英主义倾向；《新青年》从一开始就面向青年，将其启蒙的对象放在青年身上。2.《甲寅》月刊倡导"有容""调和"，仍希冀在现有政治体制内活动而争取民主权利；《新青年》则开始注重大多数国民对民主权利的自觉，号召个人人格的独立和"伦理"的觉悟，将政治上争取民主权利的斗争扩展到社会上来。3. 章士钊始终坚持"政治救国"论，致使新文学运动未能在《甲寅》月刊上开展起来；而陈独秀则高举文学革命的旗帜，使《新青年》成为发动文学革命和新文化运动的主要舆论阵地。这些都说明《甲寅》与《新青年》的差异，同时也就是章士钊与陈独秀思想上的差异。但这些差异和距离，并不

① 叶挺：《通信（人生与觉悟）》，《新青年》第2卷第6号，1917年2月1日。
② 常乃德：《中国思想小史》，中华书局1930年版，第180—181页。
③ 章士钊：《〈李大钊先生传〉序》，《章士钊全集》第8卷，文汇出版社2000年版，第82页。

能否定《新青年》与《甲寅》两者之间存在着一定的传承关系。今天，清理《新青年》与《甲寅》月刊之间的关系，无疑有助于更深入而全面地认识新文化运动的形成和发展。

（原载《北京大学学报》2002年第6期）

同乡、同门、同事、同道：社会交往与思想交融①
——《新青年》主要撰稿人的构成与聚合途径

　　五四新文化运动，基本上是由中、青年两代知识分子在对辛亥革命之失败进行反思与探索的基础上所倡导和发动的一场思想革新运动。其核心力量是以《新青年》杂志为阵地和纽带而汇聚在一起的知识分子精英群体以及由他们启发、引导的青年学生。关于这个以《新青年》为阵地的新文化运动的核心力量，以往有关的研究论著仅笼统地指出，他们是与辛亥革命党人不同世代的新一代知识分子，是一批急进民主主义者②。至于这支核心力量由哪些人组成，他们的背景及其特征如何？他们又是以何种方式、经由何种途径聚合而成？则很少论及。近年来，香港学者陈万雄著《五四新文化的源流》一书，则对《新青年》及其撰稿人队伍的组成、来源以及

---

① 本文是笔者博士论文《民初进步报刊与五四新思潮》（北京大学，2000年，指导教师：刘桂生教授）的一部分；本次修改，又承张步洲先生及两位匿名评审人指正。在此对业师刘桂生先生、张步洲先生和评审人谨致谢忱！

② 丁守和、殷叙彝：《从五四启蒙到马克思主义的传播》，生活·读书·新知三联书店1979年版，第20页；汪士汉：《五四运动史》，中国社会科学出版社1979年版，第51页。

他们与辛亥革命的联系等问题进行了较为深入的探讨，指出五四新文化运动与辛亥革命不仅在革新思想上具有一脉相承的关系，即使在人事谱系上，五四新文化运动的主要倡导者，原先也属于辛亥革命时期革命党人的系统。换言之，五四新文化运动的倡导者与辛亥革命党人是同一世代的人，他们不仅不是"辛亥革命之外的力量，而应是辛亥革命力量的一部分"①。这一观点，揭示了以往为研究者所忽略的一面，对于我们考察新文化运动提供了新的视角与新的思路。王奇生的论文《新文化是如何"运动"起来的——以〈新青年〉为视点》，从《新青年》的文化传播策略与社会环境的互动入手，探讨与描述了"新文化"从"涓涓细流汇成洪波巨浪"的"运动"历程②。在众多研究《新青年》与五四新文化运动的论著中，上述论著是值得重视的原创性成果③。但综观学术界的现有成果，

----

① 参阅陈万雄《五四新文化的源流》（生活·读书·新知三联书店1997年版）第3—19、57—58页的相关论述。

② 王奇生：《新文化是如何"运动"起来的——以〈新青年〉为视点》，《近代史研究》2007年第1期。

③ 长期以来，《新青年》与五四新文化运动一直是中国近现代思想史、文化史研究的重点，研究成果众多。但检视以往的研究，多集中于五四新文化运动中思想内容的探究，而相对忽略新文化运动发展过程的考察；多集中于对《新青年》所刊文本之思想的诠释与解读，而很少具体研究《新青年》作为一份杂志的形态与面貌、功能与反响。陈万雄《五四新文化的源流》对此种偏向首先有所突破；此后，杨琥《〈新青年〉与〈甲寅〉月刊之历史渊源》（《北京大学学报》2002年第6期）、陈平原《思想史视野中的文学——〈新青年〉研究》（载陈平原、山口守编《大众传媒与现代文学》，新世界出版社2003年版）、王奇生《新文化是如何"运动"起来的——以〈新青年〉为视点》（《近代史研究》2007年第1期）和章清《民初"思想界"解析——报刊媒介与读书人的生活形态》（《近代史研究》2007年第3期）等文，从报刊媒介的角度对《新青年》及五四新文化运动进行了考察与研究，反映了学术界关于新文化运动研究的最新趋向。此外，王汎森《思潮与社会条件——新文化运动中的两个例子》（《中国近代思想与学术的系谱》，河北教育出版社2001年版）一文，以吴虞社会地位的变迁为例，分析了五四新思想与社会条件关联互动的过程，也颇有所见。关于

对《新青年》撰稿人队伍及五四新思潮核心力量的构成、聚合途径及早期分化等内容，仍付之阙如。本文在继承前人研究成果的基础上（略人所详，详人所略），拟通过对《新青年》主要撰稿人队伍的考察，以展现新思潮核心力量的构成、特征和汇聚途径，揭示以往为学界所注意较少或忽略的面向，从而推进对此一问题的研究。

一、《新青年》撰稿人的构成与特征

众所周知，新思潮核心力量是以《新青年》杂志为阵地和纽带而聚集汇合到一起的。可以说，新思潮的核心力量，实际上就是《新青年》杂志的撰稿人或作者群。本节拟通过对《新青年》作者群的职业身份、教育背景以及早年经历的分析，揭示新思潮核心力量的构成及其特征，以期对这一群体有较为深入的了解。

（一）《新青年》撰稿人的构成

《新青年》从1915年9月创刊，到1922年7月终刊，总共发行9卷54号，据统计，在它上面发表政论、诗文的作者共有两百多人。而以1919年五四学生运动为界，它前、后期的作者（或撰稿人）队伍有很大的变化，本文着重分析前期（1—7卷）撰稿人队伍的构成、聚合与分化。如果从发表文章的方式与数量来看，《新青年》

五四新文化运动研究的其他论文甚多，但对有些仍重复前人的结论，有些不顾《新青年》等文本的原始资料而只凭研究者的主观推论做出种种诠释，有些甚至抄袭他人的成果而抢先发表各类所谓"重大成果"或"创新之作"，尽管是新近出版或发表，本文一律不予征引，而主要参考真正具有原创性的论著。

的作者群可以划为两大类：一类是在《新青年》杂志的几乎每一个栏目（如通信、随感录、政论）中都发表文章，且数量相当多，这部分作者包括陈独秀、胡适、李大钊、高一涵、钱玄同、刘半农、吴虞、周作人、鲁迅、刘叔雅、陶孟和、沈尹默、陈大齐和蔡元培等，他们人数并不多，但却是该刊的主要撰稿人，其中相当一部分人还参加了《新青年》的编辑工作。另一类主要是在《新青年》杂志的"通信"栏与"读者论坛"栏发表文稿，尤其是来信。这部分作者每一个人发表的文章很少，一般为一篇，多也不过四五篇，但他们人数相当多，地域分布广，构成了《新青年》作者队伍中的一支生力军，可以称之为通信作者。本文考察的重点是前者（即主要撰稿人），但为充分说明问题，也兼及后者（即通信作者）。

根据笔者对《新青年》主要撰稿人和通信作者队伍教育背景、政治活动及其所从事职业的考察，《新青年》的撰稿人主要是由下列四类人物构成（一般均以投稿时的身份为主）[①]：

1. 大、中专学校教师。在这一群体中，尤以北京大学教授居多，五四运动前即达20名，如加上吴虞等1920年后任职的，就更多。这是因为《新青年》北迁后，北京大学教授钱玄同、陶孟和、沈尹默、周作人等都为《新青年》撰稿，并参加编辑部工作，而《新青年》前两卷的作者如陈独秀、胡适、李大钊、刘半农、杨昌济、高一涵等先后进入北大，成为北大教授。他们一身兼二任：既是《新青年》撰稿人，又是北京大学教授。除北京大学的教员外，北京高师、北京医专以及

[①] 笔者对《新青年》的主要撰稿人和通信作者（共215人）的教育背景、政治背景及其参与近代报刊的活动均进行了考察，制作了"《新青年》主要撰稿人一览表"。因篇幅限制，本文略去此表。但本文后面的分析，凡依据该表的资料，不再一一注出。

上海、浙江、湖南、安徽等地中等学校的教员也投稿《新青年》，支持和宣传新思潮。以北京大学教员为主的这一群体，从《新青年》创刊到五四运动爆发，一直是该刊的主要撰稿人。可以说，他们是五四新思潮的倡导者，在五四新文化运动中居于领导地位。

2. 中等以上学校的学生。考察这批人物的籍贯与出生地，可以发现，《新青年》创刊之初，其撰稿人主要是以陈独秀为首的皖籍知识分子，随着《新青年》在读者群中的影响逐渐扩大，从第二卷起，全国各地各类学校青年学生的来稿所占的比重也越来越大，恽代英、常乃惪、毛泽东、傅斯年、罗家伦、俞平伯、黄凌霜等青年学子还发表了长篇的思想评论。相对于上述第一类新思潮的倡导者来说，这是五四时期新一代的青年，最初他们是新思潮的追随者，后来也加入到倡导者行列，日后并成为五四学生运动的领导者与活跃分子。陈独秀在创办《新青年》时，就将其启蒙的对象放在青年身上，希望唤醒青年以图改造中国。为数众多的青年学生投稿《新青年》，表明《新青年》实现了其创刊初旨①。

3. 报刊编辑、律师、议员与政府官员。这部分人在《新青年》撰稿人队伍中所占比例不大（共18人），但也值得注意。他们在其早年或就读于国内新式学堂，或留学国外，尽管他们不在大、中专学校工作，但却怀有高远的理想与变革社会的愿望，因而或主动（如汪叔潜，国会议员）或被动（如最初撰稿的鲁迅，北京政府教育部佥事）投稿《新青年》，加入其撰稿行列。其中有些作者如鲁迅，成为新文化运动的主将；又如蓝公武、陈博生（渊泉）等人，则积极响应《新青年》倡导的

---

① 陈万雄：《五四新文化的源流》，第17—18页。

新思潮，改革《国民公报》与《晨报》，为推动以梁启超为首的研究系投入新文化运动、扩大新文化阵营的队伍做出了积极的贡献。

4. 英美留学生[①]。留学生在《新青年》撰稿人队伍中人数较少，仅十多人。但他们的重要性不可忽视。尤其是在这些留学生中，留学美英的占较大的比例（胡适本人在最初投稿时，也尚在美国留学）。留学英美的学生加入《新青年》撰稿行列，改变了晚清以来西洋留学生与国内思想言说的疏离，沟通了国内思想界与欧美社会的思想、学术潮流[②]。从此以后，中国思想界、知识界所讨论的问题就主要以西方思想潮流为转移了[③]。

（二）《新青年》撰稿人的年龄结构与教育背景

新思潮核心力量即《新青年》撰稿人的年龄结构，根据相关传记资料，当1919年五四运动发生时，该刊撰稿人队伍中，年纪最大的为吴稚晖（54岁），其次为蔡元培（51岁），年纪最小的为沈泽民与汪静之（二人均17岁）等，前者属于1860年代出生的一代（1865，1868），后者则属于1900年代出生（1902）。实际上，这样极大或极小的年纪，在该刊撰稿人中，毕竟是极个别人物。该刊的绝大多数撰稿人，分别出生于1870年代、1880年代和1890年代，

---

① 《新青年》撰稿人中，很多人都有留学国外的经历。但此处指的是撰稿人在第一次投稿时，仍在国外留学者，如胡适、任鸿隽、陈衡哲、李剑农、李寅恭、张慰慈、张熙若和程振基等。

② 参阅罗志田《文学革命的社会功能与社会反响》一文对民初思想界的论述，《社会科学研究》1996年第5期。

③ 1919年五四运动以后，中国知识界讨论的中西文化、社会主义、科玄论战等问题均如此。参阅罗志田《西方的分裂：国际风云与五四前后中国思想的演变》，《中国社会科学》1999年第3期。

其中1870年代出生的包括吴虞、光升、杨昌济、朱希祖、温宗尧、吴曾兰、张寿镛和陈独秀，仅八人；1880年代出生的，包括鲁迅、沈尹默、周作人、钱玄同、高一涵、李大钊等主要撰稿人在内，共四十六人；1890年代出生的，则包括胡适、刘半农、傅斯年、常乃惪等主要撰稿人及一大批通信者，多达七十二人。由此可见，就年龄来说，《新青年》撰稿人主要由两代知识分子构成，即1880年代出生代与1890年代出生代。他们在1919年五四运动发生之际，其年岁分别在30—39岁和20—29岁之间，当他们最初投稿《新青年》，参与新文化运动时，其年纪还要小三四岁。这样一个年龄段，正是人生的青壮年时代。一般而言，这个年龄段的知识分子，其特点是积极进取，敢于冒险，易接受新生事物，对现实社会则多以自己的理想目标衡量评判，具有较强烈的变革现实的愿望[①]。而民国初年的中国社会，皇权统治尽管已被推翻，但民主共和制度也未能成功确立，当陈独秀创办《新青年》，从更深的层次进一步探索中国走向民主政治的道路时，适值袁世凯称帝、张勋复辟等一系列政治事件发生，这样一种理想与现实之间的巨大反差，对五四新思潮倡导者这一代知识分子与青年学生的心态有极大的影响，使他们在对待社会现实与民族的历史与传统时，常常采取激烈的态度与立场[②]。

---

① 张朋园：《清末民初的知识分子（1898—1921）》，《思与言》第7卷第3期，1969年6月，第140—159页。此文对笔者分析五四新思潮倡导者的特征启发良多，谨此致谢！

② 钱玄同曾谈到袁世凯称帝对他的刺激："若玄同者，于新学问、新知识，一点也没有；……发昏作梦者整整十八年。自洪宪纪元，始如一个响霹雳震醒迷梦，始知国粹之万不可保存，粪之万不可不排泄。"（钱玄同：《保护眼珠与换回人眼》，《新青年》第5卷第6号，1918年12月15日，第627页。）钱氏本是一个好走极端、好说极端话的人，此语略显夸张；而鲁迅、周作人的文章中，也多处谈到袁世凯称帝、张勋复辟对他们的刺激。

就教育背景而言,《新青年》撰稿人所接受的教育种类与教育水平差别较大,下面分类说明。根据相关资料,在《新青年》撰稿队伍中,1860—1879年之间出生的作者,少年时代一般均受过传统的私塾、书院教育,并参加科举考试,极少数人获得功名。在获得功名的这些人中间,秀才二人(陈独秀、光升)、举人二人(吴稚晖、张寿镛)、进士一人(蔡元培),共五人。除此而外,其他人尽管未获得功名,但也仍然受过良好的传统经史教育。这样,他们后来所接受的教育、学术训练以及思想观念等,均与早年教育具有不同程度的疏离情况。这种新、旧杂糅的教育背景,典型地反映了近代中国教育结构的变化以及传统士绅向新型知识分子的转变。

在《新青年》撰稿人中,1880—1889年之间出生的一代,少年时代也或多或少受过传统教育,但他们的少年时代,适值戊戌维新至清末新政时期,科举考试已大大衰落,直至废除(1905年),新式学堂在各省省会、县城逐渐开办。他们中间年纪稍大的(1885年前出生),既参加过科举考试,又入新式学堂学习;年纪较小的,则直接进入新式学堂学习(1885年后出生)。因此,在这一代的四十六名撰稿人中,除任鸿隽为秀才外,其他人均无任何功名。这一代人,在新式学堂结业后,绝大多数又至国外留学,其中留学日本的占一半以上。他们求学的时候,正是以孙中山为首的资产阶级发动革命之时,故他们多受革命思潮的影响,并参与了这场革命活动,正如论者所指出的,这一代人承担的是革命者与启蒙者双重角色[①]。正是他们,倡导并发动了五四新文化运动。

---

① 陈万雄:《五四新文化的源流》,第181—185页。

至于1890—1900年之间出生的作者，由于清末兴办的新式学堂越来越多，且科举制于1905年宣布废除，故他们从一开始，就进入新创办的新式学堂或由传统书院改造的学堂读书。在中等学堂结业以后，留学外国就成为他们首选的目标，如缺乏条件留学，就选择在国内更高一级的学校继续深造。这一代人，除胡适等极少数人已学有所成而进入大学任教外，绝大多数尚在国内大学学习或国外留学，他们是上述前两代人的学生辈，所接受的教育与学术训练，与前两代人大相径庭，其思想观念也较激进。在《新青年》撰稿人队伍中，这一代人所占的比重最大，在社会上，清末以来教育的改革与新式学堂的发展，也使其数量逐年增加，在民初已形成一个人数众多的阶层[1]。他们是五四新思潮的响应者和拥护者，文学革命与新文化运动，因他们一代人的加入和支持而获得成功。

二、《新青年》主要撰稿人的聚合途径

前面我们探讨了《新青年》主要撰稿人的年龄结构、教育背景与职业身份，由此可知，新思潮核心力量是由来自不同职业身份、受过不同教育、年龄也颇有差别的不同社会群体构成的。不仅如此，就其政治态度而言，他们早年的政治背景与党派属性也大不相同。大体上，我们可以将其划分为三类：一类是曾经参与辛亥革命或加入同盟会、国民党的，包括陈独秀、蔡元培、易白沙、钱玄同、鲁迅、吴稚晖、马君武、刘文典、苏曼殊等；第二

---

① 周策纵：《五四运动：现代中国的思想革命》，第379页。

类是曾经参加或接近进步党、研究系的，包括吴虞、蓝公武、陈博生、李大钊等；第三类是游离于国民党、进步党之外的大批青年知识分子，包括胡适、刘半农、陶孟和、周作人、王星拱、罗家伦、傅斯年等。既然他们来自不同的政治派系与阵营，个体之间的差异又是如此之大，那么，他们是以何种方式或途径汇聚到一起的呢？

诚如以前论著所指出的，《新青年》是一份思想启蒙杂志，其撰稿人的结合，诚然以思想观念的一致为基础。但我们如果不是以静态的角度而是从动态的角度来考察，就会发现，《新青年》在长达七年的办刊过程中，不仅思想主张随着社会、政治的变迁在演变，其撰稿人队伍也一直在不断地变化。《新青年》就如同一列"列车"，随着这部列车的行进，不断地有乘客上车，也不断地有乘客下车①。这部列车的乘客（撰稿人）在前、后期的不同和差异也是显而易见的。乘客的上下，也就意味着其撰稿人的不断分化与重组，而这又是和思想演变、政治事件及社会变迁相互纠缠在一起的。将此一思想演变与社会变迁互动的错综复杂之过程全部展现，非本文所能及，在此仅择其要者分析如下：

---

① 《新青年》如同疾驶的"列车"，而它所宣传的"文学革命""反孔""民主""科学"等思想则犹如列车上所载的"货物"之比喻，业师刘桂生教授多次提及，并在1999年3月清华大学举办的"五四运动研究历程回顾与检视座谈会"上系统阐述（参阅欧阳军喜《五四运动研究历程回顾与检视座谈会综述》一文所引刘先生发言，《历史研究》1999年第3期）。王汎森在《思潮与社会条件——新文化运动中的两个例子》一文中，也将《新青年》比喻为"一部急驶的列车"（《中国近代思想与学术的系谱》，第224页）。本文借用此一比喻，以便更形象地分析撰稿人队伍的聚合与分化。

（一）新文化与旧纽带：地缘人际关系之结合

在中国传统社会，一向十分重视乡土亲谊关系，一个人事业的成功离不开同乡、同门、同籍人士的帮助和提携。清末民初的中国社会，乃是由传统社会向近代社会转型的过渡阶段，传统的地缘人际纽带仍发挥着重要的作用。作为此一过渡时期创办的《新青年》也不例外，陈独秀在创办《新青年》之初所依赖的社会支持力量，主要就是以地域因缘结合而成的皖籍知识分子。

考察《新青年》第一卷（即《青年杂志》）撰稿人队伍的籍贯、早年经历和政治活动，我们就会发现，在《新青年》早期撰稿人队伍的聚合中，地缘、人际关系乃是不可忽视的重要因素。据统计，《新青年》第一卷出现的撰稿者共18位（包括彭德尊、汝非、谢鸿、方澍、孟明、李穆、李亦民、萧汝霖等生平不详者），已经查知生平者有10位，而在这10人中，属于皖籍的就有7位：高一涵、汪叔潜、刘叔雅（文典）、潘赞化、高语罕、陈嘏和陈独秀。根据相关资料，这些撰稿人于清末民初曾长期在安徽从事革命活动，与陈独秀建立了或深或浅的友谊。其中如潘赞化①、汪叔潜②、

① 潘赞化（1885—1959），安徽桐城人。在清末即与陈独秀在安徽芜湖一带从事反清活动。"二次革命"后流亡日本，后赴云南参加护国讨袁运动。李公奘：《辛亥革命在安徽》，《辛亥革命回忆录》（四），中华书局1963年版。

② 汪叔潜（？—约1966），留日期间参加同盟会，后在皖从事反清革命活动。民国成立后当选为第一届国会众议院议员。1915年在上海成立通俗图书局，创办《通俗》杂志，进行反袁宣传。《新青年》创刊后，曾与陈独秀协商，拟与亚东图书馆、群益书社等联合成立出版社。参阅汪孟邹《梦舟日记》，《通俗》杂志第1期，1915年6月22日，转引自沈寂《陈独秀传论》，安徽大学出版社2007年版，第347页。

高语罕①等在辛亥革命前即和陈独秀一起参与反清革命活动，在民初又共同参与反袁运动。而高一涵②和刘文典③两位，也曾参与过安徽的革命活动，章士钊创办《甲寅》杂志后，又与陈独秀同为《甲寅》杂志的撰稿人。至于陈嘏（？—1956），乃陈独秀长兄孟吉之子，其译作从《青年杂志》创刊始即被发表，并担任该刊英文编辑④。

此外如易白沙⑤、谢无量⑥，尽管不属安徽籍，但他们幼年即随父辈长期居皖，后来又在皖从事文教和革命活动，与陈独秀等皖籍人士交往密切。"二次革命"失败后，二人又都为《甲寅》杂志撰稿。薛琪英⑦的生平不详，但她为近代桐城派著名学者吴汝纶之外孙女，《新青年》创刊后，陈独秀即约其译稿，可见二人在此之

---

① 高语罕（1888—1948），安徽寿县人。辛亥革命爆发后，与韩衍、易白沙等组织安徽"青年军"。五四时期安徽新文化运动的主要推动者之一。李宗邺：《回忆高语罕》，《芜湖党史资料》第3期，1983年7月。
② 高一涵（1885—1968），安徽六安人。1913年留学日本，次年为《甲寅》杂志撰稿。1916年与李大钊组织"神州学会"。《新青年》早期仅次于陈独秀的主要撰稿人。高一涵：《回忆五四时期的李大钊同志》，《五四运动回忆录》上，中国社会科学出版社1979年版。
③ 刘文典（1889—1958），字叔雅，安徽合肥人。1909年赴日留学。1912年回国后，任《民立报》编辑。"二次革命"后流亡日本。《甲寅》杂志撰稿人。
④ 《陈独秀答复黄宾虹的约稿信》，《出版史料》，1990年第4期。
⑤ 易白沙（1886—1921），湖南长沙人。从1903年到民初，在安徽从事教育及革命活动，并与韩衍等组织安徽"青年军"。"二次革命"后流亡日本，为《甲寅》杂志撰稿人。《记韩衍》，《辛亥革命回忆录》（四），易培基：《亡弟白沙事状》，《国学丛刊》第1卷第2期，1923年6月。
⑥ 谢无量（1884—1964），四川乐至人。早年就读于上海南洋公学。1904年任教安徽芜湖公学，从事革命活动；五四前后任四川存古学堂监督。刘长荣、何兴明：《谢无量年谱》，《文教资料》，2001年第3期。
⑦ 薛琪英，江苏无锡人。苏州景海女学英文科毕业。参阅陈独秀为薛琪英译王尔德《意中人》所作的序，《青年杂志》第1卷第2号，1916年10月1日。按：《新青年》原名《青年杂志》，本文在正文内，按习惯称其为《新青年》，但为保持历史原貌，在注释中则将其第1卷仍称作《青年杂志》。

前就相识。正因为《青年杂志》初创之时主要撰稿人中皖籍人士居多，陈万雄甚至认为该刊是皖籍知识分子为主的同人杂志①。

由此可见，陈独秀发动的是一场新思想、新文化革新运动，但它最初所依赖的则是传统的地缘人际网络关系。以往的研究从思想观念的角度考察《新青年》，所见的自然多是该刊提倡的新思想、新观念，若从社会史的角度看，《新青年》撰稿人队伍的聚合却正显出其"旧"纽带的作用。在《新青年》第1卷第1号上，汪叔潜撰有《新旧问题》一文，指出当时的中国是"上自国政，下及社会，无事无物，不呈新旧之二象"，但新旧之间的界限又不分明："旧人物也，彼之口头言论，则全袭乎新；自号为新人物也，彼之思想方法，终不离乎旧。"②这种新旧杂糅的特征，在《新青年》身上同样存在，尤其在它创刊的初期。

事实上，如果不是从既定的观念出发，而是从阅读《新青年》的文本入手，即可发现，即使在思想观念上，创刊之初的《新青年》也难免其"旧"。谢无量和汪叔潜的加入与退出，就相当典型地反映了《新青年》早期新旧杂糅的特点。

谢无量在《新青年》第1卷第3号上，发表了一首长篇律诗《寄会稽山人八十四韵》，不久，又在第4号上发表《春日寄怀马一浮》。这是《新青年》上刊发的仅有的两首古体诗作，但奇怪的

---

① 陈万雄：《五四新文化的源流》，第6页。

② 汪叔潜：《新旧问题》，《青年杂志》第1卷第1号，1915年9月15日，第1—2页（《新青年》在第4卷之前，仅标示每一篇文章的文内页码或者栏目页码，无连续页码；从第4卷第1号起，开始用连续页码。本文引用，一仍原貌）。关于民初中国和五四新文化人新旧杂糅的过渡特征，罗志田教授曾多次论及，参阅其《林纾的认同危机与民初的新旧之争》，《历史研究》，1995年第5期。

是，此后《新青年》不但再未刊载过古体诗，谢无量也再未在《新青年》发表作品。原因何在呢？只要我们将《新青年》发表该诗的前因后果联系起来，不难发现其缘由。

就在《新青年》刊发谢无量的第一首诗之时，作为该刊主编的陈独秀为该诗撰写了跋语，高度推崇此诗：

> 文学者，国民最高精神之表现也。国人此种精神委顿久矣。谢君此作，深文余味，希世之音也。子云、相如之后，仅见斯篇，虽工部亦只有此工力无此佳丽。……吾国人伟大精神，犹未丧失也欤？于此征之。[①]

陈独秀的赞誉并非客套语，但这种古体诗是否符合陈独秀所倡导的"写实主义"，在读者心中是存有疑问的。不久，胡适来信，专门就谢无量诗与陈独秀跋语批评道："细检谢君此诗，至少凡用古典套语一百事。"而"稍读元、白、柳、刘（禹锡）之长律者，皆将谓贵报案语之为厚诬工部而过誉谢君也。适所以不能已于言者，正以足下论文学已知古典主义之当废，而独啧啧称誉此古典主义之诗，窃谓足下难免自相矛盾之消也矣"。

胡适用"新文学"的眼光，立刻发现了陈独秀所提倡的主张与《新青年》实际面貌之间的"自相矛盾"，但处在过渡时期的《新青年》，其"新文学"之作品并不能一蹴而就。为此，针对胡适的批评，一方面，陈独秀检讨自己的失误："以提倡写实主义之杂志，

---

① 陈独秀：《〈奉寄会稽山人〉·记者识》，《青年杂志》第1卷第3号，1915年11月15日，第2页（文页）。

而录古典主义之诗，一经足下指斥，曷胜惭感！"但另一方面，又解释了其发表谢无量诗的苦衷：

> 唯今之文艺界写实作品，以仆寡闻，实未尝获靓。本志文艺栏，罕录国人自作之诗文，即职此故。不得已偶录一二首，乃以其为写景叙情之作，非同无病而呻。其所以盛称谢诗者，谓其继迹古人，非谓其专美来者。①

可见在《新青年》初创之际，尽管大力提倡"写实主义"，但仍免不了采用"古典主义"的作品。职此之故，陈独秀刊发其友人的作品不足为奇，但自从陈、胡亮出"文学革命"的旗帜后，谢无量及其作品也就在《新青年》上消失了。

谢无量因其与陈独秀及其他皖籍知识分子的相熟识而加入《新青年》，又因文学观念与文学趣味的不同而退出，此并非新思潮核心力量聚合中唯一的事例，前面提到的汪叔潜也与此相类似。汪叔潜是最早为《新青年》撰稿的作者之一，本文所引其《新旧问题》即反映了他对当时社会、政治现象的深刻观察。与此同时，他还与陈独秀合作，计划与亚东图书馆、群益书社等联合成立出版社②。但当《新青年》发表了陈独秀的《一九一六年》一文后，汪叔潜立即致函《新青年》，就陈独秀关于政党政治的看法提出商榷。他明

---

① 《胡适致陈独秀》《陈独秀答胡适》，《新青年》第2卷第2号，1916年10月1日，"通信"，第1—4页。正是在此一通信中，胡适提出了"文学革命须从八事入手"的"八不主义"。

② 参阅沈寂《别具只眼：论陈独秀发动新文化运动》，《陈独秀传论》，第346—349页。

确指出陈独秀否定政党政治的主张不妥:

> 国事前途唯一之希望,厥惟政党。吾民政党之观念,极
> 为薄弱,吾人方提倡之不暇,乃先生于《一九一六年》之论文
> 中,将政党政治轻轻一笔抹杀。抹杀政党政治,原非抹杀政
> 党,然当此政党观念仅仅萌芽之时,吾愿贤者慎勿稍持此种论
> 调,致读者之以词害意也。[①]

民初的中国,政党政治尚不发达,但在实践中已经暴露出诸多
缺点。对此,陈独秀的主张是超越政党政治,而进一步实行国民政
治:"从事国民运动,勿囿于党派运动。"并宣称:"政党政治,将
随一九一五年为过去之长物,业不适用于今日中国也。"[②]而汪叔
潜原是国会议员,也是民初的"新"人物[③],但在陈独秀和《新青
年》改弦更张,要求开展国民觉悟的国民政治时,他仍坚持认为,
中国唯一之希望在政党,政党政治优于官僚政治,而国人政党观念
薄弱,因此,《新青年》应努力倡导政党政治的观念,而不应认为
政党政治已过时而抛弃之。可见他与陈独秀的分歧所在。

针对汪叔潜的批评,陈独秀则进一步阐发了他的观点,指出

---

① 《汪叔潜致陈独秀》,《新青年》第2卷第1号,1916年9月1日,"通信",第
　 1页。
② 陈独秀:《一九一六年》,《青年杂志》第1卷第5号,1916年1月15日。
③ 汪叔潜主张的"政党政治",实际上也是当时中国从西方引进的"新"事物,
　 但中国近代社会的变动太剧烈,致使这一新生事物在新文化人物的认知中已
　 成"昨日之刍狗"。陈独秀之外,李大钊则对当时的各派政党提出了尖锐的批
　 评。这些都反映了新文化人否定政党政治的意愿与要求。参阅李大钊《政治对
　 抗力之养成》《学会与政党》等文,中国李大钊研究会编注《李大钊全集》第1
　 卷,人民出版社2006年版,第95—106、276页。

"近世国家，无不建筑于多数国民总意之上"，立宪政治必须与多数国民生出交涉，否则，即使优秀政党掌握政权，也不能称为立宪政治。因此，国人根本之觉悟，则在于由政党政治进于国民政治。而《新青年》目的就在于教育青年"根本之觉悟"，即为实现国民政治奠定思想基础①。陈独秀没有接受汪叔潜的意见，而汪叔潜之名从此也再未在《新青年》上出现。

谢无量、汪叔潜尽管因文学趣味的差异或政党观念的不同而离开了《新青年》，但他们起初均基于其与陈独秀的地域人际因缘而加入初创时期的《新青年》。可以说，新文化运动尽管是一场"新"文化运动，而其力量的最初汇聚却首先依赖于"旧"纽带。

不仅初创时期的《新青年》撰稿人依于传统的地缘、人际关系，即使在后来的发展过程中，一些人加入《新青年》的撰稿人队伍，仍与地缘人际因素有一定关系。日后声名远扬的胡适，当初为《新青年》撰稿，即是陈独秀托其好友汪孟邹多次催促的结果②。而从整体而言，在《新青年》主要撰稿人中，浙江籍人士有31人，安徽籍人士有18人，分别居第一、二位。这与该刊主编陈独秀为安徽人、北大校长蔡元培为浙江人具有相当的关系。当然，这些人

---

① 《陈独秀答汪叔潜》，《新青年》第2卷第1号，1916年9月1日，"通信"，第3页。
② 汪孟邹（1877—1953），安徽绩溪人，辛亥前在芜湖创办科学图书社，协助陈独秀发行《安徽俗话报》。民初，在陈的建议下，又至上海创办业东图书馆。他在清末即与胡适有联系，亚东承担《甲寅》的刊行工作后，他请胡适在美国代销《甲寅》；《青年杂志》创刊后，他即向胡适邮寄一册，并代陈独秀向胡适约稿。后又两次写信催促胡为《青年杂志》撰稿。参阅《汪孟邹致胡适》，耿云志主编《胡适遗稿及秘藏书信》第27册，黄山书社1994年版，第259—270页；关于汪孟邹生平，参阅沈寂《汪孟邹与陈独秀》，《陈独秀传论》，第184—218页。

的聚合不完全是因为地缘关系，但地缘人际关系所起的作用毋庸置疑。

（二）同门、师友援引与阵营划分：章门弟子的分化与转向

同门、师友关系是影响《新青年》撰稿人汇聚的又一重要因素。考察《新青年》主要撰稿人队伍，引人注目的是钱玄同、鲁迅、周作人、沈尹默、沈兼士、朱希祖等人居于重要地位，他们不仅为《新青年》撰写了大量论文、诗歌、小说和随感杂文，而且其中有四人参加了该刊北迁之后的编辑部，成为轮流主编之一。应当指出，从《新青年》创刊后至北迁前，他们既未向《新青年》投稿，也未参加《新青年》编辑部的编辑工作。那么，他们是如何与北迁后的《新青年》发生关系，且成为主要撰稿人的呢？

当他们中的大多数为《新青年》撰稿之时，陈独秀于1917年1月至北京大学任文科学长，《新青年》的编辑部已由上海迁往北京[1]。诚如已有的研究所指出，《新青年》杂志北迁，一方面，《新青年》与北京大学原有革新力量结合，使北大革新力量成为《新青年》的主要撰稿人。另一方面，陈独秀主持北大文科后，积极协助蔡元培，"援引思想先进、用心改革文化教育和致力整顿社会风气的志士"，尤其是《新青年》初创时期的作者进入北京大学，使北京大学成了新文化运动的大本营。这样，一刊一校革新力量的结合，表明倡导新思潮的人士从一个松散的思想群体结成了一个集团性的力量[2]。

上述论断在宏观上揭示了《新青年》北迁的重要意义，但一刊

---

① 　《新青年》编辑部北迁以后，发行部仍为上海群益书社。
② 　参阅陈万雄《五四新文化的源流》第42—43页的相关论述。

一校革新力量的结合，并非自然而然就发生、形成的。在一刊一校结合的具体过程中，钱玄同等章门弟子起了非常重要的作用。而章门弟子加入《新青年》撰稿人队伍①，并非整体，也非同步，而是在章门弟子内部经历了分化重组之后实现的。

在章门弟子中，最先赞同文学革命并向《新青年》投稿的是钱玄同，在北大的新旧之争日渐激烈之时加盟新思潮阵营的是朱希祖，钱玄同和朱希祖的转变具有相当重要的象征意义。在此，以朱希祖为例，来说明其加入新思潮阵营的曲折性和复杂性②。

朱希祖（1879—1944）字逖先，浙江海盐人。他幼承庭训，习经史之学。1905年赴日留学，入早稻田大学师范科攻读历史，1909年夏卒业。在此期间，与钱玄同、周树人、许寿裳等人共同受业于章太炎。1909年回国，就职于杭州浙江两级师范学堂。辛亥革命后，任职于浙江教育司。1913年赴北京参加教育部主持的国语读音统一会。不久，应北京大学之聘，任预科国文教员，后又任国文系教授。根据朱希祖的观察，陈独秀任职北京大学与《新青年》北迁以后，在北大的章门弟子在文学观念上分为三派：

> 近来北京大学文科教授主持文学者，大略分三派：黄君季刚与仪徵刘君申叔主骈文，而刘与黄不同者，刘好以古文饰今文，古训代今义，其文虽骈，佶屈聱牙，颇难诵读；黄则以音节为主，间饰古字，不若刘之甚，此一派也。……余则主骈散

---

① 在《新青年》撰稿人队伍中，钱玄同、鲁迅、周作人、沈兼士、朱希祖等均为章太炎在东京讲学时的弟子。本文在较为严格的意义上，运用"章门弟子"这一称谓。
② 钱玄同加入新思潮阵营的方式与朱希祖相当不同，因之关于钱氏的论述，将在后面展开，此不赘。

不分，与汪先生中、李先生兆洛、谭先生献及章先生（太炎）议论相同，此又一派也。①

……今年正月自安徽陈独秀先生为文科学长，又得其同乡胡君适之新自美国大学毕业回，亦延为文科教授，则主以白话作诗文。钱先生德潜深于小学，与家君同门，亦深以陈、胡之说为是，此则所谓新派也。②

朱希祖所言不差，在《新青年》北迁初期，章门弟子中，黄侃主骈文，他则主骈散不分，只有钱玄同响应陈独秀、胡适的文学革命主张而加入《新青年》撰稿人队伍，成为"新派"。从日记所表达的言辞之间可以体会到，朱希祖不赞成同门钱玄同和《新青年》白话文学主张的态度是非常明显的。

不仅如此，朱希祖在指导女儿朱倩学习时，甚至要求其以黄侃之诗文为研读对象："家君以倩女流，不妨以美丽为宗，训倩即仿黄君之法，文以郦、杨为主，诗以颜、谢为宗，自是以往，当尽力诵法四家矣。"③可见朱希祖实际上对骈文是有所偏爱的，对黄侃仍是

---

① 《朱希祖日记》，1917年11月5日，转引自朱偰《五四运动前后的北京大学》，《文化史料丛刊》第5辑，文史资料出版社1983年版。

② 此为朱希祖女儿朱倩撰于同一天的日记，此段之前的论述与朱希祖的论述基本一致："近来北京大学文科教授主持文学者大略分三派，黄君与仪徵刘君申叔主骈文，此一派也。……家君则主骈散不分，与汪先生中、李先生兆洛、谭先生献及章先生议论相同，此又一派也。"可见朱希祖不仅将自己的观察记录在日记中，而且也讲述给孩子听。故笔者将朱倩此段日记作为朱希祖的评述而引用。《朱倩日记》（稿本），1917年11月5日。本文凡引自朱倩日记的材料，均为朱元春教授惠赐，谨此致谢！

③ 《朱倩日记》（稿本），1917年11月7日。

非常尊重的。

但是，仅仅在一年多之后，朱希祖的态度就发生了重大的转变。他于1919年4月出版的《新青年》第6卷第4号上发表《白话文的价值》和《非"折中派的文学"》二文，公开赞成白话文运动。针对有人称他所撰《文学论》为"折中派的文学"的说法，朱希祖宣称："文学只有新的、旧的两派，无所谓折中派，新文学有新文学的思想系统，旧文学有旧文学的思想系统，断断调和不来。"而"文学的新旧，不能在文字上讲，要在思想主义上讲"。在思想主义上，"要晓得旧思想不破坏，新事业断断不能发生的，两种相反对的主义，一时断不能并行的"[1]。而对于他以前不赞成的白话文，朱希祖也指出了白话文在"功用上"的三条价值和"本质上"的两条价值[2]。

短短一年半时间，朱希祖的思想转变，其幅度不可谓不大，而其态度的转变也甚显突兀，为什么呢？

实际上，朱希祖、钱玄同与周树人、周作人兄弟以及沈兼士等人，同是辛亥革命时期章太炎在东京讲学时（1908—1909）的入室弟子[3]，而沈尹默则是沈兼士的兄长，他们与时在北大国文系任教的其他太炎弟子马裕藻、朱宗莱以及陈大齐等，既是浙江同乡，又是同门，此时又在一起共事，因之，他们之间的关系非常密切，实际上已自成一个相对集中的人际圈，也是北大内部一个松散而独立

---

① 朱希祖：《非"折中派的文学"》，《新青年》第6卷第4号，1919年4月15日。
② 朱希祖：《白话文的价值》，《新青年》第6卷第4号，1919年4月15日。
③ 章太炎在东京国学讲习会讲学之时，参加听讲的学生非常多，为此，他从1908年4月起，又在其寓所内开设了一个"八人小班"，朱希祖、钱玄同、周氏兄弟、朱宗莱和许寿裳等均为此小班听讲者，是真正的章门弟子。许寿裳：《亡友鲁迅印象记·从章先生学》，《鲁迅回忆录》上，北京出版社1999年版，第229—234页。

的派别①。这一人际圈，尽管内部存在因学术观念、地域因缘以及争当章门"正统"的派别之争，但在民初北京大学的新旧之争中，通常立场一致。不是太炎弟子但属于这一派系的沈尹默回忆道：民初北京大学的太炎门生虽然分为三派，"但太炎先生门下大批涌进北大以后，对严复手下的旧人则采取一致立场，认为那些老朽应当让位，大学堂的阵地应当由我们来占领"②。

沈尹默指的是民初北京大学的第一次新旧之争，但对我们考察五四时期章门弟子的言行颇有启发。在《新青年》北迁之后，章门弟子逐渐发生了一系列变化：

钱玄同致信《新青年》主编陈独秀，对胡适在《新青年》第2卷第5号发表的《文学改良刍议》高度赞扬，率先响应陈、胡倡导的白话文。钱玄同此信发表后，又极大地鼓舞了陈、胡（详后）。

钱玄同投身新文化运动之后，开始鼓动同门投稿《新青年》，加入这一新运动。他认为："周氏兄弟的思想，是国内数一数二的，所以竭力怂恿他们给《新青年》写文章。"从1919年8月起，他经常拜访周氏兄弟，极力鼓动③。在钱玄同的积极推动下，周树人、周作人弟兄加入《新青年》，从第4卷第1号起开始发表作品。鲁迅弟兄的小说与杂文真正显示出"文学革命"的实绩，《新青年》的声

① 他们这一人际圈，是以章门弟子为核心的浙江籍知识分子，主要任职于北京大学国文、史学两系，实际上就是1920年代英美派所称的某籍某系。
② 沈尹默：《我和北大》，《文史资料选辑》第61辑，中华书局1979年版。
③ 钱玄同：《我对周豫才君之追忆与略评》，《钱玄同文集》第2卷，中国人民大学出版社1999年版，第307页。证之于钱玄同日记，此当为事实。在钱玄同1918、1919年的日记中，多处记录了他与鲁迅、周作人交往并催稿的情形。

势与撰稿队伍也日渐壮大①。

沈尹默、沈兼士和陈大齐等人，分别在《新青年》第4卷第1号、2号和5号发表白话诗、通信及政论，开始运用白话文撰稿。

由此可见，到1919年初，章门弟子中除黄侃等个别人外，大多数均赞同并加入到新文化阵营中了②。面对同门纷纷支持《新青年》，此时的朱希祖感受到了无形的压力，这种压力在他对待《国故月刊》的态度中鲜明地表现出来。

1919年1月，在刘师培、黄侃和马叙伦等人的支持下，北大国文系的一部分学生成立了《国故》月刊社。朱希祖此前曾参与了部分活动，并表示了赞同的意见，因此，《国故》月刊社在1月28日的《北京大学日刊》发布《国故月刊社成立会纪事》时，将朱希祖列为该刊的编辑之一③。耐人寻味的是，朱希祖立即在第二天的《日刊》上发布启事，宣称：

国故月刊部【编】辑诸位先生左右：前日薛【君】祥绥、杨君湜生言国故月刊事，希祖甚赞成斯举，以为可以发扬国华，惟推希祖为编辑，则因所任校事甚忙，无力兼顾，未表同

---

① 周氏兄弟中，周作人首先在《新青年》第4卷第1号发表《陀思妥夫斯奇之小说》一文，鲁迅直到第4卷第5号才发表小说《狂人日记》，二人加入《新青年》较晚，但均一发不可收拾，迅即成为《新青年》的重要撰稿人。

② 此时，朱宗莱已逝世，章门弟子中，仅马裕藻、黄侃、朱希祖等三人尚未在《新青年》登台亮相，发表论著。但马裕藻几乎很少发表言论，黄侃则始终反对白话文。后来，随着朱也加入到新思潮阵营，黄侃愈感"国学衰苓，琦说充塞于域内"（黄侃：《与友人书》，转引自司马朝军、王文晖合撰《黄侃年谱》，湖北人民出版社2005年版，第148页），于1919年9月孤身离开北大南下。

③ 《国故月刊社成立会纪事》，《北京大学日刊》第298号，第4版，1919年1月28日。

意。故当日开成立会时，未造刘宅，甚为抱歉，今日遇马夷初
先生，亦曾表白辞意。因希祖担任国文研究所及大学月刊编
辑，加以校中讲义尚未编了，已觉顾此失彼。再任国故编辑，
实觉力所不逮。与其挂名尸职，不如先自告退为愈。敬请贵月
刊出版时勿加入贱名为幸。区区之意，伏祈原宥。敬颂著安。
弟朱希祖再拜。

一月二十八日[①]

　　而且，朱希祖同时致函《国故月刊》，要求其在《日刊》再发
启事，以挽回前此公告所造成的误解。第三日，《日刊》刊登《国
故月刊编辑部启事》，再次对此事做出解释："前日本社曾托薛君祥
绥、杨君湜生恭请朱遏先先生为本社特别编辑，接洽结果，朱先生
对于本社宗旨甚表赞同，并允为投稿。故本社将先生列于特别编辑
之列。今接先生来函及日刊启事，知先生公务纷繁，势难兼顾，辞
去编辑，谨遵来函办理。特此公布。"[②]
　　一方面表示"赞成斯举"，一方面又不愿列名"编辑"；表面
上称是"公务繁忙"，实际上则是不愿与"国故"社为伍。仅仅为
一个"编辑"之名，朱希祖再三地要求刊布启事澄清，可见他要与
"国故月刊社"划清界限的迫切心理。因为此时，正是北京大学
内部的新旧之争日趋激烈之时[③]，朱希祖面对新旧阵营的对垒，不
得不在"新"与"旧"中做出与同门一致的选择，即投稿《新青

①　《朱希祖启事》，《北京大学日刊》第299号，第2版，1919年1月29日。
②　《国故月刊编辑部启事》，《北京大学日刊》第300号，第2版，1919年1月30日。
③　关于北大此一时期的新旧之争，萧超然《北京大学与五四运动》一书论之甚详。
　　参阅《北京大学与五四运动》，北京大学出版社1995年版，第150—164页。

年》，加入新思潮阵营①。

由此可见，师友、同门之间的互相影响、互相援引，以及在人事派别与学术纷争中采取并保持与同门整体上一致的立场，是章门弟子加入新文化阵营的重要缘由，也是《新青年》撰稿人汇聚的主要途径之一。

（三）旧同人与新政见：政治立场歧异与革命同道之合离

在《新青年》主要撰稿人中，陈独秀、蔡元培、吴稚晖、苏曼殊、钱玄同、易白沙、马君武等人，都在不同程度上参与了清末民初的革命活动，原先都属于辛亥革命党人。可以说，共同的革命阅历与政治背景，也是他们能互相援引、聚合的重要因素。

不过，需要注意的是，首先，原先属于辛亥革命党人的新思潮倡导者，在辛亥革命时期，与以孙中山为首的同盟会革命力量关系并不密切。如陈独秀，从1903年就参与反清革命活动，但他从未参加同盟会。又如钱玄同、苏曼殊，曾经加入同盟会，但多从事文化教育工作，甚少参与实际的政治、军事斗争。再如在同盟会以至后来的国民党中都具有一定地位的蔡元培、吴稚晖，前者加入同盟会后，被推为同盟会上海分会会长，但不久即赴德国留学，直至武昌起义后才回国；后者则在加入同盟会后赴法国，创办《新世纪》

---

① 陈以爱认为，国语运动与文学革命合流，是朱希祖转向新文化阵营的动因之一。笔者以为，朱希祖思想演变的轨迹尚需仔细分析，就其态度转变的突兀而言，说明自"文学革命"的口号提出以后，在新、旧文学之间明确地划分出了两个互相对垒的阵营，且新派在北京大学内部逐渐具有"话语权势"，因之，一部分人在尚未割断与旧文学、旧思想的联系之时，就为"文学革命"的思潮裹挟或社会舆论中"新旧"派别身份的认同而不得不投身于新的文化运动中。

周刊，宣传无政府主义，也是到武昌起义后才回国[1]。而在民国成立，尤其是"二次革命"失败后，新思潮的倡导者，与以孙中山为首的国民党主流革命力量日渐疏离。陈独秀在民初任安徽都督府秘书长，为安徽革命事业筹划颇多，"二次革命"后东渡日本，协助章士钊编辑《甲寅》杂志[2]。当时，他对于国民党人表示了极度的失望，在为章士钊所著小说《双枰记》作序时指出，"二次革命"失败后的国民党人状态是"凌乱可怜"。他对于孙中山组织中华革命党时要求党员宣誓服从他本人的做法，也曲折地表示出否定态度："团体之成立，乃以发展个体之权利已尔，个体之权利不存，则团体遂无存在之必要，必欲存之，是曰盲动。"[3]因此，他未加入中华革命党，反而列名于由原国民党温和派组织的欧事研究会[4]。蔡元培、吴稚晖在民初都加入了国民党，蔡还曾任南京临时政府教育总长，但在"二次革命"失败后，他们又再度赴欧洲，都未参加孙中山组织的中华革命党，而对于欧事研究会，却经常保持联系[5]。至于钱玄同、鲁迅等，在民初都未加入国民党，相反，他们对辛亥革命表示了深深的失望[6]。由此可见，在"二次革命"后，以孙中

---

① 参阅高平书《蔡元培年谱长编》1908至1911年的相关论述，人民教育出版社1999年版，第337—393页。

② 唐宝林、林茂生编：《陈独秀年谱》，上海人民出版社1988年版，第54—62页。

③ 独秀山民：《〈双枰记〉叙》，《甲寅》杂志第1卷第4号，1914年11月10日。

④ 李根源：《雪生年录》，文海出版社1966年影印版，第65页。

⑤ 蒋永敬：《欧事研究会的由来和发展》，《传记文学》第34卷第5期，1979年5月。

⑥ 鲁迅多次表达了他对辛亥革命的失望，如他说："见过辛亥革命，见过二次革命，见过袁世凯称帝，张勋复辟，看来看去，就看得怀疑起来，于是失望，颓唐得很了。"（鲁迅：《南腔北调集·〈自选集〉自序》，《鲁迅全集》第4卷，人民文学出版社2005年版，第468页）；钱玄同曾在一篇回忆文章中专门声明，他1907年加入光复会，"但革命以后，我却没有加入国民党。"也表示了他对国民党的失望态度（钱玄同《三十年来我对于满清的态度底变迁》，《钱玄同文集》第2卷，第114页）。

山为首的革命党人仍一如既往，专注于上层的政治活动和诉之于军事行动，对革命思想和方法未能更进一步地进行新的探索，一部分原属革命党人的知识分子，逐渐与以孙中山为首的国民党——中华革命党势力疏离[①]。正是这部分曾经参加过辛亥革命、革命失败后又对革命及革命党本身失望的人士，在陈独秀创办《新青年》以及进入北京大学以后，先后加入《新青年》撰稿行列，投身于新文化运动。

其次，具有共同的经历与政治背景，对待现实政治还要采取一致的政治立场，否则，即使加入《新青年》撰稿行列，最终也将分裂而去。在创办与编辑《新青年》的过程中，陈独秀确曾有意识地力图组织提倡新思潮的阵营，因而，向自己了解、熟悉的皖籍知识分子及曾经共同参加革命的一些友人约稿，是他的一个重要措施。《青年杂志》在创刊之初宣告："本志执笔诸君，皆一时名彦，然不自拘限，社会撰述，尤极欢迎。海内鸿硕，倘有佳作见惠，无任祈祷。"[②]但实际上，为《新青年》第一年撰文的"名彦"几乎没有，仅陈独秀、高一涵和易白沙三人在《甲寅》月刊上发表过文章，其他作者，是在《新青年》创办以后首次发表论著，当时多不为人所知。从第2卷第1期（1916年9月15日）起，《新青年》即在扉页刊登"通告"，宣称该刊得"当代名流之助"，已邀请吴敬恒（稚晖）、马君武、张继、温宗尧、胡适、苏曼殊、李大钊等名流为其撰稿人；另外，在答复一读者来信时透露，《新青年》也已约蔡元培为

---

① 陈万雄：《五四新文化的源流》，第63—65页。
② 《社告》，《青年杂志》第1卷第1号，1915年9月15日，第1页。

该刊撰稿[①]。陈独秀所特约的这些撰稿人，吴稚晖、马君武、张继、苏曼殊均为其早年一道革命的同志[②]，温宗尧也为国民党人；胡适是安徽同乡，留美学生，陈已知其人而尚未谋面；李大钊是在《甲寅》杂志上新结识的朋友。然而，其中只有胡适、李大钊日后成为《新青年》的重要撰稿人，吴稚晖、蔡元培也撰文较多，而马君武、温宗尧仅在该刊分别发表了一篇文章，张继则从未有文章发表。所以，《新青年》在第3卷第2号（1917年4月1日）之后，也取消了这个"通告"。

为什么会出现这样奇怪的现象呢？一年半之后，陈独秀在《新青年》第5卷第2号（1918年8月15日）中发表的一则"随感"揭穿了这个谜底：

> 当吾国与德意志决裂之初，余以正义故，以自由故，以反对武力专制故，固与汪精卫、蔡子民、张溥泉、王亮畴、王儒堂诸先生热心赞成与德宣战，不惜与吾友马君武、徐季龙诸先生立于反对之地位。君武先生且以余在本志（指《新青年》）宣布赞成绝德之论文，怒而取消其投稿之约，当时颇以君武为迂怪。及今思之，殊自惭悔也。[③]

---

① 《通告一》，《新青年》第2卷第1—6号（1916年9月—1917年2月），第1页；《陈独秀答李平》，《新青年》第2卷第5号，1917年1月1日，"通信"，第2—3页。

② 唐宝林、林茂生编：《陈独秀年谱》，第23—24页。

③ 该文原为刊于《新青年》第5卷第2号的一篇随感，无题目，收入《独秀文存》时，题名为《伪善的基督教国民》，陈文中的张溥泉即张继，王亮畴即王宠惠，王儒堂即王正廷，徐季龙即徐谦，原先均为革命党人，反袁结束后返北京，在国会或政府中任职。见《陈独秀文章选编》（上），生活·读书·新知三联书店1984年版，第282页；陈独秀关于"绝德的论文"，即《对德外交》一文，载《新青年》第3卷第1号。

原来，在1917年2月至3月，北洋政府采取对德绝交与宣战政策时，政府总理段祺瑞主张对德宣战，总统黎元洪反对。而在当时政团中，以梁启超为首的研究系支持段祺瑞，原国民党人则态度不一：孙中山以及接近孙中山的一派国会议员（以马君武为代表的"民友社"）主张严守中立，坚决反对对德宣战；以谷钟秀、张耀曾等为首的"政学会"和以吴景濂为首的"益友社"则赞成对德绝交①。为反对中国参战，孙中山在3月初致电北京参众两院，指出"加入之结果，于国中有纷乱之虞，无改善之效"。4月，又口授朱执信撰成《中国存亡问题》一篇长文，广为散发。该文论述中国决不能参战，呼吁中国严守中立，并着重指出："加入问题，即中国存亡问题也。"因为"中国加入惟英国有利，中国既加入，则英国可以中国为牺牲，故加入者召亡之道，中立者求存之术也。"所以"吾不惮千百反复言之曰：以独立不挠之精神，维持严正之中立"②。但是，国民党内的意见始终未能统一。汪精卫在孙中山通电发表后，仍表示："始终赞成抗德或至绝交。"③当时，知识界、舆论界著名人士梁启超、蔡元培、章士钊、陈独秀、李大钊等均发表文章，宣传各自的主张。其中，梁启超是主张对德绝交和宣战最有力的一人④，为此，马君武斥梁启超为阴谋家，并向政府提

① 参见李新、李宗一主编《中华民国史》（第2编第2卷，中华书局1987年版）第52—57页的相关论述。
② 参阅陈锡祺主编《孙中山年谱长编》（中华书局1991年版）第1019—1027页的相关论述；晚近的研究表明，孙中山反对参战，与德国的经济资助及秘密联络有关，参阅李国祁《德国档案中有关中国参加第一次世界大战的几项记载》，《民国史论集》，南天书局1990年版，第311—326页。
③ 上海《中华新报》1917年3月13日，转引自《孙中山年谱长编》第1020页。
④ 丁文江、赵丰田编：《梁启超年谱长编》，上海人民出版社1983年版，第806—808页。

出驱逐梁启超出京的建议①。而陈独秀则在《对德外交》一文中，认为第一次世界大战是公理与强权的战争，中国参加对德宣战，就是站在公理一边，且参战是"国民发挥爱国心及能力品格之唯一机会"，因此坚决主张宣战，并在文中为段祺瑞、梁启超做了辩护②。一个月以后，陈独秀在《俄罗斯革命与我国民之觉悟》一文中，又不指名地批评了孙中山，称其为"失意之伟人"，攻击他"无论其事于人类之公理正义如何，于国家之利害关系如何，凡出诸其敌党段祺瑞、梁启超所主张者，莫不深文以反对之，虽牺牲其向日之主张进取，主张正义，不畏强权之精神，亦所不惜；虽与国蠹张勋、倪嗣冲、王占元、张怀芝同一步调，亦所不羞"③。与陈独秀的主张相呼应，蔡元培、李大钊等《新青年》特约的"当代名流"，或发表专文，或公开演讲，论及对德外交和参战问题，他们的态度与陈一致，胡适也极力称赞陈之《对德外交》一文④。由此可见，《新青年》主要撰稿人与孙中山国民党人在参战问题上的不同态度。在这种现实政治立场严重对立的情况下，无论陈独秀与马君武以前有何等深厚的友谊，无论他们曾经具有何等相同的政治背景，马君武也只能"怒而取消其投稿之约"了。这说明，即使曾经具有相同的政治背景，而现实政治立场的不同、差异与对立，也会影响新思潮

---

① 莫世祥编：《马君武集》，华中师范大学出版社1991年版，第368、371页。
② 陈独秀：《对德外交》，《新青年》第3卷第1号，1917年3月1日，《陈独秀文章选编》上，第181—184页。
③ 陈独秀：《俄罗斯革命与我国民之觉悟》，《新青年》第3卷第2号，1917年4月1日，《陈独秀文章选编》上，第196—198页。
④ 关于蔡元培、李大钊和胡适有关参战的主张与态度，分别参见高平叔《蔡元培年谱长编》中，第15页；中国李大钊研究会编注《李大钊全集》第1卷，第260—263、272、282—284页等处的论述，以及《新青年》第3卷第4号"通信"栏中胡适致陈独秀的信（该期《新青年》于1917年6月1日发行）。

核心力量阵营的组合与分化。马君武因对德宣战问题而退出《新青年》撰稿人队伍，张继尽管在对德宣战问题上和陈独秀一致，但不久即南下参加孙中山领导的护法运动，温宗尧也参加了护法军政府。在此尽管无法详知他们未为《新青年》撰稿的具体原因，但他们与陈独秀在现实政治活动方面所采取的不同立场与态度，应该是主要原因之一。

（四）思想呼应与文化互动：两代知识分子之汇聚

在思想上，《新青年》的最大贡献就是，在如何挽救和改造中国这个根本问题上，它与民初既有的政党与派系包括以孙中山为首的国民党人产生了相当不同的认识，形成了新的思想和主张，这就是从更深的层次上探索和传播民主主义，发动思想启蒙运动，进一步从思想文化上探索中国走向民主政治的道路。而如前所论，《新青年》撰稿人的汇聚，地域因缘、师友关系以及共同的政治背景都是部分的原因，但更重要的因素则是他们之间思想主张与见解上的互相吸引、呼应与认同。吴虞、刘半农、钱玄同、蓝公武以及众多青年学生加入《新青年》撰稿人行列，都是出于这一原因。

先看吴虞。吴虞（1872—1949），字又陵，四川新繁人。早年习中国传统经史之学，1905年赴日本留学，入法政大学速成科。留学期间产生了"非儒"思想。1907年从日本回国，在成都教书，并一度主编立宪派报纸《蜀报》。1911年因发表反孔"非儒"及礼教家族制度的言论，曾被四川总督下令缉捕。民国成立后，加入共和党，并担任参事，在四川《西成报》《公论日报》及《醒群报》发表大量文章，继续反孔"非儒"。但他在成都的处境举步维艰，据其自述，1913年，他在"成都《醒群报》投笔记稿，又由内务部朱启钤电令封禁。故关于'非儒'之作，成都报纸，不甚敢登载"①。因之，他只能将其诗文投向外地报刊。1914年，吴虞向《甲寅》杂志投稿，《甲寅》发表了他的《辛亥杂诗》。1916年，当他读到《新青年》登载的易白沙《孔子平议》一文后，认为找到了"同调"。因此，吴虞立即致信《新青年》主编陈独秀，说："读贵报大论，为之欣然"，并提出"孔子自是当时之伟人，然欲坚持其学以笼罩天下后世，阻碍文化之发展，以扬专制之余焰，则不得不攻击之者，势也"。而陈独秀在给他的复信中，除说明《甲寅》所刊发的吴虞的诗稿即是由他选载以外，又向吴虞约稿："尊著倘全数寄赐，分载《青年》《甲寅》，嘉惠后学，诚盛事也。"②从此以后，吴虞在《新青年》发表了一系列批判孔子及儒家礼教的文章，有力地配合了陈独秀、李大钊等反对旧礼教、旧道德的主张，因而被胡适誉为"四川只手打孔家店的老英雄"③。可以说，吴虞加入新思潮倡导者阵营，完全是出于思想主张的一拍即合④。

如果说吴虞加入《新青年》撰稿者行列，是源于他已有的思想基础，那么，刘半农、钱玄同、蓝公武等人则是从不同的文学流派、学术派别、政治党派与阵营中分化、转变过来，而加入《新青

---

① 《吴虞致陈独秀》，《新青年》第2卷第5号，1917年1月1日，"通信"，第4页。
② 《吴虞致陈独秀》《陈独秀答吴虞》，《新青年》第2卷第5号，"通信"，第3—4页；又参阅《吴虞集》，四川人民出版社1985年版，第385—386页，关于吴虞生平，参该书前言。
③ 胡适：《〈吴虞文录〉序》，欧阳哲生编《胡适文集》第2册，北京大学出版社1998年版，第610页。
④ 吴虞从四川成都一地区性人物上升为全国舞台的人物，与辛亥革命后政治条件的改变和社会思潮的演变密不可分。对此一现象，台湾学者王汎森论之甚详，参阅《中国近代思想与学术的系谱》，第237—255页。

年》撰稿者行列，投身新文化运动的。刘半农（1891—1934），江苏江阴人，早年入常州府中学。民国初年至上海，入开明剧社任编剧。1913年春入中华书局编辑部，其间撰写鸳鸯蝴蝶派风格的小说在《小说界》《小说大观》等刊物上发表，又与人合作编译《福尔摩斯探案集》等书。《新青年》创刊后，因读《新青年》而到该杂志编辑部拜识陈独秀，从此开始为《新青年》撰稿。初期仅翻译、介绍欧洲文学知识，后积极参与文学革命，撰写了《我之文学改良观》《诗与小说精神上之革新》等长篇论文，并尝试写作新诗、随感、杂文，从鸳鸯蝴蝶派转到了新文学阵营[1]。

又如钱玄同（1887—1939），出身于浙江湖州一家书香门第。早年习中国传统经史之学，1905年赴日本留学，后加入同盟会。1908年与黄侃、周树人（鲁迅）、周作人、朱希祖等从章太炎习国学。后又协助章太炎创办《教育今语》杂志，宣传中国古代的文字学、历史学等古典文化[2]。此一时期，他的思想深受章太炎与《国粹学报》的影响，发愿"一志国学，以保持种姓，拥护民德"[3]。而如何振兴"国学"呢？钱玄同主张："师古""复古""存古"。所谓"师古"，就是师法古代"圣王"制作的"精意"；所谓"复古"，就是恢复"后世事物不如古昔者"；所谓"存古"，就是保存

---

① 鲍晶编：《刘半农研究资料》，天津人民出版社1985年版，第69—71页；邹振环：《跳出鸳蝴派的刘半农·五四前后的翻译生涯》，《档案与史学》，1994年第3期。

② 参阅钱玄同《三十年来我对于满清的态度底变迁》，《钱玄同文集》第2卷，第107—115页。

③ 《钱玄同日记》第2卷，1909年1月22日条，福建教育出版社2001年版，第655页。本段及下段的论述参考了杨天石《振兴中国文化的曲折寻求——论辛亥前后至"五四"时期的钱玄同》（1989年）一文，该文收入《从帝制走向共和》，社会科学文献出版社2002年版。

那些因时势不同而"不适宜于今者",以使后人得以"追想其祖宗创造之丰功伟烈"①。从上引文字中不难看出,辛亥革命前,钱玄同的思想具有浓厚的保守倾向。

民国成立后,共和制度确立,但这不仅没有减弱钱玄同"师古""复古"的热情,相反,他认为这是实现理想的好机会。1912年3月,钱玄同出任浙江军政府教育司科员,他在上班时,曾经戴上"云冠",穿上"深衣",系上"大带",企图为民国做出"复古"的表率②。1914年9月,袁世凯举行祭孔仪式,钱玄同虽已在北京高等师范学校和北京大学任教,但他在将袁之仪式与古代典礼比较之后,认为该仪式"斟酌古今,虽未尽善,而较之用欧洲大礼服而犹愈乎"③!他对袁世凯这一举动的政治意图毫无觉察。

从以上所述钱玄同言行中可以看出,他在辛亥革命前后的思想主张,基本上属于以章太炎、刘师培为代表的《国粹学报》派与国粹主义者。

然而,当《新青年》第2卷第5号发表胡适的《文学改良刍议》以后,长期从事语言文字学研究的钱玄同,则以敏锐的眼光发现了该文所蕴含的价值及其重大意义,于是便写信给陈独秀,称对《新青年》发表的胡适改良文艺的主张"极为佩服",并指出,要进行文学革命,就要不怕"选学妖孽""桐城谬种"的攻击和咒骂④。对

---

① 《钱玄同日记》第2卷,1909年9月30日,第811—812页。
② 钱玄同:《三十年来我对于满清的态度底变迁》,《钱玄同文集》第2卷,第116—117页。
③ 《钱玄同日记》第3卷,1914年9月27日,福建教育出版社2001年版,第1352页。
④ 《钱玄同致陈独秀》,《新青年》第2卷第6号,1917年2月1日,"通信",第12页。

此，陈独秀感到深受鼓舞，称他以"声韵训诂学大家，而提倡通俗的新文学"，将会产生难以估量的影响①。果然，从此以后，钱玄同不仅自己多次为《新青年》撰稿，参加该刊编辑工作，而且带动同门鲁迅、周作人、朱希祖、沈兼士等为《新青年》撰稿，使文学革命增加了一股有力的社会支持力量。钱玄同的转变与选择，既反映了他勇于自我否定和追求真理的品格，也说明《新青年》所提倡的伦理革命、文学革命，真正触及了当时中国思想、文化方面存在的问题，代表了近代中国文化发展的总趋势，从而使钱玄同这样一个国粹主义者转变为文学革命的倡导者和推动者。

而蓝公武的转变也极具代表性。蓝公武（1887—1957），早年留学日本，其间追随梁启超，宣传君主立宪主张。1912年回国后，先与黄远庸、张君劢创办《少年中国》周刊，后为梁启超主编《庸言》之撰稿人。1913年7月，当选为参议院议员。在民初政争中，一直追随梁启超，是进步党—研究系的重要骨干之一。从早年的政治背景来说，他与陈独秀分属于不同乃至对立的阵营。

但是，就是这样一位进步党—研究系的骨干分子，在《新青年》第六卷第四号（1919年4月15日）发表了长篇通信（写于1919年2月10日左右）。在这封信中，蓝公武就《新青年》杂志上所讨论的"贞操问题、拼音文字问题"以及"革新家"应采取的正确态度问题，谈了自己的意见与看法，认为《新青年》宣传的自由恋爱、

---

① 《钱玄同致陈独秀》《陈独秀答钱玄同》，《新青年》第2卷第6号，1917年2月1日，"通信"，第12—13页。对钱玄同赞同文学革命主张，加入新文化阵营的作用和影响，胡适曾多次道及。他晚年回忆道，钱玄同此信"为文学革命找到了革命的对象"——"选学妖孽""桐城谬种"。唐德刚译注：《胡适口述自传》，华东师范大学出版社1993年版，第153页。

男女平等、改革家庭制度的思想，与胡适等人提出的文学革命、建立国语文学的主张，都是正确的，他都是赞同的。但对于钱玄同等提出的以世界语代替汉语的主张，则表示反对。他最后宣称："吾辈在今日非与旧思想恶战不可，非将他根本推翻，决不能罢手。"[①]这说明，尽管蓝公武与陈独秀曾经分属于不同的政治派别与阵营，但在《新青年》倡导的新思潮兴起以后，他却积极响应，投入新思潮阵营当中。

实际上，蓝公武赞同文学革命与新思潮，加入《新青年》撰稿人队伍，并不是偶然的。在《新青年》未创刊以前，针对袁世凯统治时期尊孔复古的思潮，蓝公武就在《大中华》发表《辟今日复古之谬》，批判了这种思潮。他指出："盖时代迁移，则古今易辙；文化相接，则优劣立判。居今之世，而欲复古之治，以与近世列强之科学、智识、国家、道德相角逐，是非吾人所大惑不解者耶？"他并且提出了与后来陈独秀批判儒家礼教时非常相似的观点："中国礼教所谓忠孝节义者，无一不与近世国家之文化相背反，……足以为今日进步之阻者。"[②]这说明，在当时他已意识到旧道德、旧礼教的危害与"改良社会道德"的必要性与重要性，但后来又"误于政治活动，从未切实做去"[③]。而《新青年》的工作，则是为中国思想界开路的工作。他起而响应，也就不难理解其中的动因了。

---

① 《蓝志先答胡适书》，《新青年》第6卷第4号，1919年4月15日，"讨论"，第413页（此为第6卷连续页码，《新青年》从第4卷起改为连续页码）。

② 蓝公武：《辟今日复古之谬》，《大中华》第1卷第1期，1915年1月。彭鹏在其博士论文中，也注意到蓝公武此文与新文化运动的关系，参阅彭鹏《研究系与五四新文化运动》，中山大学出版社2003年版，第38—39页。

③ 《蓝志先答胡适书》，《新青年》第6卷第4号，1919年4月15日，"讨论"，第412页。

除钱玄同、吴虞、蓝公武这样的知名学者以外，大批学生或青年知识分子也成为《新青年》的撰稿人，投入新思潮倡导者的队伍。如常乃惪（1898—1947），本是北京高师的学生，因读《新青年》上陈独秀有关孔教问题的论文，而致信陈独秀，与其进行讨论，从此与《新青年》发生联系。他们关于孔教的讨论在"通信"栏刊布后，产生较大影响，常乃惪也由此成为该刊撰稿人①。

　　张崧年（1893—1986），第一次投稿"通信"栏时，为北京大学数学系学生，曾数次投稿"通信"栏，建议《新青年》介绍新书新报，后成为该刊主要撰稿人，1918年11月，与陈独秀、李大钊创办《每周评论》，积极参与和推动五四新文化运动②。

　　陈望道（1891—1977），1915年留学日本，1919年回国后，任浙江省立第一师范学校国文教员，提倡白话文与新思潮，浙江"一师风潮"后赴上海，1920年4月接受陈独秀邀请，参加《新青年》编辑部③。

　　除了上述诸人从《新青年》通信作者转为撰稿人以外，仅在该刊发表过一二封来函的通信作者，也纷纷加入新思潮队伍，开始在自己的周围、行业或领域以力所能及的方式，宣传新思潮，开展新文化运动。在此列举一二：

　　毕云程（1891—1971），当时在商务印书馆做排字工和校对员。他可以说是《新青年》的最早的一位知音。《青年杂志》创刊

---

① 《常乃惪致陈独秀》《陈独秀答常乃惪》，《新青年》第2卷第4号，1916年12月1日，"通信"，第2—7页。
② 张申府：《五四运动的今昔》，《新文学史料》1979年第3期。
③ 《陈望道致〈新青年〉》，《新青年》第6卷第1号，1919年1月15日，"通信"，第1页。

发行后，他就"急购而读之，不禁喜跃如得至宝"，又说，"至于今日，大志五号出版，又急购而读之。……追展读数页，觉语语深入我心，神经感奋，深恨不能化百千万身，为大志介绍"。他认为《青年杂志》是"青年界之明星"，因此，他第一次致信《青年杂志》的目的，就是建议其设法"推广销路"①。此后，他又四次致信《新青年》，讨论青年修养与青年解放问题。后来，他一直从事文化出版工作②。

舒新城（1893—1960），时为湖南高等师范学校英语科学生。他致信《新青年》，建议该刊在青年界提倡社会服务，希望能养成风尚③。毕业后，他在长沙等地中学执教，加入少年中国学会，积极参与新文化运动。

俞颂华（1893—1947），投稿时在日本留学，因不赞同《新青年》批孔的态度，致信该刊进行商榷。1919年回国后，任上海《时事新报》副刊"学灯"主编，并参与《解放与改造》杂志的编辑工作，推动新文化运动在上海地区发展④。

以上论述表明，这些撰稿人和通信作者，分布在全国不同的地区，具有不同的身份与职业，政治背景也不完全一致，但他们在思想上具有大致相同的理念与主张。因此，他们投稿《新青年》，就如何挽救和改造中国这个根本的问题及其方方面面，与《新青年》

---

① 《毕云程致记者》，《新青年》第2卷第1号，1916年9月1日，"通信"，第6页。
② 陈玉堂：《中国近现代名号大辞典》，浙江古籍出版社1993年版，第140页。
③ 《舒新城致记者》，《新青年》第2卷第1号，1916年9月1日，"通信"，第5页。
④ 《俞颂华致陈独秀》，《新青年》第3卷第1号，1917年3月15日，"通信"，第21—22页；钱梅先：《纪念颂华》，葛思恩、俞湘文编《俞颂华文集》，商务印书馆1991年版，第3—12页。

的编辑和其他撰稿人质疑辩难，讨论是非，探索和寻求中国摆脱传统、走向现代的救国方案。由此可见，思想主张上的互相吸引与呼应是新思潮核心力量聚集的最主要动因与途径。

在前面述及的吴虞、刘半农、钱玄同、蓝公武等四个代表性人物之中，吴虞为四川籍，一直活动于离北京、上海较遥远的四川成都；刘半农最初属鸳鸯蝴蝶派文人；钱玄同本是主张保存中国传统文化的国粹主义者；蓝公武在政治上属于进步党－研究系阵营，但《新青年》提出的反孔思想和文学革命主张，提出了当时中国思想、文化方面存在的根本问题——中国文化向何处去、中国民主政治如何走的问题。这一系列重大问题，真正触及了当时中国社会、思想、文化方面存在的困境，解答了知识分子和青年学生的内心困惑，从而吸引他们冲破地域、文派、学派与政治派别的限制，而加入和投身于这场为近代中国探索出路的思想革新运动中来。他们的转变，说明宣传新思潮、开展新文化运动，是当时中国社会现实发展的客观要求，因此，他们的变化与聚集，反映了思想界的群体趋向。钱玄同的转变，不仅带动了同门加入新思潮阵营，而且促发了中国近现代伟大作家鲁迅的诞生。吴虞在向《新青年》投稿之后，即和他的学生孙少荆创办《星期日》与《威克烈周刊》，在成都地区宣传新思潮，开展新文化运动①。蓝公武则从1918年11月改革自己负责的《国民公报》，宣称其宗旨是"顺应世界的潮流，制作新的文字，主张自由的思想"②，大量刊载白话文，宣传介绍欧洲思想。在他和陈博生（渊泉）等人的带动下，研究系于1918年12月恢

---

① 吴虞：《致胡适》，《吴虞集》，第190页。
② 《国民公报》（广告），《新青年》第6卷第4号，1919年4月15日，无页码。

复了曾被北洋政府封禁的《晨报》，并于1919年2月改革，也开始宣传新思潮。《国民公报》与《晨报》的加入，壮大了新文化运动倡导力量的队伍，推动了新文化运动在全国更大范围内的兴起。至于大批的通信作者，处在全国各地的大、中城市，正在各种新式的学堂求学，但袁世凯称帝、张勋复辟等一系列政治事件的刺激，又使他们对社会现实产生强烈不满[1]，而《新青年》这样一份刊物出世之后，随着其发行与流传，在不同的地区销售和传布，它所提出的主张与议题，也在各地游走、传播和运动，从而吸纳这批分处各地、观点各异但都有志于社会改革的思想革新者逐渐汇聚于一刊，为新文化运动在全国主要大中型城市的兴起与发展培育了一批领袖和骨干力量。《新青年》一方面（思想层面）宣传其所倡导的新思潮，一方面（社会层面）又吸纳了各地新一代的知识分子和青年学生，这两方面互相影响、互相促进，在思想交融与社会、文化互动之中，将少数先觉者提倡的"新思潮"，逐渐发展成为一场追随者、参与者众多而影响波及全国的"新文化运动"[2]。

---

[1] 《新青年》的"通信"中，许多读者表示了他们对现实的不满和内心的困惑，此不俱引。

[2] 王奇生《新文化是如何"运动"起来的——以〈新青年〉为视点》一文，指出："《新青年》从一'普通刊物'发展成为'时代号角'，'新文化'由涓涓细流汇成洪波巨浪，实都经历了一个相当的'运动'过程。"（《近代史研究》2007年第1期，第21—22页）此一论点确有见地，惜他将五四之前新文化运动的兴起主要归结为《新青年》的传播策略，则不无偏颇。倘若无全国各地大批青年学生在五四运动之前的呼应与互动，陈独秀与《新青年》即使有多么高超娴熟的传播策略，新文化运动恐怕也不可能"运动"起来，五四运动也不可能波及全国。此一"运动"过程，是全"社会性"的，而非纯粹"思想""政治"或其他单方面的"运动"。

三、结论

在五四新文化运动的兴起中，思想演进与社会变动，二者是互相影响、互相促动的。研究五四新文化运动，必须重视新思潮、新文化倡导者这个社会群体的形成过程、人员构成与特征，以及他们的聚合途径，揭示政治、社会和文化变动与思想演进之间的互动关系，如此才能准确地把握五四新思潮逐渐孕育并发展成"新文化运动"的历史过程[①]。

五四新思潮的核心力量，是以《新青年》杂志为阵地和纽带而结合形成的一批知识分子和青年学生。他们来自不同地区、不同的政治派系与阵营，具有不同的职业身份和教育背景，但他们经由地缘关系、师友同门关系、相同的政治立场以及大体一致的思想主张等几种途径而汇合、聚集到《新青年》周围。聚集的具体途径各个不同，某种因素在每个人身上所起的作用也有大小之差异，许多人的情形可能是多种因素相互交织在一起，共同发生作用与影响。但就新思潮阵营整体来说，在这几种途径中，最初主要是依靠地域、师友等人际关系因缘，而后来则逐渐发展为思想主张的互相影响与吸引，通过思想主张的认同、一致而结合。这说明，《新青年》在倡导新思潮、新文化运动的过程中，它本身也经历了由依赖传统的社会关系向新的社会关系的转变，即由地缘、乡缘、师友等人际因

---

① 从思想演进与政治、社会的互动关系入手，将政治史、社会史与文化史相结合研究五四新文化运动，而不是单纯地就思想论思想，才能使五四新文化运动的研究深入发展。这是业师刘桂生教授在当年给笔者再三申论的指导性意见，笔者学识不足，在本文中尚未能完全贯彻这一思路。

素的结合转向以思想、主张的一致性为基础的结合。《新青年》这一份杂志的转变，与五四前后中国社会、文化的变迁息息相关，由于它提出的反孔主张、文学革命真正触及了当时中国社会、思想、文化演变与发展中的困境与问题，解决了当时人们心中的困惑，故而吸纳了不同学术派别、不同文学流派、不同政治立场的知识分子参与和支持，终于引发了一场"新文化运动"。但这场"新文化运动"，最初依靠的恰是"旧纽带"，它反映了五四新文化运动兴起的复杂性与矛盾性。这是我们在考察五四新文化运动时，首先需要注意的一个问题。

同时，从新思潮核心力量的聚合与分化中，也可以反映出清末民初至五四时期中国思想界的复杂性：原属于同一政治阵营的人，此时却各具不同的思想主张（如陈独秀与国民党人之间）；而原来处于互相对立的政治派别中的人，此一阶段则具有相同或大体一致的思想见解，秉持着同样的思想观念（如蓝公武与陈独秀之间）。这是我们在考察五四新文化运动时，不得不注意并细致区分的另一个问题。

此外，还需注意的是，由于中国近代社会的剧烈变动，在《新青年》的编辑、出版、发行、传播与新文化运动的行进和运动之中，随着它所倡导的一系列思想主张的不断提出和变化，参与新思潮的倡导者也处于不断地分化与重组之中，陆续地有一些人加入进来，也不断地有一些人离开或退出。谢无量、汪叔潜均为《新青年》早期的撰稿人，为陈独秀创办《新青年》提供了有力支持，但当《新青年》倡导"文学革命"和"国民运动"后，他们则离开了《新青年》；马君武则因政治立场的差异而退出了新思潮撰稿人队伍；即使首倡"文学改良"的胡适，与陈独秀一起发动"文学革命"，是五四新思潮的领袖人物，但当李大钊在《新青年》宣传马克思主义以后，他则提出了异议。之所以如此，除了当时的政治、社会原因以外，与新思潮核心力量本身即是由不同的学术派别、政治派别、思想流派以及不同的地缘、人际派别汇聚而成密切相关。换言之，新思潮核心力量本身是一联合阵营，它因地缘、学缘、思想和政治立场的某种一致性而汇聚、结合，但并非一个具有严密组织的政治团体，因之，在五四新文化运动的高潮之后，它的分裂与重组也就是势所必至。我们不必匆忙地做出"进步"或"反动"，"激进"或"保守"的价值判断，而应更深入、细致地探究历史发展演变的曲折性与复杂性，考察每个历史人物及其人生道路的丰富性与多样性，以揭示历史的全貌，做出更加符合历史实际的解释。

（原载《近代史研究》2009年第1期）

《新青年》"通信"栏与五四时期的社会、文化互动①

　　长期以来,《新青年》与五四新文化运动一直是中国近现代思想史、文化史研究的重点, 研究成果众多。但检视以往的研究, 多集中于五四新文化运动中思想内容的探究, 而相对忽略新文化运动发展过程的考察; 多集中于对《新青年》所刊文本之思想的诠释与解读, 而很少具体研究《新青年》作为一份杂志的形态与面貌、功能与反响。鉴于此种研究状况, 本文拟对以往鲜有研究的《新青年》"通信"栏做一初步的探讨, 以期揭示《新青年》倡导之"新思潮"演变、发展为一场"新文化运动"所展现的与以往认知相对不同的面相②。即通过对《新青年》"通信"栏的设置及其讨论的问

①　本文为笔者博士论文《民初进步报刊与五四新思潮》(指导教师: 刘桂生教授, 北京大学, 2000年)的一部分。2007年4月参加香港城市大学组织的"知识分子与报刊"会议, 在会上汇报后, 承两位评论人高力克教授、潘光哲教授及章清教授、余国良教授指教, 谨致谢忱!

②　最近,《近代史研究》刊发的王奇生《新文化是如何"运动"起来的——以〈新青年〉为视点》(2007年第1期)、章清《民初"思想界"解析——报刊媒介与读书人的生活形态》(2007年第3期)等文, 对本文所指出的五四新文化运动研究中的偏向已有所突破。而关于《新青年》"通信"栏, 近年也有李宪瑜:《"公众论坛"与"自己的园地"——〈新青年〉杂志"通信"栏》一文予以专门的讨论, 该文载陈平原、山口守编《大众传媒与现代文学》, 新世界出版社2003年版, 第266—281页。

题和社会反响的考察，探讨"通信"这一近代报刊栏目在形成社会公共舆论、促动五四新思潮传播中所起的作用以及它与民初社会、文化的互动关系；进而揭示在五四新文化运动的兴起与展开过程中，通过《新青年》"通信"栏而结成的以思想、观念认同为基础的新型人际关系，是五四新文化运动得以开展的有力支柱。五四新文化运动成为一场全国性的运动，与以"通信"栏为纽带而结成的全国性的新生社会力量的汇聚、支持密切相关。

一、《新青年》"通信"栏的设置及其演变

《新青年》"通信"栏的设置，不是该刊的首创，而是它对《独立周报》《甲寅》杂志"通讯"栏的继承。事实上，"通信"栏的设置，有一个发展过程。最初一般称之为"投函"，后来又称之为"通讯"，最后则基本上称为"通信"①。

已有学者指出，《新青年》与《甲寅》在思想主张上、人脉关系上具有一定的继承关系②。实际上，如果从刊物的形式上看，《新青年》在刊物的形式即栏目设置上也深受《甲寅》的影响。"二次

---

① "通信"栏在中国近代报刊中的设置，与民初著名政论家章士钊的倡导密切相关。参阅杨琥《章士钊与中国近代报刊通信栏的创设——以〈甲寅〉杂志为核心》，原载《安徽大学学报》2012年第4期，已收入本书。《新青年》最初称"通讯"，后来又称"通信"，当时二者区别不甚明显，本文为方便起见，一般均称之为"通信"。李宪瑜称：《新青年》"甫一创办，即按照当时杂志的惯例，设'通信'一栏，以方便编读间的往来"，此乃为作者未考察"通信"这一栏目在近代报刊中的起源而所作的主观判断，与历史实际具有相当距离。参阅陈平原、山口守编《大众传媒与现代文学》，第266页。

② 参阅岳升阳《移植西方政制的失败与启蒙思想的复苏——新青年的先声〈甲寅〉月刊》，收入刘桂生主编《时代的错位与理论的选择》，清华大学出版社1989年版；陈万雄：《五四新文化的源流》，生活·读书·新知三联书店1997年版。

革命"失败后，陈独秀应章士钊之邀，至东京协助章士钊编辑《甲寅》杂志。《甲寅》"通信"栏目给广大读者提供了一个自由讨论、相互沟通的对话空间，这不仅在读者当中产生了积极的影响，而且对陈独秀也影响甚大。后来，他在创办《新青年》之时，就模仿和吸收了《甲寅》杂志的办刊形式和风格，在栏目设置上多有继承。下面，我们将章士钊主持的《独立周报》《甲寅》和陈独秀创办的《青年杂志》三种刊物的栏目列表，从中可以反映出它们之间的联系与异同。

杂志名称	栏目名称与次序						
	一	二	三	四	五	六	七
《独立周报》	纪事	社论	专论	投函	评论之评论	文苑	杂录
《甲寅》	社论（政论）	时评	评论之评论	通讯	论坛	文录/诗录	丛谈
《青年杂志》	社论（政论）	文学	专论	1. 国外大事记 2. 国内大事记	通信	世界说苑	读者论坛

从上表可以清楚地看出，《新青年》的栏目设置，吸收了《独立周报》和《甲寅》杂志两刊之长，它既采纳了《独立周报》上"纪事"栏的形式，设置了"国内、外大事记"栏，又继承了《甲寅》杂志的"通讯""论坛"的优点，同样设置了"通信""读者论坛"栏，而在"社论"中，《甲寅》杂志首先是讨论政治问题，其次是经济、社会、伦理等问题，《新青年》也如此，首先是思想、政论文章，其次则是哲学、伦理及其他社会问题的探讨。如果撇开

内容的变化不谈，仅就形式而言，《青年杂志》几乎就是《甲寅》杂志的翻版①。

《新青年》的"通信"栏，从第1卷第1号开始设置，直到第9卷终刊，几乎每期都有。兹将1至9卷中每一卷通信文章的篇数列表如下②：

卷期	V1	V2	V3	V4	V5	V6	V7	V8	V9	合计
篇数（篇）	15	39	40	17	28	27	8	18	2	194
篇幅（页）	15	55	106	70	121	84	16	31	10	508
在该卷所占百分比（%）	4	15	29	11	20	12	2.7	5	1	

从上表可以看出，"通信"栏也有一个发展演变的过程：在第1卷初设之始，投函者尚不多见，每期仅有一两封；从第2卷开始，逐渐引起读者注意，投函、投稿者开始增多，由于《新青年》所提出、讨论的问题具有鲜明的现实针对性和代表性，引起了远在四川的吴虞和北京的钱玄同的共鸣，他们分别在第2卷第5号、6号投函"通信"栏；从第3卷起，《新青年》北迁，加之它在全国影响的日渐扩大，投函者也增多，投函多且长，"通信"栏的篇幅和分量也都大大扩充，在每期100页的篇幅中，"通信"栏的篇幅一般约占百分

---

① 当然，《新青年》的栏目设置，后来随着编辑队伍的壮大和思想内容的变化，有所调整，例如从第4卷第1号起，即取消了"国内、国外大事记"栏目，从第4卷第4号起又增设了"随感录"一栏。此处仅就其初创时期而言。

② 为了说明《新青年》"通信"栏的发展、变化以及讨论问题的广泛性，笔者曾将其第1至9卷的全部通信列表分析，但限于篇幅，本文略去。

之十左右，有些卷、期中高达百分之二十以上，这种状况一直延续到第6卷结束；从第7卷开始，《新青年》从综合性的思想评论刊物向专门宣传马克思主义思想的政论刊物过渡，通信逐渐减少。

在《新青年》1—9卷中，通信栏所刊发的来信共194封（基本上每封必复，有些来信甚至由两三位编者答复，实际上是400多封）。在这些编、读往来的通信中，讨论了众多话题，归纳起来，有以下几个方面：青年问题、《新青年》宗旨、文学革命、孔教、汉字改革、世界语、中国戏剧改革、时政评论、社会主义以及对《新青年》的一些建议等。由于"通信"中讨论的话题众多，本文不拟一一讨论，以下将简略分析"通信"栏所刊发的部分讨论话题及其在当时所发挥的重大社会功能与历史作用。

二、"通信"栏的讨论话题与编者、读者之间的思想互动

《新青年》设置的"通信"栏，从形式上看，仅仅是一个新栏目的设置，但实际上，在当时特定的历史条件下，这一栏目的设置，为《新青年》的编者、作者们传播民主主义思想，提倡文学革命，批判儒家礼教，提供了一个与读者自由对话、自由讨论的论坛，并发挥了重要的社会功能，引起了广泛的社会反响。换言之，"通信"栏设置的首要功能，就在于促进了编者与读者之间的思想交流，推动了民初社会公共舆论的形成。

"通信"栏的设置，沟通了编者与读者之间的联系，促进了他们之间思想、主张的交流与互动，使个别的报刊舆论转变为一般的公众舆论。中国古代社会，是皇权专制社会，除了官办的邸报

以外，不存在民间办报的可能。甲午战争以后，维新思潮兴起，维新派所办《中外纪闻》与《强学报》先后刊行，中国始有民办报刊①。二十世纪初年，资产阶级立宪派梁启超创办了《清议报》《新民丛报》，资产阶级革命党人创办了《民报》，他们或介绍西方社会、政治、哲学、法律学说，或宣传民主革命思想，在当时产生了相当大的社会影响。但是，如果从公共舆论形成的角度看，这些刊物一定程度上是反映了公共舆论，但更多地则是反映了资产阶级各个政派的利益。民国成立后，政党、派别林立，所办报纸数量激增，据研究者统计，全国达五百多家②，刊物也迅速增多。但是，从办报形式与风格而言，这些报刊的撰稿人基本上是他们本社的编辑，其立说、撰稿基本上是表达作者自己的观点和看法，可以说是自说自话，与该报刊的阅读者即受众几乎没有联系（当然不否认读者仍受其影响和引导）。这样，编者自说自话，读者自我选择，编者（立说者）与读者（受众）二者之间实际上存在着相当程度的疏离。而《新青年》设置的"通信"栏，既为读者提供了一个可以自由发表言论的论坛，又为编者了解读者关心的问题、答复读者的疑问和反复阐发本人的主张、观点，提供了一个机会和平台。于是，编者与读者之间，一方提出其主张观点，一方则反馈其读后的反应；反之，读者对于社会现象或学说理论提出疑问，编者或其他读者则予以回答和评论。这样，在立说者与接受者之间，编者与读者之间形成了思想、论题的互动，反映了中国近代公共舆论的初步形成。

---

① 戈公振：《中国报学史》，中国新闻出版社1985年版，第21、95页。
② 戈公振：《中国报学史》，第149、153—154页。

这种思想、论题的互动，在《新青年》上主要表现在以下两个方面：

第一，编者（撰稿人，立说者）的主张、观点，在读者（受众）中引起反响（赞同、质疑、批评、驳难），而读者的意见反馈于编者（立说者），从而使编者或某一读者单方面的思想观点（话语）成为众多读者共同参与讨论的话题。"通信"栏关于青年问题、《新青年》宗旨的讨论，就是这种情况。

《新青年》创刊之始，主编陈独秀即在《敬告青年》一文中提出了关于"新青年"的六条准则："自主的而非奴隶的""进步的而非保守的""进取的而非退隐的""世界的而非锁国的""实利的而非虚文的""科学的而非想象的"，号召和呼吁青年的"自觉"与"奋飞"①。这显示了陈独秀创办《青年》杂志的目的与宗旨。为此，它明确宣布，《青年杂志》专门设立一"通信"栏目，主要为青年读者提供园地："本志特辟通讯一门，以为质析疑难、发抒意见之用。凡青年诸君对于物情学理，有所怀疑或有所阐发，皆可直缄惠示，本志当尽其所知，用以奉答，庶可启发新思，增益神志。"②

《新青年》主编的这种主张和用心，受到青年读者的理解和欢迎。从第1卷第2号读者李平敬的通信开始，《新青年》第1、2卷的通信中，有关青年问题包括求学、修身、早婚等各类问题的讨论非常多。最初，为求学而投函的青年学生较多，如安徽学生章文治希望推荐上海有水平的学校，主编陈独秀介绍了同济学校（德）、约

---

① 陈独秀：《敬告青年》，《青年杂志》第1卷第1号，1915年9月15日。
② 《社告》，《青年杂志》第1卷第1号。

翰书院（美）、震旦学院（法）^①；上海法文专修学校学生李平询问上海教法文的学校，并且盼望看到克鲁泡特金《互助论》、南迻博士《人学》的内容，陈独秀介绍了上海法文学校，比较分析了达尔文进化论与克鲁泡特金互助论，认为"人类进化，竞争与互助，二者不可缺一"^②；天津学生吴勤要求推荐逻辑学译著，主编推荐了三部著作^③。此外，还有读者沈伟、何世侠、沈慎乃等希望介绍和推荐学习哲学、普通话、武术的专门学校或著作，对于这些读者来信，主编根据实际情况，一一做了回答。不仅如此，主编还根据读者的来信，针对读者关心的问题，有意识地组织稿件，如有一位读者"穗"，在第1卷第4号来信，称欲习拳术，希望推荐良师，陈独秀在当期简略介绍了霍元甲所创精武体育会，第5号又专门刊载了萧汝霖介绍霍元甲及精武体育会的文章。

除求学之外，青年修养与身心健康也是青年学子关注的内容，如有位读者"暹辉"，询问个人卫生及异族结婚等问题。主编陈独秀提出异族异姓结婚，为人种进化之因^④。上海读者莫芙卿，早年家贫失学，16岁至沪习商业，已达10年，来信讨论早婚之弊。对此，主编陈独秀提出，宜提倡独身主义，禁止恶劣分子结婚的极端主张^⑤。不久，在浙江萧山的读者孔昭铭，针对此一问题来信，在信中，他分析了欧洲独身主义流行之原因，认为中国欲禁止早婚，

---

① 《青年杂志》第1卷第1号"通信"，章文治来信，陈独秀复信，1915年9月15日。
② 《青年杂志》第1卷第2号"通信"，李平来信，陈独秀复信，1915年10月15日。
③ 《青年杂志》第1卷第2号"通信"，吴勤来信，陈独秀复信。
④ 《青年杂志》第1卷第6号"通信"，暹辉来信，陈独秀复信，1916年2月15日。
⑤ 《新青年》第2卷第3号"通信"，莫芙卿来信，陈独秀复信，1916年11月1日。

必须先打破根深蒂固的家族制度。针对这位读者的分析，陈独秀进一步指出，家族主义源于"儒教孔道祀祖孝亲主义"，而"儒教孔道不大破坏，中国一切政治、道德、伦理、社会、风俗、学术、思想，均无有救治之法"①。这样，通过与读者的对话和讨论，主编就将问题引向更深入一层的讨论。

关于《新青年》的宗旨，读者也积极参与讨论。在《青年杂志》创办之初，正是袁世凯积极筹备称帝之时，为此，陈独秀的朋友王庸工致信《青年杂志》，建议《青年杂志》应对杨度等人发起筹安会、讨论国体问题的活动予以揭露和批评，而在答王庸工的信中，主编陈独秀则声称"改造青年之思想，辅导青年之修养，为本志之天职"，而"批评时政，非其旨也"②。《青年杂志》的目的是要唤醒青年，使国民思想具有根本之觉悟。这个回答，一方面表明了主编的立场与《青年杂志》的主旨，但另一方面，《青年杂志》应否"批评时政"的主张，也引起了读者的争议。

首先是陈独秀的朋友、民初国会议员汪叔潜就陈独秀《答王庸工》《一九一六年》等文关于政党政治的看法提出商榷。汪叔潜认为，中国唯一之希望在政党，政党政治优于官僚政治，而国人政党观念薄弱，因此，《青年杂志》应努力倡导政党政治的观念，而不应认为政党政治已过时而抛弃之。显然，对于《青年杂志》不"批评时政"和否定政党政治，他是不赞同的。对此，主编陈独秀接受了部分批评意见，同时，他又进一步阐发了其以前的观点，指出"近世国家，无不建筑于多数国民总意之上"，立宪政治必须与多

---

① 《新青年》第2卷第5号"通信"，孔昭铭来信，陈独秀复信，1917年1月1日。
② 《青年杂志》第1卷第1号"通信"，王庸工来信，陈独秀复信，1915年9月15日。

数国民生出交涉，否则，即使优秀政党掌握政权，也不能称为立宪政治。因此，国人根本之觉悟，则在于由政党政治进于国民政治。而《新青年》的宗旨，"以教育青年为的"，教育青年的目的则在于"根本之觉悟"，即为实现国民政治奠定思想基础①。

正因为作为主编的陈独秀，在《新青年》上一再阐发该刊不"批评时政"的主张，因此，当1917年3月，陈独秀在《新青年》发表针对时局的评论《对德外交》一文后，读者李亨嘉立即致信《新青年》，表示不赞成陈独秀《对德外交》一文的主张。对此，陈独秀指出"对德宣战"旨在表明反对强权，《新青年》宗旨，"重在反抗舆论"②。

由上述例子可以看出，陈独秀尽管一再地阐发《新青年》不"批评时政"的宗旨，但实际上，《新青年》并未能完全做到这一点。作为主编的陈独秀，宣称的姿态和其实际的做法有相当的距离。对此，当时的读者其实是非常清楚的，《新青年》第3卷第5号刊载的一篇通信即说明了这一点。苏州青年顾克刚，从《新青年》创刊就阅读它，此时，第二次致信《新青年》，专门讨论《新青年》的宗旨。他认为，《新青年》一卷重学说，二、三卷重时事。而"述学说者，根本之图也；评时事者，逐末之举也"。而《新青年》宗旨本在改造青年思想、辅导青年修养，以冀国民思想根本之觉悟。但其二、三卷则违背了原定宗旨，故建议以后少谈时事："当以纯正之学说巩固其基础，不当参以时政，乱其思想也。"这封来信虽短，但提出的批评很尖锐，为此，主编陈独秀不得不明确地为

---

① 《新青年》第2卷第1号"通信"，汪叔潜来信，陈独秀复信，1916年9月1日。
② 《新青年》第3卷第3号"通信"，李亨嘉来信，陈独秀复信，1917年5月1日。

《新青年》"批评时政"的作为辩护，宣称："本志主旨，固不在批评时政，青年修养，亦不在讨论政治，然有关国命存亡之大政，安忍默不一言？""若夫博学不能致用，漠视实际上生活之凉血动物，乃中国旧式之书生，非二十世纪之新青年也。"①《新青年》主编始终在"批评时政"与"启迪青年"之间徘徊，而读者的反应也是在思想与政治两极之间摇摆。直到1919年五四运动爆发后，随着中国当时社会、政治现实的急剧变化，《新青年》转向宣传马克思主义的政治理论刊物，而《新青年》所启迪的一代青年则在参与实际政治与从事学术教育活动之间终于做出了各自的抉择。

第二，读者来信提出的问题，引起编者或其他读者的关注，由此引发对一批重要问题的讨论。

1. 文学革命问题。此一问题首先是在"通信"栏提出的。

早在1915年10月，著名记者黄远庸在致《甲寅》主编章士钊的通信中，即提出了"提倡新文学"，以使"现代思潮""与一般之人生出交涉"的主张，但此一建议为章士钊所否定②，因之，该问题未能在《甲寅》上展开讨论。而《青年杂志》创刊不久，读者张永言就在来信中询问："贵杂志第三号'欧洲文艺'，谓今日乃自然主义最盛时代，且历举古典主义等用相比较。仆意我国数千年文学屡有变迁，不知于此四主义中已居其几？而今后之自然主义，当以何法提倡之？贵杂志亦有意提倡此种主义否？"③这实际上是提出了中国文学如何改革的问题。但对于这一问题，陈独秀在复信中，并没

---

① 《新青年》第3卷第5号"通信"，顾克刚来信，陈独秀复信，1917年7月1日。
② 《甲寅》第1卷第10号"通讯"，黄远庸来信，章士钊复信，1915年10月。
③ 《青年杂志》第1卷第4号"通信"，张永言来信，1915年12月15日。

有提出如何改革的切实办法，而只是笼统地说："吾国文艺，……今后当趋向写实主义。文章以记事为重，绘画以写生为重。"①到第1卷第6号，这位读者再一次提出有关文艺的问题，询问文艺上古典主义与理想主义、写实主义与自然主义的区别，但陈独秀仍未能提出具体的主张②。由这位读者迫切的询问可见，"文学革命"是青年读者心目中极为关心的问题，而作为主编的陈独秀，也尚不知从何入手改革，他在给胡适的信中，表达了与读者同样的困境："文学改革，为吾国目前切要之事。此非戏言，更非空言，如何如何？《青年》文艺栏意在改革文艺，而实无办法。"③

而此时，远在美国的胡适恰恰也在思考着同一问题，即探讨文体改革与文学改革的问题④。1916年10月，胡适在给主编陈独秀的通信中提出了他的"八不主张"，陈独秀将该信在《新青年》第2卷第2号"通信"中刊布。胡适在这封来信中说，文学改革"须从八事入手"，这八事是：一、不用典，二、不用陈套语，三、不讲对仗，四、不避俗字俗语，五、须讲求文法之结构，六、不作无病之呻吟，七、不摹仿古人，语语须有个我在，八、须言之有物；前五项为"形式上之革命"，后三项则为"精神上之革命"。胡适的这八不主张，对于编者陈独秀而言，不啻是拨云见日，因而他誉之为"今日中国文界之雷音"⑤，并建议胡适尽快再做一篇论文，对

① 《青年杂志》第1卷第4号"通信"，陈独秀答张永言，1915年12月15日。
② 《青年杂志》第1卷第6号"通信"，张永言来信，陈独秀复信，1916年2月15日。
③ 陈独秀：《答胡适之》（1916年10月5日），《胡适来往书信选》（上），中华书局1979年版，第5页。
④ 胡适：《逼上梁山》，沈寂编《胡适学术文集·新文学运动》，中华书局1993年版。
⑤ 《新青年》第2卷第2号"通信"，胡适来信，陈独秀复信，1916年10月1日。

此问题做一系统全面的阐述。不久，胡适即撰成《文学改良刍议》一文，发表于《新青年》第2卷第5号（1917年1月1日），而胡适此文的发表，又引起一直从事汉语语言文字研究的钱玄同的迅即响应，他以渊博深厚的学养和敏锐的眼光，从胡适的"八不主义"中提纲挈领地提出其核心是"白话体文学说"，从而把胡适《文学改良刍议》的一个局部观点提升到统帅"八大主义"的基本理论的地位[1]。与此同时，陈独秀也撰写了《文学革命论》一文，对胡适文学革命的主张做出了积极的响应和进一步的阐明，态度也更为坚决[2]。不久，读者陈丹崖、张护兰、曾毅、李濂镗、沈藻墀、李锡余、俞慧殊、盛兆熊、张效敏、查钊忠、彝铭氏、周祜等纷纷来信，表示赞成"文学革命"主张或提出商榷意见，钱玄同的朋友沈兼士、邓萃英，胡适的朋友朱经（朱经农）、朱我农、任鸿隽、张耘（张奚若）、傅彦长等也加入了这一问题的讨论[3]。文学革命成为《新青年》讨论最热烈的话题之一。

文学是一定社会思潮的反映，同时也是表现、传播某种思潮的重要方式之一，尤其是在清末民初的中国，文学更是承载了鼓吹革命、发动民众、启蒙民智的重任。民初民主共和的失败，使大批青年知识分子和学生陷入了彷徨、苦闷之中，而运用文艺启蒙青年，也正是一批先觉者在此时形成的新认识。因此，胡适"文学革命"的主张一经提出，就产生了一呼百应的效果。

---

① 钱玄同在信中称胡适此文中，"其斥骈文不通之句及主张白话体文学说，最精辟"。《新青年》第2卷第6号"通信"，1917年2月1日；又参阅沈永宝《论钱玄同的"白话体文学说"》，《复旦学报》，2000年第3期。
② 陈独秀：《文学革命论》，刊于《新青年》第2卷第6号，1917年2月1日。
③ 参阅《新青年》第3—7卷"通信"栏中上述诸人的通信。

2. "世界语"与"汉字改革"问题。

这个问题也是在"通信"栏提出并展开争论的。在1916年11月《新青年》复刊不久，读者T.M.Cheng致信《新青年》，询问学习世界语之利弊：

> 记者足下：近来世界主义大昌，于是世界语之声浪，广布五洲，竟为今日世界注目之物，何其盛也。窃世界语为人造字，系柴孟霍夫博士Dr. Zamenhof所发明，原名为Esperanto，译即希望之意，希望世界大同，人类感情藉此得以融洽也；文言一致，人类智识藉此得以贯通也。夫世界语之文法整齐，亦简单易学。反对者旋以为不能示高深之学术，斥为无用之学。其说然乎否耶。质鲁如余，岂敢定判。……质诸足下，以为然否。①

对于这封来信，主编陈独秀回复道："世界语为今日人类必要之事，惟以习惯未成，未能应用于华美无用之文学，而于质朴之科学，未必不能达其意也。"②很快，这位读者再次来信，对世界语"文法既整齐亦简单易学，而学习者寥若晨星"的矛盾现象表示不解，并转述其友人的看法，认为"世界语之文法与法兰西文大同小异，习世界语，宁习法文。盖法兰西为世界文明之邦，而书籍尤富。不若世界语书籍寥寥无几也"。而且"世界语虽学习而精通，亦不能实用，有何益哉"。对此一疑问，陈独秀的回答是"赞同尊

---

① 《新青年》第2卷第3号"通信"，T. M. Cheng来信，1916年11月1日。
② 《新青年》第2卷第3号"通信"，陈独秀答T. M. Cheng。

友之意"。即"暂置世界语而习法文"①。这个回答，结论是作了，但疑问并未解决。不久，就有读者对主编陈独秀的答复本身进行质疑，而这位读者不是别人，正是已响应陈独秀、胡适"文学革命"主张的钱玄同。

对于陈独秀认为"世界语"不能"应用于华美无用之文学"的主张，钱玄同的来信开门见山，明确提出他的异议：

> 独秀先生鉴：前阅《新青年》二卷三号通信门，先生答T. M. Cheng君语……先生认为世界语为"人类必要之事业"，此说弟极表同情。至云未能应用于文学，恐非确论。

钱玄同认为，"文学之真价值，本在内容，不在形式"，因此，运用世界语"纂译文学，亦只须视其内容之价值如何，而形式华美与否，则全无齿及之必要"。在这封长篇通信中，钱玄同回顾了近代中国人介绍和学习世界语的历程，分析和比较了世界语的种种优点，指出使用世界语是人类社会进化的必然趋势："夫世界进化，已至二十世纪，其去大同开幕之日已不远。此等世界主义之事业，幸而有人创造，应如何竭力提倡，顾反抑遏之不遗余力，岂非怪事？"而且，"异日欧战告终，世界主义大昌，则此语必有长足之进步无疑"，"世界语为将来人类公用之语言"，因此，他主张"中国人虽孱弱，亦世界上之人类，对于提倡此等事业，自可当仁不让"。具体的做法是，从高等小学起即设"世界语"一科，而且，外国人

---

① 《新青年》第2卷第5号"通信"，T. M. Cheng来信，陈独秀复信，1917年1月1日。

名、地名及学术专门名词均可用世界语表示，以推广世界语①。

面对钱玄同的反驳，主编陈独秀不但不再坚持自己的观点，转而表示，对于钱玄同的主张"极端赞成"，并认为"吾国教育界世界语果能一致行此新理想，当使欧美人震惊失措"②。

然而，世界语将来真的是"人类公用之语言"吗？同为《新青年》撰稿人、时任北京大学社会学教授的陶孟和（履恭），则来信提出了截然不同的看法，与钱玄同、陈独秀商榷：

> 独秀先生鉴：近年以来，沪上颇有以世界语号召国人者。读《新青年》之主张，及新闻之所报道，青年学子，颇有风向之势。最近蔡子民先生返国，提倡斯语，既不遗余力。而钱玄同先生，辩护世界语之功用，预测世界语之将来，尤属言之成理（见《新青年》第三卷第四号通信栏中），其能辟吾国文士之旧思想，钦佩无似。履恭不敏，对于世界语，夙抱怀疑之观。犹忆壬子之夏，与怀中同游巴黎，遇国人某君，与共辩驳世界语之无用，某君卒无以应，怀中当或忆之。今请更以曩日所持之理，以质诸钱玄同先生，足下其许之乎？

陶孟和指出，判断世界语的价值，须从三个方面考察："（一）自理论之言语学之方面观；（二）自民族心理之方面观；（三）自世界语之功用方面观。"首先，如果从语言学角度考察，"世界语之单语，袭取欧洲各国成语，漫无秩序。而文法之构成，若宾格

---

① 《新青年》第3卷第4号"通信"，钱玄同来信，1917年6月1日。
② 《新青年》第3卷第4号"通信"，陈独秀答钱玄同，1917年6月1日。

Accusativecase之存在，皆言语学者所视为最不完全之点。……尤为学者所不取"。其次，语言是民族特性的载体，最能代表人类各个民族的民族特性："夫一种之言语，乃一种民族所藉以发表心理传达心理之具也。故一民族有一民族之言语，而其言语之形式内容各不相同，语法有异，而所函括之思想观念亦复不齐。盖各民族之言语，乃天然之言语，各有其自然嬗变之历史，故言语乃最能表示民族之特质者也。"再次，世界语是"人造的国际语"，世界语"既无永久之历史，又乏民族之精神，惟攘取欧洲大国之单语，律以人造之文法"。这种人造语言，是否能代替各个民族的民族语言"保存思想，传达思想"，是大可怀疑的，何况世界语"所采用之单语，以英、法、德、意之语为多，若瑞典、挪威半岛之单语，采用极稀。若夫东洋之文字，更全不在世界语之内。吾族民数之巨，吾国文学之丰富，奈何于所谓世界语，反无丝毫之位置耶"？他认为"世界语"这个名词，名实不符，而"一国民之思想感情，必非可以人造的无国民性的生硬之语言发表而传达之也"[1]。

而且，在陶孟和看来，人类"将来之世界，必趋于大同，则无可疑"，但是，世界语与其密切相关的世界主义观念，并不是一回事："世界主义是一事，而世界语又是一事，二者未必为同问题。有世界语未必即可谓世界主义之实现也，世人不察，以世界语为促进世界主义之实现者，误矣。"他指出，将来的世界趋于大同，但这种大同是"利益相同而已"，究其实质，是民族多样性的统一，而非同一模式的统一："世界之前途乃不同之统一（Unity in-diversity），

---

① 《新青年》第3卷第6号"通信"，陶履恭致陈独秀，1917年8月1日。

而非一致之统一（Unity in-uniformity）也。”因此，“国民性不可剪除，国语不能废弃”。他的结论是，世界语是一种语言的专制：“吾以为世界语之观念，亦犹孔子专制之观念，欲罢黜百家也。”[1]

一石激起千层浪，陶孟和否定世界语的态度和观点，在当时事事"尊西"、渴望融入世界的知识分子中，引起了强烈的反弹。在同一期《新青年》上，主编陈独秀的复信即对陶孟和的观点提出了反驳。他指出，他和陶孟和的不同在于：一、“足下谓世界语为无民族之语言，仆则谓世界语为人类之语言”；二、“足下轻视世界语之最大理由，谓其为人造的而非历史的也；仆则以为重历史的遗物，而轻人造的理想，是进化之障也。语言其一端耳”。[2]紧接着，陶孟和批评的主要对象钱玄同又来信，一面为自己的论点辩护，一面反驳陶孟和的观点[3]。

与此同时，在北京大学讲授世界语的教师孙国璋致信《新青年》，专门论Esperanto（世界语）的问题，对《新青年》以前所发表钱玄同、陈独秀、陶孟和等关于世界语的观点，一一进行了分析和评论，并表示他反对陶之观点，赞同钱、陈之主张[4]。此后，除了陈独秀、钱玄同、陶孟和、孙国璋外，无政府主义者区声白、胡大月、黄凌霜，留美学生朱我农、任鸿隽以及胡适、李濂堂、姚寄

---

① 《新青年》第3卷第6号"通信"，陶履恭致陈独秀，1917年8月1日。
② 《新青年》第3卷第6号"通信"，陈独秀答陶履恭，1917年8月1日。
③ 《新青年》第4卷第2号"通信"，钱玄同答陶履恭，1918年2月15日。钱玄同在收到《新青年》第3卷第6号后，即在日记中写下了对陶孟和来信的初步评论，参阅钱玄同日记1917年10月1日条，《钱玄同日记》第3卷，福建教育出版社2001年版，第1610页。
④ 《新青年》第4卷第4号"通信"，孙国璋《论Esperanto》，1918年4月15日。

人、周祜等人，都卷进了这场关于世界语的讨论中①。

与世界语的讨论相联系，在讨论过程中，钱玄同提出了"废汉字"的极端主张②，朱我农提出了以罗马字拼法改革汉字的主张③，这样，就将问题又引导向一个新的方向——关于"汉字改革"问题的讨论。

就这样，《新青年》编者既回答读者的疑问，又将两种对立的观点载于一刊，分别介绍给其他读者。这种由读者来信提出疑问，编者予以解答或评论的做法，促进了编者与读者双方之间观点、主张、思想、论题的沟通，而其他读者的参与讨论，则将一个个体心中的困惑转变为公众讨论的话题，由此形成了编者与读者、读者与读者（立说者与接受者）之间思想的互相促动、互相提高，而讨论的问题也越来越向纵深发展。

从以上所述，可以看出，"通信"栏及"通信"这一形式，沟通了编者与读者之间的联系，促进了双方之间的思想互动。而编者与读者、读者与读者之间所关注的焦点和讨论的问题，并非以往舆论界所关注的政治革命、国会选举、宪法起草等政治性话语，相反，他们所讨论的，无论是产生广泛影响的"文学革命""世界语与汉字改革"等重大问题，还是未能引起持续讨论的"逻辑学习""武术学习"等专业性较强的问题，都表明舆论界关注的核心是社会、文化、学术等问题。这既反映了民初思想演进与政治、社会变迁之间的互动关系，也反映了民初舆论从政治性话语体系向社

---

① 参阅《新青年》第4—7卷"通信"中上述诸人相关通信。
② 《新青年》第4卷第3号"通信"，钱玄同《中国今后之文字问题（致陈独秀）》，1918年3月15日。
③ 《新青年》第5卷第4号"通信"，朱我农《致胡适》，1918年10月15日。

会性话语体系的转变，反映了中国近代公共舆论的初步形成。

三、"通信"栏编、读之间的人际互动与
新文化运动倡导力量的汇聚
——从通信作者到撰稿人

　　《新青年》设置的"通信"栏，不仅促进了编者与读者、读者与读者之间思想上的交流与互动，而且，也加强了编者与读者之间的社会人际联系。可以说，"通信"栏的一个重要的社会功能，就在于它促进了编者与读者之间的人际互动。通过《新青年》的"通信"栏，一批杰出有为的读者（包括青年学生、知识分子和思想家）登上了政治舞台：他们最初是《新青年》的读者，然后投函于这个杂志的"通信"栏，从一般读者转化为通信作者，最后又为《新青年》直接撰稿，逐渐上升成为《新青年》或其他报刊的撰稿人。

　　如同《甲寅》"通信"栏推出了陈独秀、李大钊、高一涵、胡适，从而为《新青年》准备了一批重要撰稿人一样[1]，《新青年》的"通信"栏也发现和吸纳了一批杰出人物，使他们从通信作者上

――――――――――

[1]　陈独秀、李大钊、高一涵、胡适等《新青年》的主要撰稿人，都是通过《甲寅》的"通信"栏而登上历史舞台的。其中，陈独秀在辛亥前已是苏皖一带革命的组织者和领导者，但他在革命党人系统，仍处于孙中山、黄兴的追随者之列，而在《甲寅》上，他最初刊布了《生机》（"通讯"栏），后又发表了《爱国心与自觉心》，从而在全国产生了　定影响。离丌《甲寅》后，他创办《新青年》，开始独立地领导起一场新的思想革新运动。正是在《甲寅》时期，他受到章士钊思想的深刻影响，经过自己痛苦的反思，毅然决然地脱离了孙中山、黄兴革命党人系统。李大钊、高一涵此时均是留日学生，他们是在向《甲寅》"通信"栏投稿的过程中，与章士钊结识，由此首先成为《甲寅》撰稿人，尔后又成为《新青年》的撰稿人。胡适此时尚在美国留学，也是首先在《甲寅》刊发了《非留学》的通信。

升为该刊的撰稿人，他们是吴虞、钱玄同、常乃惪、张崧年、俞颂华、陈望道、蔡和森等。他们最初均是投稿于《新青年》的"通信"栏，赞同、支持该刊的反孔思想、文学革命或其他主张，然后则迅即步入该刊的主要撰稿人行列中。

在此，以吴虞为例。吴虞（1872—1949），字又陵，四川新繁人。早年习中国传统的经史之学，1905年赴日本留学，入法政大学速成科。留日期间产生了"非儒"思想。1907年从日本回国，在成都教书。1911年因发表反孔"非儒"及家族制度的言论，曾被四川总督下令缉捕。民国成立后，继续反孔"非儒"。1913年，他在"成都《醒群报》投笔记稿，又由内务部朱启钤电令封禁。故关于'非儒'之作，成都报纸，不甚敢登载"[1]。1916年，当他读到《新青年》登载的易白沙《孔子平议》一文后，认为找到了"同调"。因此，他写信给陈独秀说："读贵报大论，为之欣然"，并提出"孔子自是当时之伟人，然欲坚持其学以笼罩天下后世，阻碍文化之发展，以扬专制之余焰，则不得不攻击之者，势也"。而陈独秀在给他的复信中，除说明《甲寅》所刊吴虞诗即是由他选载以外，又向吴虞约稿："尊著倘全数寄赐，分载《青年》《甲寅》，嘉惠后学，诚盛事也。"[2]从此以后，吴虞在《新青年》刊发了一系列批判孔子及儒家礼教的文章，有力地配合了陈独秀、李大钊等反对旧礼教、旧道德的主张，因而被胡适尊称为"四川只手打孔家店的

---

[1] 《新青年》第2卷第5号"通信"，吴虞来信，1917年1月1日。

[2] 以上引文均见《新青年》第2卷第5号"通信"栏，吴虞致陈独秀的信及陈的复信；又参阅《吴虞集》，四川人民出版社1985年版，第385—386页，关于吴虞生平，参该书前言。

老英雄"①。可以说，吴虞加入新思潮倡导者阵营，完全是出于思想主张上的一拍即合。

如果说吴虞加入《新青年》撰稿者行列，是源于他已有的思想基础，那么，钱玄同等人则是从不同的学术派别、政治党派与阵营中分化、转变过来，而加入《新青年》撰稿者行列，投身新文化运动的。钱玄同（1887—1939），出身于浙江湖州一家书香门第。早年习中国传统经史之学，1905年赴日本留学，后加入同盟会。1908年与黄侃、周树人（鲁迅）、周作人、朱希祖等从章太炎学习国学。后又协助章太炎创办《教育今语》杂志，宣传中国古代的文字学、历史学等古典文化②。此一时期，他的思想深受章太炎与《国粹学报》的影响，发愿"一志国学，以保持种姓，拥护民德"③。可以说，钱玄同在辛亥革命前后的思想主张，基本上属于以章太炎、刘师培为代表的《国粹学报》派与国粹主义者。

然而，当《新青年》第二卷第五号发表胡适的《文学改良刍议》以后，钱玄同则以敏锐的眼光发现了该文所蕴含的价值及其重大意义，于是便写信给陈独秀，称对《新青年》发表的胡适改良文艺的主张"极为佩服"，并指出，要进行文学革命，就要不怕"选学妖孽""桐城谬种"的攻击和咒骂。对此，陈独秀感到深受鼓舞。陈独秀称他以"声韵训诂学大家，而提倡通俗的新文学"，

① 胡适：《〈吴虞文录〉序》，载《吴虞文录》，亚东图书馆，1921年。
② 本段的论述参考了杨天石：《振兴中国文化的曲折寻求——论辛亥前后至"五四"时期的钱玄同》一文，该文收入氏著《从帝制走向共和》，社会科学文献出版社2002年版。
③ 《钱玄同日记》第2卷，1909年1月22日条，福建教育出版社2001年版，第655页。

将会产生难以估量的影响①。果然，从此以后，钱玄同不仅自己多次投稿《新青年》，参加该刊编辑工作，而且带动同门周树人（鲁迅）、周作人、沈兼士、朱希祖等为《新青年》撰稿，使文学革命运动增加了"章门弟子"这样一个有力的集团支持力量②。

如上所述，钱玄同转向新文化运动，意义甚大，而吴虞在向《新青年》投稿之后，即和他的学生孙少荆、朋友陈岳安合作创办《星期日》与《威克烈》，在成都地区宣传新思潮，开展新文化运动③。李劼人称成都是除北京、上海之外的"全中国新文化运动的三个重点之一"④，这一中心地位的形成，与吴虞及其同道在五四运动之前就已经开展新文化运动的活动是分不开的。

除吴虞、钱玄同这样的知名学者以外，青年一代的学生或知识分子也成为《新青年》的撰稿人。如张申府（1893—1986），第一次投稿"通信"栏时，为北京大学数学系学生，曾数次投稿"通信"栏，建议《新青年》介绍新书新报，后成为该刊主要撰稿人，1918年11月，与陈独秀、李大钊创办《每周评论》，积极参与和推动五四新文化运动⑤。

---

① 以上引文均见《新青年》第2卷第6号"通信"栏，钱玄同的来信与陈独秀的复信，1917年2月1日。对钱玄同赞同文学革命主张、加入新文化阵营的作用和影响，胡适曾多次道及。他晚年回忆道，钱玄同此信"为文学革命找到了革命的对象"——"选学妖孽""桐城谬种"。见唐德刚译注：《胡适口述自传》，华东师范大学出版社1993年版，第153页。
② 在北京大学"章门弟子"内部，除黄侃不赞同"文学革命"外，其他如周作人、朱希祖、沈兼士及并非章太炎弟子的沈尹默等人，均赞同、支持"文学革命"，且常为《新青年》撰稿。
③ 吴虞：《致胡适》，前揭《吴虞集》，第190页。
④ 李劼人：《五四追忆王光祈》，《五四运动在四川》，四川大学出版社1989年版，第660页。
⑤ 张申府：《五四运动的今昔》，《新文学史料》，1979年第3期。

陈望道（1891—1977），1915年留学日本，1919年回国后，任浙江省立第一师范学校国文教员，提倡白话文与新思潮，浙江"一师风潮"后赴上海，1920年4月接受陈独秀邀请，参加《新青年》编辑部①。

除了上述诸人从《新青年》通信作者转为撰稿人以外，该刊的通信作者，还有许多人日后成为各个领域的杰出人才。在此简单列举如下：

王统照（1897—1957），致信时为山东省立第一中学学生。他在来信中大力赞扬《新青年》，希望其能唤醒青年求学上进之心②。五四运动爆发后，参加编辑新文学刊物《曙光》，为"文学研究会"发起人之一。

舒新城（1893—1960），时为湖南高等师范学校英语科学生，致信《新青年》，建议该刊在青年界提倡社会服务，希望能养成风尚③。毕业后，他在长沙等地中学执教，加入少年中国学会，积极参与"新文化运动"。

叶挺（1896—1946），致信时为湖北陆军第二预备学校学生，后南下广东，参加粤军，成为著名将领④。

俞颂华（1893—1947），投稿时在日本留学，因不赞同《新青年》批孔的态度，致信该刊进行商榷。1919年回国后，任上海《时事新报》副刊"学灯"主编，并参与《解放与改造》杂志的编辑工

---

① 《新青年》第6卷第1号"通信"，陈望道来信，1919年1月15日。
② 《新青年》第2卷第4号"通信"，王统照来信，1916年12月1日。
③ 《新青年》第2卷第1号"通信"，舒新城来信，1916年9月1日。
④ 《新青年》第2卷第6号"通信"，叶挺来信，1917年2月1日。

作，积极参与新文化运动①。

吕澂（1896—1989），时为上海美术专科学校教员，致信《新青年》，倡导"美术革命"②。后转入佛学研究，成为著名佛学家。

宋云彬（1897—1979），时为浙江杭州中学学生，致信《新青年》，批评黑幕小说③。五四运动后，任杭州《浙江日报》和《新浙江报》编辑。后来一直从事报刊、出版等文化工作。

孙少荆，吴虞弟子。致信《新青年》，赞扬《新青年》是"做人的杂志"，讨论罗马字应用④。1918年参与创办"少年中国学会成都分会"，1919年任《星期日》主编。1920年10月赴德国留学。

毕云程（1891—1971），此时在商务印书馆当排字工人和校对员。他可以说是《新青年》的最早的一位知音。《青年杂志》创刊发行后，他就"急购而读之，不禁喜跃如得至宝"，又说，"至于今日，大志五号出版，又急购而读之。……迨展读数页，觉语语深入我心，神经感奋，深恨不能化百千万身，为大志介绍"。他认为《青年杂志》是"青年界之明星"，因此，他第一次致信《青年杂志》的目的，就是建议其设法"推广销路"⑤。此后，他又四次致信《新青年》，讨论青年修养与青年解放问题。后来，他一直从事文化出版工作⑥。

从以上所列人物看，这些通信作者来自不同的地区，具有不

---

① 《俞颂华文集·序》，商务印书馆1991年版；《新青年》第3卷第1号、第3号"通信"，俞颂华来信。
② 《新青年》第6卷第1号"通信"，吕澂来信，1919年1月15日。
③ 《新青年》第6卷第1号"通信"，宋云彬来信，1919年1月15日。
④ 《新青年》第5卷第6号"通信"，孙少荆来信，1918年12月15日。
⑤ 《新青年》第2卷第1号"通信"，毕云程来信，1916年9月1日。
⑥ 参见陈玉堂《中国近现代名号大辞典》，浙江古籍出版社1993年版，第140页。

同的身份，但他们却汇聚于同一刊物，其原因就在于该刊"通信"栏是一个真正民主、自由的公众论坛。这样一个公众论坛，既刊登钱玄同、陶孟和等北京大学教授的通信，也为孙少荆、毕云程这样处于社会下层、默默无闻的普通青年读者提供发表意见的机会；它的民主性、平等性和开放性，使之能够吸纳分处各地、观点各异但均有志于社会改革的思想革新者有可能、有机会聚于一刊，从而加强了编者与读者之间的人际联系。可以说，对于许许多多普通"通信"作者而言，《新青年》"通信"栏是他们参与社会改革、登上历史舞台的一种重要表现。胡适因主张"文学改良"的"通信"而暴得大名，吴虞则因"非孔"的"通信"而从一地区性的人物上升成为在全国享有一定名气的学者，两人先后进入北京大学任教授；张崧年、陈望道、常乃惪、舒新城、王统照、俞颂华、蔡和森、柯庆施、张奚若以及毕云程、李平敬、孙少荆等众多无名的青年学子，均通过《新青年》"通信"栏而崭露头角，声名远扬，其社会地位也随之上升，较其他同辈人获得更多更高的成功机会，可以说，《新青年》的"通信"栏成为他们重要的"晋升的阶梯"①。另一方面，对于该刊编者而言，"通信"栏也是吸纳不同地区、不同职业从事思想革新运动的读者加入《新青年》、扩大新思潮倡导阵营的重要渠道。"通信"栏的设置，促进和加强了编者与读者之间的人际互动，有力地推动了新思潮核心力量的汇聚与扩展，为新文化运动在全国主要大中型城市的兴起与发展培育了一批领袖和骨干力量。

---

① 章清在《民初"思想界"解析——报刊媒介与读书人的生活形态》一文中，对民初读书人与报刊媒介的关系做了深入的分析，指出：报刊在某种意义上"构成了读书人晋升的阶梯"。本文对《新青年》"通信"栏的考察，或可做此一判断的一个典型例证。参阅《近代史研究》2007年第3期，第6—10页。

四、"通信"栏与五四时期社会、文化的互动

"通信"栏促进了读者与编者之间的互动,加强了他们之间的人际关系,实际上,"通信"栏本身也处在一个更大范围内的互动关系中。编者与读者,都生活在特定的现实环境(时空环境、政治环境、社会环境)中,而现实环境则处在变动之中,因此,编者与读者乃至"通信"栏本身也都在一定的时空环境中变化着。"通信"栏中,读者与编者之间讨论的话题(思想言说),既是双方之间自由的对话,同时也是现实的政治、社会生活的反映。尽管《新青年》"批评时政,非其旨也"的声明即是在"通信"栏提出的①,但"通信"栏不可能脱离现实的政治、社会环境。凡是"通信"中热烈讨论的话题,都是与现实政治、社会、文化以及社会生活的各个领域密切相关,与编者和读者的生活、思想密切相关。从这个意义上说,"通信"栏的思想言说(讨论的问题)与政治、社会之间处于互动的关系之中。《新青年》"通信"栏讨论的"孔教问题",就典型地反映了这种思想言说与社会、政治、文化之间的互动关系。

与文学革命问题一样,"孔教问题"是《新青年》"通信"栏讨论最热烈的话题之一。本来,在《甲寅》杂志上,著名学者张尔田就在"通讯"中提出了如何评价和对待孔教的问题②,但未能展开讨论。《新青年》创刊后,在第1卷第6号发表了易白沙的《孔子

---

① 《青年杂志》第1卷第1号"通信",陈独秀答王庸工,1915年9月15日。
② 《甲寅》第1卷第3号"通讯",张尔田来信,1914年8月10日。

平议》，但起初也未引起读者的反应①。而当1916年9月，陈独秀在《新青年》发表《驳康有为致总统总理书》之后，则迅即引起读者的注意。陈独秀此文，主要是针对康有为提出的定孔教为国教的建议而发。因他在文中提出了"孔教与帝制，有不可离散之因缘"的论点，对此，时在北京高师读书的学生常乃惪致信《新青年》，表示不赞同陈的观点，主张在批判孔教时，应该区分"真正孔子之教"与"汉宋以后之号为孔教孔道"②。陈独秀在答信中指出，孔教在历史上尽管几经变迁，但根本教义仍应归于孔子。因而，区分孔子与后世之儒，并将孔教败坏之根源归于宋儒的说法是不正确的。他重申，孔子主张君主专制，因而孔教与帝制有不可离散之因缘③。不久，吴虞来信，表达了他的反孔主张；俞颂华来信则批评了陈独秀的批孔主张；此外，读者陈恨我、孔昭铭、傅桂馨、佩剑青年等，均来信对孔教问题提出了各自的看法，由此引起了热烈的讨论。

孔教问题的讨论，集中出现于《新青年》第二、三卷"通信"栏，应该说，这与当时的政治局势，有着相当密切的关系。

1916年春天，袁世凯败亡，形式上的共和制度恢复。8月1日，国会在北京重新复会，决定组织宪法会议，继续进行因袁世凯专制政府解散议会而中断的制宪工作。这次制宪，以1913年制订的《天坛宪法草案》作为讨论的基础，于9月5日正式开会。而《天坛宪

---

① 易白沙《孔子平议》刊于1916年2月15日出版的《新青年》第1卷第6号，吴虞是读了易白沙此文后，认为找到了同调，但此已是该文发表近一年之后。吴虞的首次来信，刊于《新青年》第2卷第5号，时为1917年1月1日。
② 《新青年》第2卷第4号"通信"，常乃惪来信，1916年12月1日。
③ 《新青年》第2卷第4号"通信"，陈独秀答常乃惪，1916年12月1日。

法草案》第十九条第二项规定："国民教育，以孔子之道为修身大本。"①对此项规定，部分国民党议员要求删去，而原进步党议员则不赞成，由此引起争论。与此同时，康有为公开发表《致总统总理书》，要求："以孔教为大教，编入宪法，复祀孔子之拜跪礼。"②而陈焕章等孔教会代表，也于会议期间再次（1913年为第一次）向国会提出定孔教为"国教"的意见书，声称："中国若果不亡，则孔教必为国教；若孔教不为国教，则中国必亡之！"③11月12日，陈焕章召集参、众两院中坚持定孔教为"国教"的一百多名议员，在北京组成"国教维持会"，通电呼吁各省督军"一致主孔教为国教"④。1917年2月，各省督军团联名电呈政府"请定儒教为国教，加入宪法"⑤。3月，孔教会联络各省尊孔团体，组织进京请愿团，要求解决国教问题。在这一系列活动下，宪法会议从1916年9月到次年1月，共收到与要求定孔教为国教有关的各处来电"闻不下一万三千件"⑥。由此可见，定孔教为国教的主张在当时的社会影响。

正是在这种背景下，陈独秀在《新青年》上提出的反孔主张才能在读者中迅速引起注意和反响，并逐渐扩展到进步的思想舆论界。而反孔的主张一经提出，就必然地涉及对孔子、孔教以及中国古代儒家思想的评价问题。陈独秀指出："孔教问题不独关系宪法，且为吾人实际生活及伦理思想之根本问题"，"今所讨论者，非但孔

① 转引自韩达《评孔纪年》，山东教育出版社1985年版，第27页。
② 《时报》，1916年9月20日；《康有为政论集》下册，中华书局1981年版，第957页。
③ 《请定孔教为国教，立于宪法》，《经世报》，第2卷第3号。
④ 《申报》1916年11月14日，第2版。
⑤ 《申报》1917年2月9日，第2版，"张倪又电争孔教"。
⑥ 《申报》1917年1月11日，第3版。

教可否定入宪法问题，乃孔教是否适宜于民国教育精神之根本问题"①。关于孔教是否立为国教的争论是现实政治斗争的反映，而这种争论又不可避免地牵涉到如何认识、如何评价历史上孔子的地位和当时现实社会条件下孔子及其儒家的社会功能、社会作用等一系列相关的问题。这样，《新青年》的"通信"栏，不仅将一个局限于现实时局政治斗争中争论的问题，引导到公众关注的社会舆论中来，而且由此引发了对整个中国传统文化的讨论。与《新青年》展开批孔的同时或稍后，《宪法公言》《太平洋》等进步刊物也相继展开对孔教的批判与清算。由此开始，一场轰轰烈烈的反孔运动在现代中国历史上兴起②。

由此可见，《新青年》"通信"栏所讨论的问题，与当时的社会、文化、政治生活息息相关，主编者将广大读者心中的问题刊布于"通信"栏，提供给更多更大范围的读者，使不同地域、不同职业、不同政治派别和学术派别的读者与编者、读者与读者之间通过"通信"而产生思想上的辩驳与交锋、共鸣与互动。而之所以产生共鸣，引起争论，参与讨论，则在于他们生活于同样的现实政治环境、社会生活之中，同样在为近代的中国寻求新的出路。"通信"栏讨论的话题，现实的政治与社会生活，编者与读者的政治活动、思想活动以及他们的

---

① 陈独秀：《宪法与孔教》，《新青年》第2卷第3号；《陈独秀著作选》第1卷，上海人民出版社1993年版，第224、226页。

② 当时，《宪法公言》先后发表了李大钊《宪法与思想自由》、陈独秀《宪法与孔教》《孔子之道与现代生活》《孔教问题》和郁嶷、田解等人的《孔子与宪法》《建立孔教驳议》《孔道与国情》《呜呼孔子之道》《订孔》等文；《太平洋》发表了曾嵩峤、周春岳的《孔子未尝集大成》《国教》《我之孔道全体观》《孔道》等文，与《新青年》的反孔主张相配合，在进步舆论界掀起了"反孔""非孔"的思想潮流。

精神追求，这一切都处于相互影响、相互促动的互动关系之中。

五、结语

《新青年》的"通信"栏，在编、读往来的通信中，除了以上所论青年问题、《新青年》宗旨、文学革命、世界语与汉字改革、孔教等问题以外，还讨论了中国古典戏剧改革、女子解放、时政评论、工人劳动、社会主义等众多话题。可以说，《新青年》的"通信"栏，在编辑思想上有一个极为显著的特色，就是"政治刊物社会化"的路向。它是二次革命失败后，陈独秀反思民初民主政治受挫而创办的一份政治刊物，但它所关注的焦点、讨论的话题却并不以政治问题为核心，更不狭隘地局限于具体的现实政治问题，相反，它设立"通信"栏，从众多读者的来信中选择展开讨论的话题。用"媒体传播学"的眼光来看，这是一种为"制造舆论"和"动员舆论"而设置的专栏。这个专栏，一方面，为读者提供了一个自由讨论、自由对话的平台；另一方面，它也把刊物作为"媒体"的功能，在当时的情况下发挥到极致①。

在《新青年》"通信"栏讨论的众多话题中，文学革命、世界语与汉字改革、孔教以及女子解放等问题，不仅在当时引起了广泛的社会反响，而且对中国近代历史的实际走向与文化建设产生了持久而长远的影响。这说明，《新青年》"通信"栏所提出与讨论的问题，既是广大读者心中存在与思考的问题，也正是近代中国从传统

---

① 著名的"双簧信"，非常典型地反映了《新青年》"通信"栏的这一特征，但因此一问题牵涉的其他方面较广，而研究该问题的成果甚多，本文暂不拟讨论。

社会向现代社会过渡之中所遇到的现实问题。它反映了其思想言说与社会、文化互动的关系。可以说，"通信"栏这一形式的设置，是创办者民主精神和自由观念的体现，而这也是"通信"栏这一形式在新文化运动中发挥重要作用、产生重大影响的内在原因。

从《新青年》"通信"作者的构成来看，新文化运动的倡导力量，最初主要依靠地域、师友等传统人际关系因缘，而后来则越来越倾向于思想上的互相影响与吸引，倾向于思想主张一致的结合。这说明，《新青年》在倡导新思潮、新文化的过程中，它本身也经历了由依赖传统的社会关系向新型的社会关系的转变，即由地缘、乡缘、同门等传统人际因素的结合转向以共同的思想、共同的主张为基础的结合。换言之，"通讯"栏是新文化运动的倡导者冲破传统人际关系并构建以思想、观念认同为基础的现代政党、社团关系的一个重要媒介。

（原载李金铨主编：《文人论政：知识分子与报刊》，广西师范大学出版社2008年版。收入本书时有增删修改）

李大钊《我的马克思主义观》一文若干问题的再探讨①
——兼谈《新青年》"马克思研究"专号的编辑和印行

众所周知，李大钊《我的马克思主义观》一文，是他介绍和宣传马克思主义的一篇重要文章，在五四时期马克思主义传播史上占有重要地位。对这篇文章，学术界已经进行了相当深入的研究，论著甚多②。但关于该文的撰写时间与撰写过程，以及与《新青年》6卷5号（即"马克思研究"专号）的编辑、印行和出版的时间等相关问题，仍有进一步探究的必要。

《我的马克思主义观》一文分上、下两篇，上篇即第1—7节发表于《新青年》第6卷第5号，下篇即第8—11节续载于《新青年》第6卷第6号。二十世纪五六十年代，根据《新青年》第6卷第5号版权页标明的发行时间为五月，学术界一般认为李大钊在五四运动之前

---

① 本文初稿撰于2007年夏天暑假，并承业师刘桂生先生、朱成甲先生指正，后提交2009年5月北京大学组织的"五四的历史与历史中的五四"学术研讨会，又承沈寂先生、章清教授批评指正。在此对诸位先生谨致谢忱！
② 此类论著甚多，兹不一一列举。

已撰写了《我的马克思主义观》，在五四运动时期就发表了①。1960年，刘维先生在《光明日报》发表《一个必要的考据》一文，专门探讨了李大钊此文的发表时间。他根据当时报刊《民国日报》刊登的广告，认为第6卷第5号《新青年》出版于1919年9月；又依据李大钊的文章第7节引用了1919年8月3日出版的《每周评论》第33号的内容（《欧游记者明生君通信》），提出李文直到8月份仍在写作中②。刘维的观点发表后，为多数学者所采纳和接受。学术界并以此说法为据，论述李大钊研究、介绍马克思主义的重要意义③。最近，日本学者石川祯浩在《中国共产党成立史》一书中则依据这一时间，提出了新的观点，认为在五四时期的中国，率先在中国介绍和宣传马克思主义的并不是中国大陆学术界所公认的李大钊，而是《晨报》记者陈溥贤（渊泉）。他的主要理由是李大钊《我的马克思主义观》于1919年9月发表，而陈溥贤《近世社会主义鼻祖马克思之奋斗生涯》和《马克思的唯物史观》则早在同年4月、5月发表。不仅李大钊的文章晚于陈溥贤的文章，而且《晨报》"副刊"的改版是陈溥贤主持的，与李大钊无关。石川甚至提出："如果撇开陈溥贤，我们

---

① 《新青年》，《五四时期期刊介绍》第1集，人民出版社1958年版，第14页；高全朴、张岂之：《五四时期李大钊同志反对资产阶级改良主义的斗争》，《历史研究》1959年第6期。
② 刘维·《一个必要的"考据"——关于"新青年"六卷五号的出版日期》，《光明日报》，1960年8月4日，第3版。
③ 《李大钊传》，人民出版社1979年版，第71—73页；李新、陈铁健主编：《伟大的开端》，中国社会科学出版社1983年版，第205—206页；《李大钊文集》下卷，人民出版社1984年版，第46页，；韩一德、姚维斗《李大钊生平纪年》，黑龙江人民出版社1987年版，第72页；《李大钊全集》第3卷，河北教育出版社1999年版，第228页。

就无法谈论五四时期的李大钊是如何接受了马克思主义的。"①由此可见，石川先生扬陈抑李的用意是非常明显的。石川祯浩的著作在大陆学术界已经引起了强烈的反响，诸多书评频见于报刊。但是，这些书评多是对石川著作的贡献及一些失误予以批评或辩解，而对石川这一具有挑战性的观点则未给予足够的重视②。尤其令人遗憾的是，国内学术界的某些人不但不对石川这一歪曲史实的观点予以批评，反而不加省察地接受，甚而推波助澜③。

笔者在参与编辑《李大钊全集》（最新注释本）时，已经对李大钊《我的马克思主义观》的撰写时间与撰写过程提出了一些新的判断④，本文则拟结合《新青年》第6卷第5号的出版发行时间和经

---

① 石川祯浩：《中国共产党成立史》，中国社会科学出版社2006年版，第7—22页，引文见第10页。

② 石川祯浩著作于2006年2月出版，不久，《江汉论坛》2006年第5期即发表曾成贵关于该书的书评；《百年潮》2006年第6期发表田子渝的书评和该刊记者关于石川著作对萧超然的专访；《光明日报》于2006年7月31日、8月15日和8月28日，连续发表丁晓强等人的5篇书评，对该书进行评论；《中共党史研究》第4期发表占善钦的书评；《近代史研究》第5期发表李丹阳、刘建一合写的书评。在短短半年时间，关于该书的书评达10篇以上，可见该书中译本出版所产生的反响。其中《光明日报》2006年8月28日刊发的朱文通、吴二华、许全兴等三位学者的书评，对石川祯浩进行了严厉的指责与批评；田子渝则在2007年第1期的《党史教学与研究》发表文章，为石川祯浩辩护，并对朱、吴、许提出了反批评。所有这些书评中，仅许全兴之文对石川的这一观点做了简短的反驳。

③ 吴二华：《陈溥贤在李大钊接受河上肇马克思主义观点时的中介作用》，《中共天津市委党校学报》2007年第1期；该作者又将此文改题为《关于李大钊如何接触河上肇马克思主义学说的考证》，刊于《唐山师范学院学报》2007年第1期。

④ 在注释中，笔者指出："该文1—7节发表于《新青年》第6卷第5号，8—11节续载于第6号。第5号刊面标明的出版时间为1919年5月，而据当时报刊所发出版广告，实际出版时间为9月。但该文的写作时间，以往根据该文引用了1919年8月3日出版的《每周评论》第33号的内容（《欧游记者明生君通信》），一般认为是在7、8月在五峰山避难时所写。我们认为，该文主体部分的写作时间应在1919年5月之前，开始撰写的时间甚至更早，实际定稿的时间也应在8月初。"参阅中国李大钊研究会编注《李大钊全集》（最新注释本）第3卷，人民出版社2006年版，第353页。笔者撰写此条注释，承朱承甲先生的提示，在此谨致谢忱！

过，将李大钊《我的马克思主义观》一文与《新青年》"马克思研究"专号的策划、编辑和出版有关问题，以及《晨报》"副刊"改版与李大钊、陈溥贤的作用等问题做进一步的具体阐述。鉴于直接材料较少，一些问题只能依据其他材料加以印证。不当之处，请批评指正。

一、《我的马克思主义观》的发表与《新青年》第6卷第5号的交付印行和出版时间

《我的马克思主义观》的"上篇"发表于《新青年》第6卷第5号，要确定李大钊此文的发表时间，即意味着确定《新青年》第6卷第5号的出版时间。然而，由于《新青年》的编辑部和发行部分处两地，因此，要判断和确定《新青年》第6卷第5号的准确出版时间，则要考察《新青年》的编辑、出版流程即编辑、集稿、付印和出版等一系列运行程序。只有结合《新青年》的编辑、出版流程来考察，才能将这一问题搞得更清楚、更准确一些。

如前所述，早在二十世纪六十年代，刘维先生在《一个必要的考据》一文中，根据1919年9月22日上海《民国日报》的广告，已确定该期《新青年》的出版时间是9月[①]。但具体的日期仍然不清楚，我们则可以将这一日期考察得更准确一些。1919年9月份的《晨报》，连续刊载了关于该期《新青年》的广告，而第一次广告见于9月15日。在这份广告中，明确提到"《新青年》已经到

[①]　前揭刘维《一个必要的"考据"——关于"新青年"六卷五号的出版日期》。

京"①。同时，9月16日的《国民公报》也刊载了《新青年》第6卷第5号上重要文章目录的广告，9月17日的《北京大学日刊》所载北大图书馆"下列杂志昨日到馆"的《布告》，其中列有《新青年》第6卷第5号（按版权页，标明为5月出）②。而周作人在1919年9月15日的《日记》中也记载："往校，收《新青年》六之五十册"③，说明周作人在9月15日已收到出版社寄赠的第6卷第5号《新青年》十册样书。综合上述材料，可以判断在9月15日之前，《新青年》第6卷第5号已经寄达北京。

众所周知，《新青年》的编辑部在北京，而出版发行则由上海群益书社承担，《新青年》第6卷第5号既然在9月15日之前已经寄达北京，那么它究竟是何时在上海出版的呢？限于资料，我们无法得知具体的时间。但根据1919年前后上海至北京的邮程所需要的时间，对于该期《新青年》在上海出版的具体时间也就能推断出一个大致准确的情况。根据1919年前后的交通状况与邮政发展状况，当时北京与上海之间的邮政线路，是由北京天津线和天津上海线（其中又由津浦线和沪宁线组成）两部分组成，而运送方式又分为两种，一种是铁道邮路，一种是水道邮路。根据当时的交通状况，一般情况下，如果从铁路运送，最快需要44小时（上海至天津为40小时，再加天津至北京4小时）；如果从水路运送，需要4天半（上海

① 《新青年六卷五号出版、要目》，《晨报》，1919年9月15日第1版。
② 《〈新青年〉六卷五号出版要目》，《国民公报》，1919年9月16日第6版；《图书馆登录室第一部布告》，《北京大学日刊》，1919年9月17日第2版。
③ 《周作人日记》（中），大象出版社1996年版，第49页。

至天津为4天，再加天津至北京旱路转运为半天）①。与此同时，根据邮件性质的不同，邮政局又将邮件分为信函（又分快信和普通信件）、明信片、新闻纸、印刷物、贸易契和商务传单等七类。这几类邮件中，邮递的快慢速度依次为信函、明信片、新闻纸、印刷物和其他。其中新闻纸的邮寄又分为三类：平常新闻纸类、立券之报纸、按照总包特别优益寄送之报纸，而《新青年》等杂志类则属于第一类。这类杂志，由发行者向邮局申请并经批准后，在其封面排印"中华民国邮务局特准挂号认为新闻纸类"等字，然后每期出版后即可交由邮局邮寄②。

参照这些情况，如果仅仅计算在邮路上所需时间，北京至上海或上海至北京，快信需时为2天，普通信件或明信片需时为4天半，至于其他各类邮件的时间则更长。这也就是说，即使按信件计算，《新青年》从上海寄到北京，仅在路上的时间也需要四五天，如果再将在两地投寄和接收的时间加上，那至少需要六七天即约一周（而且，这是理想状况，实际上需要花费的天数可能更多一些）。

事实上，《新青年》同人之间的往来信件也证实了笔者的这一推断。1920年4月26日，时在上海的陈独秀致函李大钊、胡适等协商《新青年》第7卷以后的编辑办法，在此函中，陈氏明确说明《新青年》在上海出版后，还需要5天以后才能到北京："《新青年》七卷六号稿已齐（计四百面），上海方面五月一日可以出版，

① 张樑任：《中国邮政》（中），《民国丛书》第二编，上海书店出版社1990年版，第30、34页；上海通志编纂委员会：《上海通志》第6册，上海人民出版社、上海社科院出版社2005年版，第4199页。
② 张樑任：《中国邮政》（中），《民国丛书》第二编，上海书店出版社1990年版，第40、46页；《新青年》第6卷第5号封面。

到京须在五日以后。"①照此推算，如果考虑到从上海寄到北京的邮程至少需要一周左右，那么，可以肯定的是，该期《新青年》在9月初即9月10日（严格说是8日）之前就一定印行、出版了。

确定了《新青年》第6卷第5号的大致出版时间，我们再来看编辑人员将该期《新青年》稿件交付出版社的时间。该期《新青年》的轮值编辑为李大钊，那么，李大钊是何时将第6卷第5号《新青年》编辑完成并交付出版社的呢？

有关李大钊编辑该期《新青年》的直接材料太少，对其编辑过程也知之甚少，但根据《新青年》其他编委编辑《新青年》的情形和当时其他刊物编辑、出版运行的相关情形，可以推断出一个大概的情形。

钱玄同日记提供了他编辑《新青年》第4卷第2号的具体情况。据钱玄同1918年1月的日记记载：

> 1月2日，午后至独秀处，检得《新青年》存稿。因四卷二期归我编辑，本月五日须集稿，十五日须寄出也。与独秀谈。移时，叔雅来，即在独秀处晚餐。
>
> 1月3日，午后，携新青年四卷二号之稿，至家中检阅，计可用者不及五十page，尚须促孟和、独秀多撰，始可敷用。
>
> 1月4日，晚归家宿。灯下录兼士致我一书"论新文学与新字典"，上加以按语，拟登《新青年》。又撰一通信，致《新青年》同人者。

---

① 中国社会科学院近代史研究所中华民国史组编：《胡适来往书信选》（上），中华书局1979年版，第90页。

1月12日，独秀交来《新青年》用稿一篇，题为《人生真义》，约千八百字，做得很精。又李守常《论俄国革命与文学》一稿，可留为第三号用。

1月14日，午后三时访半农，偕其同至独秀处，将《新青年》四卷二号之稿交给他，请他加信寄去。①

钱氏的记录虽然简略，但提供了相当重要的信息。他负责编辑《新青年》第4卷第2号，按计划，应于1918年2月15日出版。而他在1月1日就抓紧编辑、催稿和收稿，在1月5日就要"集稿"，1月14日就交给主编陈独秀，由陈再负责寄往上海的出版社（群益书社）。这说明，《新青年》编辑部一般应提前1个月将编辑好的文稿交付出版社印行。

与钱玄同所记载的《新青年》编辑、交稿和付印相类似，当时北京大学编辑的全校性学术刊物《北京大学月刊》，要求提前1个半月交稿（集稿），提前1个月交出版社付印。据《北京大学日刊》记载，1918年9月30日，由校长蔡元培召集的研究所主任会议"提议编辑月刊。自一月至六月及十月至十二月，月出一册"，并明确规定：该刊"每月十五日出版，稿件于前一月之一日集成，十五日寄发"②。该刊第一期计划于1919年1月1日出版，而其稿件，早在1918年11月下旬即在催促交稿，并说明"稿件集成期"为1918年12月1日，"付印期"为12月15日③。《北京大学月刊》编辑部于1918年

① 《钱玄同日记》第4卷，福建教育出版社2001年版，第1645—1657页。
② 《研究所主任会议记》，《北京大学日刊》，1919年10月3日第4版。
③ 《月刊编辑处启事》，《北京大学日刊》，1918年11月19日第2版，11月25日第2版。

12月20日刊登的启事，就又在征集1919年2月份的稿件①。同样的例子是《新教育》杂志，在编辑《新教育》杂志时，编辑人陶行知在向胡适的约稿信中，这样写道："适之先生大鉴：《新教育》杂志屡承惠赐鸿篇，至深感激。第六期兹定于六月一日出版，拟于四月二十五日以前集稿。"②陶的此信写于3月12日。

以上这些例子均说明，一份刊物的集稿一般都要比付印时间提前1个月到1个半月，至于约稿时间，更应提前2至3个月。《新青年》是在北京编辑，再寄到上海群益书社去印刷，编辑和印制是在两地。如果照此通例，《新青年》第6卷第5号的文稿，尽管延期，但能在9月10日之前出版，最迟仍应在8月10日前将全部文稿寄交出版社，否则，9月10日之前即不可能出版发行。而该期《新青年》刊登的关于《建设》月刊、《解放与改造》和《新生活》杂志的广告也证实了这个推断。《建设》月刊是国民党人所办，创刊号于1919年8月1日出版，《新青年》第6卷第5号刊登了"《建设》月刊第一号要目"的广告，介绍《建设》月刊③；《解放与改造》创刊号于1919年9月1日出版，《新青年》第6卷第5号刊登了"《解放与改造》杂志创刊号广告"④；《新生活》为通俗周刊，是北京大学出版部主任李辛白创办，该期《新青年》刊登的广告称《新生活》将于"八

---

① 《月刊编辑处启事》："二月份月刊稿件现待征集，仍望诸君踊跃投稿，赞襄斯举。所有稿件，请于十二月三十号以前送交各门研究所主任，汇交理科研究所，能赶于正月十五号寄沪刊印。"《北京大学日刊》，1918年12月20日第3版。
② 《陶行知致胡适》第一函，耿云志主编：《胡适遗稿及秘藏书信》第36册，黄山书社1994年版，第350页。
③ 《新青年》第6卷第5号，上海书店1988年影印本，第6卷合订本，第541页。
④ 《新青年》第6卷第5号，第6卷合订本，第478页。

月十七日出版，七天一小册，星期日发行"①，但《新生活》创刊号的实际出版则是1919年8月24日，说明《新青年》所载关于《新生活》的广告是8月10日之前所拟，当时计划中的《新生活》拟于8月17日出版，而实际出版也延期了。这些广告是出版社刊载的交换广告，《建设》月刊、《解放与改造》的编辑部在上海，与《新青年》的出版地在同一个城市，其广告刊载的周期较短，而《新生活》杂志的编辑部在北京，它的广告也是要从北京寄往上海。以上这些信息，均说明该期《新青年》的稿件应该至迟在8月10日从北京或昌黎五峰山（李大钊时在五峰山度暑假）发出，寄往上海。

如果这个推断能够成立，那也就说明李大钊《我的马克思主义观》一文的上篇，至迟也应在1919年8月初完成（详后），否则，就无法在8月10日之前交付出版社印行出版。

二、《我的马克思主义观》上篇的定稿与"明生通讯"、《新青年》第6卷延期问题

《我的马克思主义观》一文的上篇，曾引用了刊载于《每周评论》第33号上"明生"《欧游记者特别通讯》中的材料，作为他立论的依据②。长期以来，学术界以该篇"明生通讯"发表的时间——1919年8月3日为根据，来判断和确定李大钊《我的马克思主

---

① 《新青年》第6卷第5号，第6卷合订本，第469页。
② 李大钊：《我的马克思主义观》，《李大钊全集》第3卷，人民出版社2006年版，第32页。

义观》（上篇）一文撰写与发表的时间①。但是，对于"明生"究竟是何人，以及"明生"与李大钊和《每周评论》之间具有怎样的关系，则从未见有人探究过。事实上，搞清楚类似于"明生"这样的笔名，不仅有助于确定李大钊《我的马克思主义观》（上篇）一文的撰写时间，而且对于理解《每周评论》上这些作者之间的横向联系、思想异同也很有必要。经笔者从《每周评论》的人脉关系、"明生"的"通讯"行程与内容以及与其他刊物上发表的陶孟和来信等多方面考察，确定"明生"即为当时的北京大学教授陶孟和②。

搞清楚了"明生"即为陶孟和，这对于我们判断李大钊《我的马克思主义观》的撰写及定稿时间很有帮助。陶孟和，原名履恭，浙江绍兴人，1889年生于天津。早年就读于南开学校。1909年赴英国留学，入伦敦经济学院，师从著名学者霍布豪斯，攻读社会学。1913年毕业回国，1914年入北京大学，历任北京大学教授、政治学系主任、哲学系主任和教务长等职。《新青年》创刊不久，即在该刊发表《人类文化之起源》《社会》等论文，后又在该刊发表《新青年之新道德》《女子问题》《我们政治的生命》等多篇论著，介绍西方新的学术思潮，宣传西方资产阶级的民主、科学思想，积极投身于新文化运动。1919年3月，受北京大学委派，赴欧洲考察教育③。由此可知，他是与陈独秀、李大钊及《新青年》关系极为密

---

① 前揭刘维《一个必要的考据》最早提出了这一看法，以后的著作均沿袭了此一观点。
② 关于"明生"的详细考证，参阅杨琥《〈每周评论〉等报刊若干撰稿人笔名索解》，《历史研究》，2009年第3期。
③ 以上陶孟和的履历，据巫宝山《纪念我国著名社会学家和社会经济事业的开拓者陶孟和先生》一文（《近代中国》第5辑），并根据《北京大学日刊》《新青年》《新教育》和陶孟和著作中的零星回忆做了一些补充和订正。

切之人。不仅如此，在他离开北京南下上海途中，陶孟和所撰的"明生通讯"即开始在《每周评论》刊载（陶大约是1919年3月3日离京的，"明生通讯"的第一篇《旅中杂感》刊于3月9日出版的《每周评论》第12号上），这说明，"明生通讯"是陈独秀、李大钊等《每周评论》的主持人提前策划并与陶孟和早就约定好的。因之，陶孟和每到一地，即写一篇有关当地文化、教育及其风土人情的"通讯"①，并且迅速地寄往北京《每周评论》编辑部或直接寄给陈独秀、李大钊，以便陈独秀、李大钊在《每周评论》上刊用。

李大钊是1919年7月20日离开北京前往五峰山的，而他的《我的马克思主义观》一文中所引用的第33期《每周评论》"明生通讯"则是8月3日才发表的，如果不清楚"明生"为何人，那么就只能认定李大钊是看到第33期《每周评论》之后才引用"明生通讯"的，由此也就只能得出《我的马克思主义观》在8月份"仍在撰写过程之中"的结论。然而，根据"明生"为陶孟和这一认定，我们对于李大钊引用"明生通讯"就可以做出新的判断。据笔者推测，李大钊在《我的马克思主义观》上篇第7节引用第33期《每周评论》"明生通讯"的内容，这有两种可能：一种可能是，在第33期《每

① 陶孟和从上海出发，3月12日到日本神户，在东京等地考察了日本的普通教育、女子教育、高等教育和高等师范教育，并拜访了当时正在日本讲学的美国哲学家杜威博士。3月17日，他离开日本，途经美国夏威夷（檀香山），考察了当地的华侨社会及华侨教育，于4月2日到达美国本土。在美国，他到加利福尼亚大学、芝加哥大学，与北京大学及中国其他地方和机构派出的留美学生丁绪宝、颜任光、雷沛鸿等进行了交流。然后从美国又到了英国，在英国考察后，最后于5月到达法国。参阅《陶履恭教授致校长函》《陶履恭教授致胡适之教授函》，《北京大学日刊》，1919年3月27日第5及6版；《陶履恭教授致蔡校长函》，《北京大学日刊》，1919年5月23日第2至3版；陶履恭《游欧之感想》，《新青年》第7卷第1号，1919年12月1日。

周评论》出版之后、第6卷第5号《新青年》发稿之前，李大钊看到了该期《每周评论》；而另一种可能是，李大钊作为《每周评论》《新青年》的编辑和胡适、陶孟和的朋友，不排除在第33期《每周评论》尚未出版即陶孟和此信发表之前，他已读到此信，知晓其内容，并清楚此信即将刊载于《每周评论》的第33期上[①]。在笔者看来，这后面一种可能性更大。因为《每周评论》尽管是周刊，但除了时事性极强的时评、政论以外，其他文章均可以提前编排（而且，即使时政评论，也需要提前几天编辑以便付印）。如"明生通讯"这样固定的栏目和连载的文章，李大钊完全有可能提前知道以后一两期所要刊载的内容。但不论是哪一种情况，笔者认为，这并不意味着在8月份时，此文仍在撰写过程中。合理的解释是，李大钊在该文主体部分的写作完成之后，在定稿之时或《新青年》发稿之前，读到了陶孟和来的通信——"明生通讯"，他认为这篇"通讯"中所述欧洲社会的状况正好可以印证他的观点，于是引用了此一材料来加强他的论证。从第5号《新青年》应在8月10日前交付出版社和他引用的"明生通讯"为陶孟和所撰来推断，《我的马克思主义观》一文的上篇至迟应在8月10日完成定稿。换言之，该文上篇的实际定稿时间为1919年的8月初（8月10日之前）。

与以"明生通讯"为依据来判断李大钊《我的马克思主义观》上篇定稿时间相联系，最近山东有位学者又以《新青年》第6卷第2号至第4号延期为补充理由，再次提出和坚持李大钊此文就是在

---

① 这是完全有可能的，不用说李大钊，即使当时北京大学英文系的学生罗家伦，在"明生通讯"尚未公开发表时，他即读到过陶孟和的这些来信。参阅志希《欢迎我们的兄弟："牛津大学的新潮"》，《新潮》第2卷第1号，1919年10月30日。

1919年7、8月份所撰，并针对笔者在《李大钊全集》注释中提出该文主体部分于1919年5月之前已经撰就、实际定稿也在8月初的观点提出反驳意见。他声称："李大钊上半年忙于编辑《每周评论》，6月间又因陈独秀被捕而忙于营救，应该没有可能在1919年5月之前"、"甚至更早地'开始撰写'《我的马克思主义观》一文。"他的结论是：李大钊的《我的马克思主义观》，"总体上看，该文的写作时间可以定为1919年8月上旬"[①]。这位学者的结论如同石川祯浩的结论一样明确，但他又有什么新的资料或依据呢？

实际上，这位学者并没有什么新材料或根据，之所以这样讲，他的主要理由是："当时《新青年》各号的出版严重脱期，实际出版时间大大晚于刊面时间。"例如，第6卷第2号原计划2月15日出版，而据《申报》4月20日刊载的《新青年》广告推断，该号的实际出版为4月15日，他由此推断该卷第3号于6月25日、第4号于7月25至30日分别出版。因此，这位学者的结论是：作为第6卷第5号《新青年》的主编，李大钊"会更加关注6卷5号之前其他各号《新青年》的编辑出版情况，也更清楚地了解本号《新青年》的稿件收集情况，因而可以更加从容地选择《我的马克思主义观》的写作时间"。这样，"从《新青年》第6卷第4号出版的7月底，到8月上旬乃至中旬，在昌黎五峰山中居住'将近一个月'的李大钊，既摆脱了《每周评论》的编务，也摆脱了其他杂务，正是撰写《我的马克思主义观》的大好时机。到8月卜旬或9月初，李大钊带着写好的《我的马克思主义观》返回北京，即将《新青年》第6卷第5号编辑发

---

① 李继华：《新版〈李大钊全集〉注释疏证》，中央文献出版社2008年版，第116—121页。

排，使之于9月15日前后出版"①。

　　从表面上看，该学者的这一推论层层递进，似乎很有根据，但是，如果深入考察当时的历史事实，则并不能成立。诚然，《新青年》第6卷从第1号起，各期均存在不同程度的延期现象，但是，第一，《新青年》第6卷各号尽管延期，但一般说来，其原因多为各种各样的客观因素，作为某一期的轮值主编者，在主观上还是要尽量按原计划即版权页所标示之每月"十五日"出版的。因之，每一位轮值编辑（即某期的主编者）在约稿、集稿时，与上节所谈李大钊一样，均因提前一两个月进行。这样，李大钊即使"更加关注6卷5号之前其他各号《新青年》的编辑出版情况"，他也无法预知这些刊物的实际延期或脱期状况，这也意味着他不可能有意识地"可以更加从容地选择《我的马克思主义观》的写作时间"，毋宁说按《新青年》原定的编辑、出版计划，李大钊还必须得提前并抓紧他自己的文稿的写作。如果像该学者所称，李大钊真的"可以更加从容地选择《我的马克思主义观》的写作时间"，那就意味着他并不是按原定计划和《新青年》的编辑流程的规范工作，而是有意识地在破坏《新青年》的出版流程与原定计划，那样的李大钊，可以说是该学者思维和逻辑中所理解的李大钊，而绝对不是真正的李大钊。第二，《新青年》第6卷第3、4号两期的延期，根本不是这位学者所推断那样"严重脱期"。据笔者查考，第6卷第3号寄达北京的时间在5月4日之前，在上海的实际出版时间大约在4月底②，并

━━━━━━━━━━

① 李继华：《新版〈李大钊全集〉注释疏证》，中央文献出版社2008年版，第119—120页。

② 《每周评论》，1919年5月4日；《晨报》，1919年5月4日；《北京大学日刊》，1919年5月8日。

不是他所判断的"6月25日"①；第4号寄达北京的时间在7月6日之前，在上海的实际出版时间大约在6月底②，也不是"7月25日至30日"之间。既然这两期刊物延期的实际时间并不长，那么所谓李大钊"可以更加从容地选择《我的马克思主义观》的写作时间"之推论也就只能是主观推论，并没有任何实际根据。第三，至于说"从《新青年》第6卷第4号出版的7月底，到8月上旬乃至中旬，在昌黎五峰山中居住'将近一个月'的李大钊"，"正是撰写《我的马克思主义观》的大好时机"，又说"到8月下旬或9月初，李大钊带着写好的《我的马克思主义观》返回北京，即将《新青年》第6卷第5号编辑发排，使之于9月15日前后出版"这样的推论，根本未考虑《新青年》编辑部与发行部分处北京、上海两地的情况，既与《新青年》第6卷第4号实际出版的时间不合，又与本文上节所揭示之《新青年》编辑、出版的流程完全不符，所得出的结论在事实上也就完全不能成立。

总之，如果不是依据片面的一点材料，如果不是依赖于主观推论，而是全面地考察《新青年》的编辑、出版流程和李大钊引用"明生通讯"的具体状况，那么，我们完全可以肯定《我的马克思主义观》的上篇在1919年8月初已经完稿或定稿，而不是仍在写作之中。

① 对《新青年》第6卷第3号的实际出版日期，该学者明确说他"未查到在《申报》刊登的出版广告"，但他却武断地确定该期《新青年》"实际出版时间约在6月下旬"，在其关于《新青年》第6卷出版时间的列表中，则更具体地写作"6月25日"。参阅李继华《新版〈李大钊全集〉注释疏证》，中央文献出版社2008年版，第119页。

② 《每周评论》，1919年7月6日；《国民公报》，1919年7月6日；《晨报》，1919年7月14日；《申报》，1919年8月3日。

三、《我的马克思主义观》的撰写时间与《新青年》 第6卷第5号的编辑与策划

现在，我们来看《我的马克思主义观》的撰写时间。如前所述，通常的观点是，根据该文第7节引用了1919年8月3日出版的《每周评论》第33号的内容（《欧游记者特别通信》），判定李大钊此文是在7、8月在五峰山避难时所写[1]。而根据本文前面的论述，该文的上篇在1919年的8月初即已完成定稿了。如果在7、8月在五峰山避难时所写的说法成立，李大钊这篇长达近3万字的论文，就要在短短一两个月完成，否则，要在8月初完稿和交付出版社印行根本是不可能的。而要在一两个月完成这篇长文，显然是困难的。考察相关材料，笔者认为，该文主体部分的撰写应在1919年5月之前即已完成，开始撰写的时间甚至更早。

首先，我们从《新青年》第6卷第5号的集稿与编辑过程来看。根据《新青年》第6卷的原定计划与出版周期，第5号应在1919年5月15日出版；而要在5月15日出版，意味着文稿应在4月15日之前收齐，并交付出版社。证之以该期《新青年》部分文稿的日期及《鲁迅日记》的记载，该期《新青年》的收稿已晚于4月15日，但仍是要按原来计划在5月出版的（版权页一般以15日为准，偶有延期，通常是客观原因，编辑者主观上仍是要按原来计划编辑的）。

---

[1] 前揭韩一德、姚维斗《李大钊生平纪年》，第72页；李继华《新版〈李大钊全集〉注释疏证》，中央文献出版社2008年版，第119页。

李大钊主编的该期《新青年》，其中设置了"马克思研究"的专栏，因之被称为"马克思研究"专号，该专号收录刊载的文稿是：顾兆熊《马克思学说》、凌霜《马克思学说批评》、周作人《俄国革命的哲学基础》（下）、鲁迅《药》、胡适《我为什么要做白话诗——尝试集自序》以及胡适和其他作者的白话诗、陈启修《马克思的唯物史观与贞操问题》、渊泉《马克思的唯物史观》《马克思的奋斗生涯》、刘秉麟《马克思传略》、李大钊《我的马克思主义观》、克水《巴枯宁传略》和高一涵《老子的政治哲学》。

从撰写或发表时间考察，这些文章可以分为三类：

1. 明确的撰写时间：鲁迅的小说《药》，据鲁迅日记，完成于1919年4月25日①。周作人翻译的《俄国革命的哲学基础》（下），译者在文末说明该文是"两年前的旧作"，并注明了他翻译完该文时间为"一九一九年三月三十一日，译者附记"。胡适的诗《送任叔永回四川》和《一颗星儿》分别注明"写于四月十八日""四月二十五夜完成"。

2. 明确的发表时间：渊泉《马克思的奋斗生涯》一文，原载于《晨报》1919年4月1日至4日。渊泉《马克思的唯物史观》，原载于《晨报》1919年5月5日至8日。陈启修《马克思的唯物史观与贞操问题》，原题《女子贞操的金钱价值》，刊载于1919年5月15日出版的《新中国》第1卷第1期。

3. 时间不明者：顾兆熊《马克思学说》、凌霜《马克思学说批评》、刘秉麟《马克思传略》、克水《巴枯宁传略》。

---

① 《鲁迅全集》第15卷，人民文学出版社2006年版，第366页。

从上引材料可以看出，早在1919年3、4月，李大钊即开始收到稿件，也就是说，李大钊从当年3月开始，就已着手该期《新青年》的编辑工作。鲁迅在日记中的相关记载证实了这一判断。

鲁迅在1919年3、4月的日记中记录了他撰稿以及他和李大钊、钱玄同的交往：

> 3月10日，录文稿一篇讫，约四千余字，寄高一涵并函，由二弟持去。
>
> 4月8日，下午寄李守常信。
>
> 4月16日，上午得钱玄同信，附李守常信。下午得傅孟真信，半农转。
>
> 4月25日，夜成小说一篇，约三千字，抄讫。
>
> 4月28日，寄钱玄同信并稿一篇。[①]

从鲁迅日记中可以看出，他于3月10日寄交高一涵的稿件即是小说《孔乙己》，后刊载于《新青年》第6卷第4号[②]；4月8日，他给李大钊发出一封信，16日收到李大钊的回信，25日，鲁迅撰小说一篇，28日，又将此小说寄交钱玄同，他所寄钱玄同的这篇小说即《药》，后刊载于《新青年》第6卷第5号。

总之，从鲁迅、周作人文稿和胡适诗稿所注明的撰稿日期分别是3月25日、3月31日、4月18日和4月25日看，说明此期《新青年》仍是按原定计划约稿、集稿和编辑的（应该在5月15日出版）。李

---

① 《鲁迅全集》第15卷，第362—366页。
② 《鲁迅全集》第15卷，第363页注1；《新青年》第6卷第4号。

大钊作为该期主编，应该早作准备撰写自己的文章，而不可能在将他人稿件收齐之后再动笔撰写。尽管该期《新青年》的编辑过程较长（从3月开始，一直到同年8月初将编辑完成的全部稿件交付出版社）和出版印行延期（9月初出版），但这是五四运动爆发后的动荡以及部分稿件的延期等客观原因所致，而并非作为主编者李大钊有意识的拖延。因之，笔者认为，既然该期《新青年》要按时于5月出版，无论是通常的15日，或是略微推迟至月底30日，李大钊都应在5月前将自己的文稿撰写完成。退一步讲，到1919年4月底或五四运动前，李大钊《我的马克思主义观》一文，即使尚未全部完稿，它的主体部分应已经撰就。

其次，《新青年》第6卷第5号是"马克思研究"专号，既然是"专号"，一般均提前策划，否则不可能按期交稿和出版。就此而言，这样一期"马克思研究"的专号，也应赶在5月出版，因为1919年5月5日是马克思诞辰101周年的纪念日，而5月号正好为李大钊编辑①。但在当时的中国，不要说理解马克思学说的人几乎没有，就是了解马克思学说甚或马克思生平的人也很少，即使在《新青年》同人中，胡适、陶孟和均不赞成介绍"布尔什维主义"，陈独秀此时也尚未赞同社会主义。在这种条件下，李大钊要策划、编辑这样一期专号，邀请部分学者、作者撰写关于马克思的文章，是

---

① 1918年5月，欧美各国对马克思诞辰100周年的纪念活动很多，此一活动引起李大钊的关注。从他1918年下半年发表《法俄革命之比较》《布尔什维主义的胜利》等文来看，他此时已密切关注着俄国和欧洲社会主义运动的发展，关注着日本兴起的各种新思潮，并由此而开始了对马克思主义的关注和研究。再，《晨报》的"马克思研究"专栏于1919年5月5日推出，也是专门计划和预定的时间，间接说明《新青年》"马克思研究"专号原计划是在5月出版的。

非常困难的，这意味着该期《新青年》的策划、组稿和约稿等更应该提前进行（几乎在1919年年初即已经开始）[①]。

该期《新青年》所刊载的关于马克思的介绍文章，透露了些许信息：

首先，该期《新青年》设置了"马克思研究"专栏，但其所刊载的有关介绍马克思及其学说的文章，并非都对马克思学说持赞成态度。开头第一篇为《马克思学说》，其作者顾兆熊即顾孟余[②]，他并不赞同马克思主义，但他曾留学德国，懂德语，对德国的社会、文化毕竟比其他人了解得深入一些，这可能是李大钊邀请他撰写介绍马克思学说的主要原因；第二篇，题目即标为《马克思学说批评》，不用说，该文对马克思主义的态度一目了然，这是无政府主义者凌霜[③]所撰。这反映了李大钊当时宣传马克思主义的尴尬处

[①] 第6卷第5号《新青年》"马克思研究"专号的策划与设置，可能动议甚早，但因《新青年》内部同人的分歧，李大钊在轮到他主编第5号时，才实现了这一目标。据钱玄同1919年1月27日记，到1919年初，《新青年》为社会主义的问题，已经内部有了赞成和反对两派的意见，现在《每周评论》上也发生了这个争端了"（前揭《钱玄同日记》第4卷，第1754页），此中透露了《新青年》内部对待社会主义的态度分歧。这说明，早在1919年初，为了介绍和宣传马克思主义，李大钊已和其他同人出现了一些分歧。而这有可能促使他将自己主编的《新青年》策划成"马克思研究"专号。由此推断，该期《新青年》的策划与组稿可能在1919年初就开始了。另，据吴虞转述高一涵的来信称，《新青年》第6卷第5号似乎曾计划编为"纲常名教号"，但未能实现［《吴虞日记》1919年8月21日载："君毅来信，附来高一涵一函，予《道家法家均反对旧道德说》已编入《新青年》第五号内，恰好这一期是纲常名教号，所以欢迎得很"；10月12日又载："少荆来言，《新青年》五号已出，是马克思号，不是纲常名教号也"。因吴虞远在四川，当时通信往返的时间又长（约需1个月），所述的信息与《新青年》的实际状况有一定的出入，但也有一定参考意义。参见《吴虞日记》上册，四川人民出版社1984年版，第481、490页］。

[②] 顾孟余（1888—1973），名兆熊，浙江上虞人。早年留学德国，习政治经济学。1916年起任北京大学教授，历任德文系主任、经济系主任、教务长等职。

[③] 凌霜，即黄凌霜（1897—1982），名文山，广东台山人。著名的无政府主义者，时为北京大学学生。

境：他策划了"马克思研究"专号，但是没有几个人懂马克思主义，因此，此期《新青年》"马克思研究"专号，实际上批评马克思主义的文章和观点也很多。

其次，在"马克思研究"专栏中收录的部分文章，来源于其他报刊，其中《马克思的奋斗生涯》（译者渊泉）一文，原载于《晨报》1919年4月1日至4日；《马克思的唯物史观》（译者渊泉），原载于《晨报》1919年5月5日至8日；《马克思的唯物史观与贞操问题》（作者陈启修）一文，原题《女子贞操的金钱价值》，刊载于《新中国》第1卷第1期，该期《新中国》于1919年5月15日出版，但原计划3月出版①。这些文章尽管不长，但也并非短时间即能写就，说明这些文章的撰写在3、4月即已经开始。而渊泉（陈溥贤）、陈启修均是李大钊的同事和好友②，他们的文章，尽管首先发表于《晨报》《新中国》等报刊，但也有可能即是李大钊策划的《新青年》"马克思研究"专号的一部分文稿；至于其他作者如顾兆熊、凌霜、刘秉麟③等人的文章，尽管不知其撰写的具体日期，但根据编辑杂志的一般惯例推断，李大钊至少需提前两个月或三个月策划、约稿，即从1919年2月或3月开始组稿，该期《新青年》才能按原来计划的5月出版（当然，不排除部分稿件因故延期，从而影响了

---

① 《本志特别启事》，《新中国》第1卷第1期，第292页。
② 陈溥贤（1891—1957），字博生，福建闽侯人。早年留学日本，与李大钊同在早稻田大学学习，并一起参与《民彝》杂志的编辑工作。1916年回国后，又一起在《晨钟》报做编辑。陈启修（1886—1960），又名豹隐，四川中江人。1907年赴日本留学，1916年发起组织丙辰学社。1919年任北京大学法科教授，1921年后与李大钊合作讲授《现代政治》等课程，并翻译了《资本论》。
③ 刘秉麟（1889—？），字南陔，湖南长沙人。1917年毕业于北京大学经济学门，后留学英、德，回国后任教于上海中国公学。

该期"集稿"时间和交付印行时间的拖后）。从这个角度看，李大钊开始撰写本人的文章，至少应该与他策划《新青年》"马克思研究"专号同步，甚至更早。

再次，李大钊的《我的马克思主义观》一文，上、下篇长达近3万字，在短时期内完成是很困难的。合理的推断和解释是，自从1918年年底1919年年初他的两篇讲演《庶民的胜利》《布尔什维主义的胜利》发表以后，他就开始对马克思主义的理论和材料进行研究了，在研究的基础上，开始该文的资料搜集与撰写①。具体考察一下李大钊1919年1月至5月的活动和文章，他没有长文章发表，为什么？他在忙什么？事实是，一方面，他在策划、编辑《新青年》第6卷第5号，以及协助陈独秀编辑《每周评论》等工作；另一方面，也是更重要的，他正在将主要精力投于《我的马克思主义观》一文的写作中，忙于撰写此文。当然，由于此文较长，马克思主义又是艰深而陌生的理论学说，以及其他客观原因②，他的写作时断时续，因之，直到8月初即将付印时才定稿，但其主体部分，应该说在5月前已经撰写完成。

最后，还有一个有力的证据是，李大钊和渊泉（陈溥贤）两人关于马克思的文章，都是出于纪念马克思的共同目的。关于这一点，他们在自己的文章中已说得很明白。

渊泉（陈溥贤）在发表《马克思的唯物史观》时，首先在"小

---

① 《我的马克思主义观》一文，引用了河上肇的观点，参阅後藤延子《李大钊思想研究》（中国社会出版社1999年版）等论著。但须指出，此一过程是一个艰辛的探索和思考过程。
② 如五四运动爆发、陈独秀被捕、《每周评论》被查封等事件，都对李大钊此一时期的活动有较大影响。此外，五四运动爆发后，上海的出版、印刷业均受到不同程度的影响，所以不仅《新青年》第6卷第5号延期，《新潮》《国民》等刊物的出版和发行也延期了。

引"中说:"今天是马克思一百零一回诞生纪念日,这篇是日本研究马克思的大家河上肇所著的,简洁明了,很有价值,特译出来,作研究的资料——渊泉。"①李大钊在《我的马克思主义观》的开头,也同样说明他的文章与马克思诞辰之间的关系。他说:"自一九一八年马克思诞生百年纪念以来,各国学者研究他的兴味复活,批评介绍他的很多。我们把这些零碎的资料,稍加整理,乘本志出'马克思研究号'的机会,把它转介绍于读者……"②因此,李大钊的文章和他所编的"马克思研究号"与渊泉(陈溥贤)的文章一样,都是为了纪念马克思的诞辰101周年。不言而喻,马克思的诞辰是5月5日,李大钊不可能在马克思诞辰纪念过了两三个月之后才写纪念马克思的文章。

四、余论

马克思讲,"人的本质是社会关系的总和",对李大钊的理解和研究也应如此。系统地、全面地考察李大钊的社会关系(包括学术关系、思想关系、政治关系和人脉交往关系等各种关系),才能理解李大钊的所作所为。可以说,对李大钊的研究是一个系统工程,即使对每一篇文章的理解也要从多方面、多角度入手,只有牢牢地把握这一点,才能更准确地理解李大钊,更清楚地解决问题。

五四时期的信息传播速度、出版周期,限于当时的条件,不

① 渊泉:《马克思的唯物史观》,《晨报》,1919年5月5日。此文在《新青年》(第6卷第5号)转载时,引言中"今天是马克思一百零一回诞生纪念日"一句被删去。

② 《我的马克思主义观》,《李大钊全集》(最新注释本)第3卷,第15页。

能与今天信息时代的传播速度与出版周期相比，因之，考察一位历史人物的思想及其形成，考察一篇文章的撰写日期和发表日期，必须要联系、结合当时那个时代的特定条件（包括信息传播的时空距离、信息传播的速度以及传播媒介的运行周期等社会、文化条件）来考察，只有这样，才能较为准确地理解一位历史人物思想形成的漫长过程与逻辑起点，而不能仅仅以其撰写的文章发表的时间为唯一依据。

如果本文探讨的结论能够成立，对于理解下面两个问题也有一定参考价值：

其一，《我的马克思主义观》一文与《再论问题与主义》的前后问题。从发表的时间来看，《再论问题与主义》一文发表在先（1919年7月20日《每周评论》），《我的马克思主义观》一文出版在后（1919年9月15日《新青年》第6卷第5号）。但从李大钊的思想发展和理论逻辑来说，从撰写的时间顺序看，《我的马克思主义观》的撰写在前，《再论问题与主义》的撰写在后。只有《我的马克思主义观》一文已经完成，李大钊对马克思主义的理论已经有了一定的了解、研究和较为深入的理解，他才可以在《再论问题与主义》中宣称"我是喜欢谈谈布尔什维主义的"，也才会讨论"问题与主义"的这个问题。换言之，只有他对马克思主义已有所信仰，他才会起而维护布尔什维主义的理论尊严。

其二，《新青年》"马克思研究"专号的策划与《晨报》"马克思研究"专栏的策划之先后问题，或者说李大钊与陈溥贤（渊泉），究竟哪一位最先宣传了马克思主义？诚然，《新青年》收录、转载了《晨报》刊载的介绍马克思的文章，从发表时间看，《晨报》的文章发表在前,《新青年》收录在后,但如从策划时间考察,《新青年》"马克思研究"专号在前,《晨报》"马克思研究"专栏在后。因为《晨报》是日报,每日出版;《新青年》是月刊,周期较长,多位作者的交稿时间有先后,李大钊策划介绍马克思主义,但马克思主义是新生事物,需要一个了解研究的过程,因此,一定要提前策划。可以说,《新青年》"马克思研究"专号的策划至少与《晨报》"马克思研究"专栏的策划是同步的,甚至更早。1919年5月5日,是马克思诞辰101周年纪念日,作为日报的《晨报》在这一天即推出了"马克思研究"专栏;而原计划在5月中旬推出的《新青年》"马克思研究"专号,则因五四运动爆发后引起的持续动荡等客观原因而推迟了交稿、付印和出版。《新青年》第6卷第5号延期,是五四运动爆发、交稿日期推迟等客观原因所致,而非编辑、策划者李大钊的有意推迟。在中国,李大钊是最先举起马克思主义旗帜的,他策划、编辑了《新青年》的"马克思研究"专号。在当时的中国,尚无其他人比李大钊更了解和理解马克思主义,因此,《晨报》等刊物所载的介绍马克思及其学说的文章,均应看作是他策划的宣传马克思主义活动的一部分。就此而言,石川祯浩提出的陈溥贤在宣传马克思主义方面先于李大钊的观点是不能成立的①。

(原载牛大勇、欧阳哲生主编《五四的历史与历史中的五四》,

北京大学出版社2010年出版)

---

① 关于李大钊、陈溥贤与《晨报》"马克思研究"专栏的设立问题,也应是本文内容的一部分,但因此一问题牵涉较广,拟另文探讨(后与王宪明教授合作撰一文讨论此问题,参阅王宪明、杨琥《五四时期李大钊传播马克思主义的第二阵地》,《安徽大学学报》,2011年第4期,已收入本书)。

五四时期李大钊传播马克思主义的第二阵地

——《晨报副刊》传播马克思主义的贡献与意义①

一、问题的提出

李大钊是五四时期在中国传播马克思主义的先驱，这是学术界长期以来的共识。但近年来，个别学者提出了一些"新"的见解。例如，日本学者石川祯浩所著《中国共产党成立史》一书就非常具有代表性，他在书中得出了以下十分大胆的结论。为准确反映其观点，请允许摘录其相关几段文字内容：

> 中国马克思主义者的先驱、创建中共的中心人物李大钊，1919年夏逃离北京在昌黎小住，在那里写下了他那篇永远值得纪念的论文《我的马克思主义观》。……过去，在探讨马克思

---

① 本文初稿曾于2009年10月在北京大学、中国李大钊研究会、北京市委党史研究室等联合主办的"纪念李大钊诞辰120周年学术研讨会"上做过宣读交流，特此说明。

主义在中国的传播时，通常都要提到李大钊的这篇文章；但是
随着研究的深入，现在人们都已经知道，先于这篇文章介绍马
克思主义学说的，是北京的日报《晨报》的第七版即《晨报副
刊》，以及上海的日报《时事新报》的副刊《学灯》上刊登的
文章。其中，《晨报副刊》的《马克思研究》栏在马克思主义
传播史上占有重要位置，这个栏目早在"五四"前夜就发出了
介绍马克思主义的第一声，拉开了五四时期传播马克思主义的
序幕。①

　　在当时的中国，尽管人们越来越关心社会主义，但是，汉
语的社会主义书籍自不待言，连外语的马克思主义书籍也很难
得到。从这一点考虑，李大钊能够在1919年夏秋这一极早时期
宣传介绍马克思主义学说，除了有自己关注马克思主义这一内
在原因外，还应该指出另外一个重要原因：他身边有陈溥贤这
样的为他提供日本社会主义新刊书报的后援者。在陈溥贤五四
运动时期的积极译著与李大钊的言论背后时隐时现的，是日本
社会主义思潮的勃兴和马克思主义研究的发展。
　　毋庸赘言，五四时期，马克思主义在北京的传播，绝非李
大钊一人之功。因为李大钊所接受的所谓马克思主义学说，是
由河上肇、福田德三解释并提出若干疑问后，由陈溥贤传递给
李大钊的。……在1919年的中国，接触马克思主义，就意味着
必然地会被卷进日本探讨研究马克思主义的知识环境中去。换

---

① 　［日］石川祯浩：《中国共产党成立史》，袁广泉译，中国社会科学出版社2006
年版，第7页。

句话可以这样说，且不谈"内在原因"如何，李大钊之所以能够把同一时期日本的马克思主义研究介绍到中国，是因为他有了陈溥贤这样一位朋友，因而与日本的"知识"之间距离较近的缘故。①

石川氏的意思很清楚，用他自己的话说就是："没有原始资料能够证明李大钊直接参与了《晨报副刊》的编辑工作"；"五四时期指导《晨报副刊》积极宣传马克思主义的不是李大钊，而是翻译、介绍上述日文社会主义的'渊泉'（即陈溥贤——引者注）"。②这就是说，李大钊这位在中国传播马克思主义的"先驱"之前还有另外一位"先驱"即陈溥贤，他比李大钊更早地在《晨报副刊》上传播马克思主义并影响了李大钊，而这位"陈先驱"之所以能够做到这一点，是因为背后有与日本的联系。

石川氏上述"新论"，"扬陈（溥贤）抑李（大钊）""高估外因（日本）忽视内因（中国）"的态度显而易见，对此我们不敢苟同。经过研究，我们得出的结论与此正好相反。

二、李大钊是《晨报副刊》传播马克思主义的主动人物

众所周知，李大钊与《晨报》的关系非同一般。

《晨报》是梁启超、汤化龙等为首的进步党的机关报，是五四时期中国最有影响的大报之一，其前身是1916年8月15日创刊的

---

① ［日］石川祯浩：《中国共产党成立史》，袁广泉译，第17页。
② ［日］石川祯浩：《中国共产党成立史》，袁广泉译，第9页。

《晨钟》报。时刚从日本留学归国的李大钊被聘为编辑部主任，该报代发刊词《〈晨钟〉之使命》等文就出自李大钊之手。由于政见不合，两个月后李大钊被迫辞职，离开了《晨钟》报①。

1918年9月，《晨钟》报因刊载段祺瑞向日本大借款事而遭查封。同年12月1日，《晨钟》报改名《晨报》，重新出版，版面安排和内容方面做了重大调整。1919年2月7日，该报于第7版正式设立《副刊》，此后，李大钊频频在该《副刊》上发表文章，宣传介绍马克思主义，从而"使这一版变成了参加新文化运动和宣传社会主义的园地"②。

正因为李大钊与《晨报》有这样的渊源关系，后来的一些研究者认为，《晨报副刊》于1919年2月7日的改良，是在李大钊的指导或协助下进行的③。在传播马克思主义方面，是李大钊"协助《晨报》开辟'马克思研究专栏'"④；"在李大钊的影响下，原来《晨报》的旧人中，也有人写了《近世社会主义鼻祖马克思的奋斗生涯》这样的文章"⑤。

除以上这些众所周知的事实外，还有一些"众所不知"的情况：在李大钊于1916年10月脱离《晨钟》报到《晨报》于1919年2

---

① 关于李大钊与《晨钟》报的关系，参阅朱成甲《李大钊早期思想与近代中国》，人民出版社1999年版，第404—409页。另可参见中央编译局研究室编《五四时期期刊介绍》第1集上册，生活·读书·新知三联书店1978年版，第98页。
② 中央编译局研究室编：《五四时期期刊介绍》第1集上册，第99页。
③ 参阅中央编译局研究室编《五四时期期刊介绍》第1集上册，第98页；《李大钊传》编写组《李大钊传》，人民出版社1979年版，第58页；张静如等编《李大钊生平史料编年》，上海人民出版社1984年版，第75页。
④ 张静如等编：《李大钊生平史料编年》，第75页。
⑤ 李龙牧：《五四时期思想史论》，复旦大学出版社1980年版，第198页。

月7日改版之前这段时间里，他与该报关系到底如何？对该报究竟有无影响？（石川祯浩的论点恰好就是根据这一空档做出的）1919年2月7日该报改良、设立副刊以后，李大钊在其中扮演什么角色？

根据我们的研究，目前已经大致可以肯定的主要有以下几点：

第一，《晨报》复刊第一天正文头条刊出的《发刊词》中指出：

> 《晨报》何为而作乎？曰：即为此罪恶之政治作，社会作，新闻界之恶岁作。良农不以收薄而废耕，良工不以知稀而辍肆，况此政治社会者，不幸而与我同国同生同死，若人与空气之不离，若骨肉亲戚之不可分。假非值此恶岁，陷此罪恶，犹可默尔而听其自然，而今则何如乎？欧战罢矣，门户开放，机会均等之局，吾国所借以苟息于国际者，是否可以恢复不变，军国主义覆，而社会主义大张，自一德意志起，牵连摧陷，几及全欧，骎骎披靡，不可复遏，吾国民之思想能力，是否能与之因应而受其益？就今日政治社会现象观之，吾敢断其于此无一毫把握，而且有不可思议之险兆，而举国上下方且嬉嬉昏昏于贺战胜、讲和平之空气中，以为从此无事，可以偃然各安其私，危乎不危？知其危而垂涕以道，虽不幸至于批鳞犯忌，犹冀其一寤以共全。此处同国同生同死之谊则然，不忍以己而亦不得已者也。此《晨报》之所为作也。[1]

---

① 《发刊词》，《晨报》，1918年12月1日第2版。

这篇发刊词中值得我们特别注意的是：第一，提出了欧战结束后列强在华"门户开放、机会均等"局面与中国的关系及可能出现的变化趋势；第二，对当时举国上下"贺战胜""讲和平"的现象提出了批评；第三，提出了欧战结束后"军国主义覆，而社会主义大张"、中国如何应对的问题。环顾当时中国思想界，能够达到如此境界、正在思考这些问题并抱有如此明确、独特主张的人却寥寥无几，即使有少数先进分子抱有类似看法，也不愿到公众中大声宣讲①。而熟悉李大钊研究的学者都知道，这些问题恰好是李大钊从大战开始直至结束时一直在思考探索的重大问题。《晨报》复刊的《发刊词》所透露出的思想倾向与李大钊这一时期的思想主张完全吻合。

第一次世界大战爆发后，特别是日本乘机占领我国青岛并提出"二十一条"之后，李大钊曾撰写《警告全国父老书》等文，痛陈"吾中国之待亡也久矣！所以不即亡者，惟均势之故"；"致中国于将亡者，惟此均势；延中国于未亡者，惟此均势；迫中国于必亡者，亦惟此均势"。欧战的爆发，打破了此种"均势"，列强在中国

---

① 陈独秀在《克林德碑》一文中就说过：大战结束，京中各校放假三天，庆祝协约国战胜，"旌旗满街，电彩照耀，鼓乐喧阗，好不热闹"，但"余方卧病，不愿出门：一来是觉得此次协约战胜德国，我中国毫未尽力，不便厚着脸来参与这庆祝盛典；二来是觉得此次协约国胜利，不尽归功于军事……所以不管门外如何热闹，只是缩着头在家中翻阅闲书消遣"（任建树主编：《陈独秀著作选编》第1卷，上海人民出版社2009年版，第439页）。另，1919年3月13日，张奚若曾因《新青年》杂志等发表"公理战胜强权"、欢呼大战胜利等文章而写信批评说："读中国报纸，见官府人民一齐庆祝联军胜利，令人赧颜。读《新青年》等报，见谓公理战胜强权，以后世界将永远和平，令人叹其看事太不critical［批判的］……未免蹈混事实与希望为一之弊。"（中国社会科学近代史所中华民国史组编：《胡适来往书信集》上册，中华书局1979年版，第31—32页）

实行的"门户开放""机会均等主义"将面临新的变数，中国也因此正面临着空前的亡国危机①。

第一次世界大战结束之际，李大钊连续发表《庶民的胜利》《Bolshevism的胜利》等文，对举国上下庆祝"战胜"之举提出了严厉批评。他指出：

> 我们这几天庆祝胜利，实在是热闹的很。可是战胜的，究竟是哪一个？我们庆祝，究竟是为哪一个庆祝？我老老实实讲一句话，这回战胜的，不是联合国的武力，是世界人类的新精神。不是哪一国的军阀或资本家的政府，是全世界的庶民。我们庆祝，不是为哪一国或那一国的部分人庆祝，是为全世界的庶民庆祝。不是为打败德国人庆祝，是为打败世界的军国主义庆祝。②

他描写庆祝"战胜"者的状况说：

> "胜利了！胜利了！联军胜利了！降服了！降服了！德国降服了！"家家门上插的国旗，人人口里喊的万岁，似乎都有这几句话在那颜色上音调里隐隐约约的透出来。……我们这些和世界变局没有很大关系似的国民，也得强颜取媚：拿人家的欢笑当自己的欢笑；把人家的光荣做自己的光荣。学界举行提

① 参见李大钊《警告全国父老书》，中国李大钊研究会编注：《李大钊全集》第1卷，人民出版社2006年版，第111、113页。
② 中国李大钊研究会编注：《李大钊全集》第2卷，第254页。

灯。政界举行祝典。参战年余未出一兵的将军，也去阅兵，威风凛凛的耀武。著《欧洲战役史论》主张德国必胜后来又主张对德宣战的政客，也来登报，替自己作政治活动的广告，一面归咎于人，一面自己掠功。像我们这种世界上的小百姓，也只得跟着人家凑一凑热闹，祝一祝胜利，喊一喊万岁。①

但是，仔细想来，就会发现：

这回胜利，究竟是谁的胜利？这回降服，究竟是哪个降服？这回功业，究竟是谁的功业？我们庆祝，究竟是为谁庆祝？

他反思后所得结论是：

原来这次战局终结的真因，不是联合国的兵力战胜德国的兵力，乃是德国的社会主义战胜德国的军国主义。不是德国的国民降服在联合国武力的面前，乃是德国的皇帝、军阀、军国主义降服在世界新潮流的面前。战胜德国军国主义的，不是联合国，是德国觉醒的人心。德国军国主义的失败，是Hohenzollen家（德国皇家）的失败，不是德意志民族的失败。对于德国军国主义的胜利，不是联合国的胜利，更不是我国徒事内争托名参战的军人和那投机取巧卖乖弄俏的

---

① 中国李大钊研究会编注：《李大钊全集》第2卷，第258页。

政客的胜利，是人道主义的胜利，是平和思想的胜利，是公理的胜利，是自由的胜利，是民主主义的胜利，是社会主义的胜利，是Bolshevism的胜利，是赤旗的胜利，是世界劳工阶级的胜利，是二十世纪新潮流的胜利。这件功业，如其说是威尔逊（Wilson）等的功业，毋宁说是列宁（Lenin）、陀罗慈基（Trotsky）、郭冷苔（Kollontay）的功业；是列卜涅西（Liebknecht）、夏蝶曼（Scheidemann）的功业；是马客士（Marx）的功业。我们对于这桩世界大变局的庆祝，不该为那一国那些国里一部分人庆祝，应该为世界人类全体的新曙光庆祝；不该为那一边的武力把那一边的武力打倒而庆祝，应该为民主主义把帝制打倒，社会主义把军国主义打倒而庆祝。[1]

据此，我们几乎可以肯定，《晨报》复刊的《发刊词》即使不是李大钊亲自起草的，也是参与了相关讨论，其思想主张被主持其事者所采纳而写入《发刊词》之中。

第二，李大钊在《晨报》复刊后不久，即在该报发表系列文章，介绍欧洲社会党运动的相关情况。

从1918年12月14日起，李大钊所译《最近欧洲社会党之运动》一文用"去闇"的笔名[2]在《晨报副刊》连载，至1919年1月28日，共刊载38小节。李大钊笔名"去闇"的确认，说明李大钊在离开《晨报》两年之后，又重新为《晨报》撰稿，恢复了与《晨报》当

---

[1] 中国李大钊研究会编注：《李大钊全集》第2卷，第259页。

[2] "去闇"的这篇译文最初发表于1918年7月出版的《言治》季刊第3期上，而后才在《晨报》第7版连载。详细考证，参阅杨琥《〈每周评论〉等报刊若干撰稿人笔名索解》，《历史研究》，2009年第3期，已收入本书。

局一度断绝的关系，有可能开始介入《晨报》的编辑工作。而事实上，他在《晨报》于1919年2月7日正式改版前率先发表介绍欧洲社会党的文章，对《晨报》的改良有较大促进作用（详后）。

此一时期的李大钊，在《言治》季刊、《新青年》等刊物上相继发表了《法俄革命之比较观》及上文所引《庶民的胜利》和《Bolshevism的胜利》等介绍和宣传十月革命与马克思主义的论文[①]，举起了传播马克思主义的旗帜，远早于《晨报副刊》于1919年4、5月刊载的陈溥贤关于马克思生平及学说的译介文章。可以说，在当时的中国，李大钊是第一个开始宣传马克思主义的学者。

《晨报》改良之前的陈溥贤在做什么？此时，他作为《晨报》的特派记者，被派往日本采访。他按计划去日本的军部、政党团体和议会机构进行考察，并发表了《欧洲会议之性质》（1918年12月9日）、《日本之讲和态度》（1919年1月11日）、《原内阁之第一次中日借款》（1919年1月21日）、《日本之黎明运动》（1919年1月28日）等四篇报道。他在《晨报》第7版即"副刊"上，不仅无任何文章发表，而且他在其他版所发表的报道内容与传播马克思主义乃至欧洲社会主义思潮毫无关系。可见，尽管他是《晨报》的记者，但他的报道之重心，与李大钊在《晨报》改良前率先发表介绍欧洲社会党的文章，在推动《晨报副刊》改革上，其作用和意义是相当不同的。

可能正是由于李大钊的作用和影响，《晨报》复刊后，从第一天开始，就用较多篇幅报道欧洲社会党和社会主义运动的情况。例

---

① 分别载《言治》季刊第3期，1918年7月1日；《新青年》第5卷第5号，1918年11月15日（实际延期至1919年1月出版）。

如，12月1日复刊当天，就报道了有关德国"社会党选举大胜""德国各政党之态度""全俄政府政变之由来"等情况①；12月2日报道了德国"工兵会宣言""联邦大会议""俄女革命家东游"等消息②。从12月中旬起，该报又开始用较大篇幅刊载介绍宣传社会主义运动的大块头理论文章：12月14日开始，李大钊用"去闇"笔名发表《最近欧洲社会党之运动》，12月17日开始连载"建侯"所撰《德国社会党人事略》③等。与此同时，"社评"中也开始出现批评资本主义、倾向社会主义的苗头，如"以芬"撰写的一篇社评中提出：

> 夫一社会中资本家之数恒少，而非资本家之数恒多。大战以前，欧美各国之经济组织，大都以保护资本家为主，今后则或与之相反，即前此之经济政策，倾于生产主义，以生产之利得归之资本家者，今后将置重于分配主义，以其利得归之于生产关系之多数民众。④

所有这些都说明，《晨报》在1919年2月7日改版前，报社内部介绍宣传社会主义已经形成某种共识并见诸实际采编报道行动，2

---

① 详细内容参见《晨报》，1918年12月1日第3版。
② 参见《晨报》，1918年12月2日第2、3版。
③ 详见《晨报》，1918年12月17—31日第3版（19—21日在第6版），从12月25日第七部分开始无署名。另，《东方杂志》第16卷第2、3号（1919年）连载《德国之社会党人物》一文，署名"善斋"，经核对，内容与此文相同，文末注明译自日本《东京日日新闻》，暂不清楚"善斋"与"建侯"是否为同一人，但文章内容据此可确定译自日文报纸。（参见《东方杂志》第16卷第2号，第52—58页；第3号，第37—44页）
④ 以芬：《战后思想界之趋势》（续），《晨报》，1919年1月15日第2版。

月7日的改版及以后的变化只是此种共识和行动的自然结果。

第三，在《晨报》改良之后，李大钊与《晨报副刊》关系非常密切，事实上在指导或协助《晨报副刊》的编辑工作。

《晨报》在"改良预告"中称：

> 本报从二月七日起（即正月初七日起）将第二张大加改良：一、增设自由论坛一门，欢迎社外投稿，凡有以新修养、新知识、新思想之著作惠寄者，无论文言或白话，皆所欢迎；二、译丛一门，拟多采东西学者名人之新著，且择其有趣味者移译之；三、剧评一门，拟专择与文艺关系比较的有高尚精神者登载之，如承投稿，亦所欢迎。[①]

《晨报》正常情况下日出2张，共8版，节假日则出1张半，即6版。后来著名的副刊一般在第7版，即在"第二张"上。

我们必须注意的是，1919年2月7日《晨报》"改良"的当天，在绝大多数读者尚不知道该报要"改良"的消息的情况下，李大钊的文章《战后之世界潮流——有血的社会革命与无血的社会革命》就已经出现在这一张"副刊"的"自由论坛"上，并连载两天[②]。这说明，李大钊不是普通的投稿人，他的文章是提前策划、撰写并为《晨报》这次改良服务的。

不仅如此，自此以后，李大钊的文章频繁地刊发于改良后的第

---

① 《本报改良豫告》，《晨报》，1919年1月31日第2版。
② 《战后之世界潮流——有血的社会革命与无血的社会革命》，《晨报》，1919年2月7日至9日，收入中国李大钊研究会编注《李大钊全集》第2卷，第287—290页。

7版上。5天后，他发表第二篇文章《劳动教育问题》，连载两天；10天后，即2月20日，又发表第三篇文章《青年与农村》，连载三天；3月4日，发表第四篇文章即著名的《新旧思潮之激战》；3月14日，发表《现代青年的方向》，连载两天；3月28日，发表《现在与将来》；5月1日，发表《五一节（May Day）杂感》。

李大钊从《晨报》改良实行之日起，就在新设的专栏第7版如此密集地发表文章，可见李大钊与该报副刊的密切关系。更不寻常的是，李大钊于1919年元旦所撰的《大亚细亚主义与新亚细亚主义》一文，在3月6日的《晨报副刊》"自由论坛"登载以后，在3月21日的"自由论坛"栏目中又再一次发表。这说明，如果不是亲自主持或参与其事者，是很难有此条件的。这些事实，充分证实李大钊对《晨报副刊》改良起了实际指导者的作用。

相较之下，被石川祯浩认定为《晨报副刊》指导者的陈溥贤，从《晨报副刊》改良直至4月1日仍一直在日本，继续做《晨报》的驻东京特派员。在2月7日改版之后，他先后发表了数篇报道，但与马克思主义并无直接关系①。这些通讯均发表于第7版以外的版面，在第7版副刊上并无文章发表。直到4月1日，陈溥贤才开始在第7版副刊发表文章，这就是河上肇的《马克思奋斗生涯》译文；5月5日起，他又发表了河上肇的《马克思的唯物史观》译文。陈溥贤报道

---

① 这些报道包括：《日本组织劳动党之运动》（1919年2月11日）、《黎明运动之第一声》（1919年2月14日）、《异哉日本之排华言论》（1919年2月16日）和《日本之普通选举》（1919年2月23日）。石川祯浩将《晨报》上发表的《日本之新潮流》（1919年3月20日）、《日本之马克思研究热》（1919年4月24日）两篇报道也当作"渊泉"的文章，经查对，这两篇报道并无"渊泉"署名，未必是陈溥贤所撰。

重点上出现的这种变化，到底是随着他在日本采访的深入，他作为具有记者的特殊敏感的人，已经发现了日本社会出现的马克思主义的传播热，也开始报道和译介有关马克思的生平与学说，还是随着《晨报》"改良"、专设第7版作为"副刊"以后，主持者要求他关注并提供这方面的稿件，这还是一个值得探讨的问题。如果是后者，那么，就是李大钊的办刊方针影响了陈溥贤，使之朝着宣传马克思主义的方向努力；如果是前者，那么从时间上看，陈溥贤译介马克思主义也远在李大钊之后。无论是两种情况中的哪一种，石川祯浩的结论都无法成立。

第四，大量旁证材料均说明李大钊主持了《晨报副刊》改良初期的编辑工作。

例如，与李大钊关系密切的罗家伦等能够"预知"《晨报副刊》内部的编辑情况并能配合其要求预先制定编译计划、"预告"自己的文章将在《晨报》陆续发表①。

第五，《晨报》在改良之时选择李大钊协助或指导这一工作，是双方具有共同的追求与理想而互相支持、互相配合的最佳结合。

从《晨报》方面来说，进步党的领袖人物之中，梁启超虽一度是中国思想界一颗耀眼的明星，但随着时代的迁移，他在思想界已经渐失往日的影响力和吸引力，且其资助和关注的是设在上海的《时事新报》，对《晨报》的影响本来就有限。而与《晨报》关系较深的几位进步党领袖人物中，汤化龙已经被暗杀，孙洪伊在此之前已经南下，政治上日益向孙中山先生的国民党靠拢。此时在北京

---

① 有关详情，参见杨琥《李大钊〈我的马克思主义观〉与〈新青年〉'马克思研究'专号的编辑与出版》（待刊）。

负责和参与《晨报》事务的领袖人物只有蒲殿俊一人，此人虽曾在晚清预备立宪运动和辛亥革命中起过一定作用，后来又担任过众议院的议长，五四运动后也曾参与新文化运动，但他的兴趣在戏剧改良，与整个新文化界的联系很难说密切，其人脉关系也主要局限于政治人物。因此，地处北京的《晨报》要改良，就不能不依重当时新兴的知识群体，尤其是当时以北京大学为大本营，以陈独秀、胡适和李大钊等为首的新文化群体。正如朱成甲先生所说："《晨报》的改良，需要李大钊与《新青年》群体给予它支持帮助。只有获得这种支持帮助，它的改良计划才能得以实现。"①而在这一群体中，陈、胡与《晨报》素无关系，而李大钊则渊源甚深，是他们可以依靠与信赖的人，因此，《晨报》策划改良之时，邀请李大钊来参与筹划和主持《晨报》副刊的改良，就是最为合乎情理的选择。

从李大钊方面来说，此时的李大钊虽然已经离开了《晨报》，但仍与《晨报》及报社同人保持着密切的关系。在《晨报》负责人辛木的时评《矛盾》一文中，不仅引述了李大钊《新的！旧的！》中的言论，且称李大钊为"我的朋友"②。李大钊与渊泉（即陈溥贤）的友谊和来往，则更为密切③。这些都说明，李大钊尽管离开了《晨钟》报，但与《晨报》及其重要的编辑、记者均保持着密切来往。

---

① 朱成甲：《五四时期马克思主义传播与李大钊历史作用问题的探讨》，《中共党史研究》，2009年第8期。

② 辛木：《矛盾》，《晨报》，1919年3月13日第3版"时评"。辛木为何人，笔者尚未查清楚，但从他经常为《晨报》撰写时评和社论来推断，他是《晨报》的重要撰稿人和负责人之一。

③ 石川祯浩对李、陈之间的关系论述甚详，参阅石川祯浩《中国共产党成立史》，第6—22页。

更重要的是，随着国际、国内形势的发展和现实斗争的需要，作为月刊的《新青年》编辑出版周期太长，已远远跟不上现实的发展，满足不了社会的要求，必须提高新文化传播的速度和广度。为此，陈独秀和李大钊创办了《每周评论》，以批评时政，但刊行周期仍较长，且发行等也面临一定困难。《晨报》作为一张有着完善的发行网络、拥有大量读者群、在社会上有较大影响的日报，自然比月刊和周刊更有助于以最快的速度将世界上的最新消息传播给社会大众。《晨报副刊》这块舆论阵地对李大钊等人来说，实在是求之不得的阵地了。

果然，《晨报副刊》改版之后，新文化群体迅速聚集在该刊周围。在2月7日改版之后，与李大钊同时出现在《晨报副刊》上的作者不仅有志希（罗家伦），还有若愚（王光祈）、涵庐（高一涵），而且不久又加入了一湖（彭一湖）、张赤（张申府）、鲁迅、徐彦之、孟真（傅斯年）、胡适、只眼（陈独秀）、舍我（成舍我）等。这些作者中，有的是北大的学生、《新潮社》的社员，如罗家伦、傅斯年和徐彦之等；有的是北大的教授、《新青年》和《每周评论》的作者，如高一涵、张申府、胡适、陈独秀等；有的是李大钊的朋友、同学，如王光祈、成舍我；鲁迅和彭一湖虽不属于上述几种情况，但也分别是《新青年》和《每周评论》的重要撰稿人。而《每周评论》《新青年》和《晨报副刊》上所发表的作品，这三家刊物通常互相转载，如李大钊《劳动教育问题》首先刊于1919年2月14日至15日的《晨报》，在2月16日的《每周评论》上即转载，又如李大钊《新旧思潮之激战》，也是先发表于《晨报副刊》后为《每周评论》转载；同样，《晨报副刊》先后转载了《新时代之根本思想》（一湖）、《武力解决与解决武力》（胡适）、《狂人日记》（鲁迅）、《大亚细亚主义与新亚细亚主义》（李大钊）、《朝鲜独立运动之感想》等《新青年》《每周评论》上的作品。

这些情况都说明，《新青年》《每周评论》、改良后的《晨报副刊》即使不是一个班子三块牌子，也是三家有着密切关联和互动关系，而居中主持或居间协调的不是别人，只能是李大钊。

此后不久，上海的《民国日报》和《时事新报》也迅速跟进，先后开辟《觉悟》和《社会主义》等副刊，1923年春以后北京《京报》陆续出版特刊，宣传马克思主义。李大钊与其他三大副刊的编者之间保持密切联系，他们的文章各副刊间可以相互转载，形成了一个时效性强（日出四刊）、南北呼应（以京沪两市为大本营、南北思想界互相配合）、影响范围极广（辐射全国）的传播马克思主义理论的重要阵地。

三、几点结论与愿望

在研究近现代史的过程中，各种报刊上发表的文章，到底是作为孤立的证据材料来看待，抓来就用，还是把发表这些文章的语境等因素也一并考虑在内，从文章发表的过程中来审视和使用这些文章？这一问题看似简单，在实际的研究工作中，不同的做法却会从同一篇文章、同一条材料中得出很不相同的结论。对李大钊传播马克思主义的几篇文章的解读所遇到的正是此种情况。

从以上种种论证，我们可以初步得出以下结论：

第一，以李大钊为代表的中国先进分子在第一次世界大战后期、五四运动爆发之前，就已经开始关注、研究、介绍宣传欧洲各国的社会主义运动。这说明，中国近代先进分子为挽救危亡，一直在不懈地、全方位地向外部世界寻求救国真理。这就为十月革命之后马克思主义在中国迅速传播奠定了基础。

第二，李大钊及中国当时的先进分子宣传马克思主义的主阵地不仅限于《新青年》，《新青年》只是他宣传马克思主义的主阵地之一，而复刊后的《晨报》，特别是改良以后的《晨报副刊》是他传播马克思主义的第二阵地，而且由于《晨报副刊》是以日报的形式逐日出版，这就与按月出版的《新青年》不同，它可以更短的周期、更高的时效性，以最快的速度、最大的覆盖面，把马克思主义理论及相关信息传播到全国。

第三，李大钊在《晨报》的工作，并不是一个普通的报社记者或通讯员的工作，也不是一个普通文字编辑的工作，他所担当的，是一个组织者、协调者的角色。正是通过他的杰出工作，《晨报》从1918年12月1日复刊第一天开始，特别是从次年2月7日开始，成为马克思主义在中国有组织、有系统传播的最重要的阵地之一，其作用与《新青年》相比，可以说毫不逊色。

第四，李大钊并不是第一个关注到俄国十月革命的人，也不是与列宁为首的布尔什维克建立直接联系的第一人——远在他之前，中国近代资产阶级民主革命的先行者孙中山先生已经在其党报《民国日报》上率先报道十月革命的消息[1]，孙先生本人也在1918

---

[1]　参见1917年11月10日《民国日报》等。有关中国报刊报道十月革命情况的研究，可参见方汉奇《十月革命在中国报刊上的反映》，收入《方汉奇文集》，汕头大学出版社2003年版，第314—333页。

年夏间就与列宁建立了直接联系①，然而，无论是国民党的机关报上海《民国日报》也好，还是梁启超的进步党在上海的机关报《时事新报》等也好，虽也报道过一些有关欧洲社会党的消息，但却迟迟没有开始有组织、有系统地宣传马克思主义。而在李大钊举起传播马克思主义的旗帜之后，在他的指导和帮助下，复刊以后的《晨报》，紧密地配合《新青年》，在《晨报副刊》开始有组织、有系统地发表有关马克思主义理论和世界社会主义运动的文章。正是在《新青年》和《晨报副刊》的带动下，《民国日报》《时事新报》和稍后的《京报》等迅速跟进，先后辟出专栏专刊，宣传马克思主义②，从而形成马克思主义理论在中国传播的热潮，为此后中国共产党的成立奠定了社会氛围和思想理论基础。

正因为如此，李大钊不仅成为最早在中国传播马克思主义的人，而且还是最早在中国传播马克思主义的组织者和协调者，正是由于他的出色工作和人格魅力，马克思主义才会在当时中国特定的社会政治环境下得以迅速传播，并最终成为中华民族走向复兴的新

---

① 宋庆龄代孙中山拟致列宁信，内容片断可参见中国社会科学院近代史研究所中华民国史研究室等编《孙中山全集》第4卷，中华书局1985年版，第500页；陈旭麓等主编《孙中山集外集》，上海人民出版社1990年版，第467页；尚明轩主编《宋庆龄年谱长编》，北京出版社2002年版，第124页。有关列宁的答复及派人与孙中山先生联系的情况，参见契切林致孙中山，中共中央党史研究室第一研究部编《共产国际、联共（布）与中国革命文献资料选辑》第2册，北京图书馆出版社1997年版。

② 有关"四大副刊"的创立及发表的文章篇目，参见中共中央编译局研究室编《五四时期期刊介绍》，生活·读书·新知三联书店1978年版，第1集上册，第98—143页，下册，第475—546页（《晨报副镌》）；上册，第182—220页，下册，第559—751页（上海《民国日报》副刊《觉悟》）；1959年版，第3集上册，第270—287页，下册，第730—908页（上海《时事新报》副刊《学灯》及《社会主义研究》）。

起点。

　　相比之下，我们对这一段历史的学术研究还很不够，一些最基本的史实，包括一些作者的笔名等都不甚了了。因此，我们真诚地希望同行学者能够在前辈学者们所做研究的基础上，集中一些力量，对李大钊五四前后在《晨报副刊》等民国著名四大报纸副刊上传播马克思主义的历史、组织系统、人际网络、学术思想渊源等展开更为深入系统的研究①。这样做不仅仅是要弄清这一段历史，而且更重要的是学习体会李大钊等先辈们如何顺应世界潮流，把马克思主义理论引入中国并迅速使之大众化、与中国革命具体实践相结合的成功经验，为中国当代的社会主义文化大发展大繁荣做出学术界应有的贡献。

（原载《安徽大学学报》2011年第4期，本文与王宪明教授合作，现征得他的同意，收入本书）

---

①　目前已有几种论著对《晨报副刊》等进行过一些研究，但作者基本上都是文学、文艺或新闻学专业的，史学界、理论界的似乎还很少见。

《每周评论》等报刊若干撰稿人笔名索解[①]
——"明生""去闇""CZY生"及其他

　　《每周评论》《晨报副刊》《甲寅》月刊等,是五四运动前后具有重要影响的政论杂志或副刊。对于这几份重要的报刊,学术界历来很重视,在《五四时期期刊介绍》《辛亥革命时期期刊介绍》都撰有专文予以评介,其他研究五四新文化运动的论著也多有所涉及[②]。但是,以往的研究,主要偏重于对刊物性质及其代表人物陈独秀、李大钊、胡适、章士钊等思想主张的探讨,而对其他一些重要撰稿人以及这批撰稿人之间的人际交往和思想上的相互影响则很少注意。至今还有一些重要撰稿人的身份,尚不清楚;有的只知

---

① 本文在初稿完成后,承蒙业师刘桂生先生、张步洲编审和王宪明教授审阅并指正;此次修改,又承匿名评审人提出建设性的修改意见。在此谨致谢忱!

② 关于《每周评论》《晨报副刊》的介绍,参阅中共中央马克思、恩格斯、列宁、斯大林著作编译局研究室编《五四时期期刊介绍》第1集,人民出版社1958年版,第41—62页,第98—142页;关于《甲寅》月刊的介绍,参阅丁守和主编《辛亥革命时期期刊介绍》第4集,人民出版社1986年版,第529—541页。对前两份刊物之思想内容的分析,参阅丁守和、殷叙彝《从五四启蒙运动到马克思主义的传播》,生活·读书·新知三联书店1979年版,第67—70页;彭明《五四运动史》,人民出版社1999年版,第211—221页;萧超然《北京大学与五四运动》,北京大学出版社1995年版,第161—164页。单篇论文甚多,不一一列举。

其笔名，并不知道他们的真实姓名。而弄清这些重要撰稿人究竟是谁，对于深入研究这几份报刊的地位和作用乃至新文化运动思潮之兴起是很有裨益的。笔者在翻阅民初至五四时期部分报刊的过程中，考辨了若干位撰稿人的相关线索或真实姓名，现撰此文，将自己的查考结果刊布，以供研究者参考。不当之处，请批评指正。

一、《每周评论》："明生"即陶孟和

众所周知，《我的马克思主义观》是五四时期李大钊介绍和宣传马克思主义的一篇重要文献。在他发表于《新青年》第6卷第5号的《我的马克思主义观》一文中，李大钊曾引用了刊载于《每周评论》第33号上"明生"《欧游记者特别通讯》中的材料，作为他立论的依据①。长期以来，学术界以该篇"明生通讯"发表的时间——1919年8月3日为根据，来判断和确定李大钊《我的马克思主义观》（上篇）一文撰写与发表的时间②。但是，对于"明生"究竟是何人，以及"明生"与李大钊和《每周评论》之间具有怎样的关系，则从未见有人探究过。事实上，搞清楚"明生"的真实身份，不仅有助于确定李大钊《我的马克思主义观》（上篇）一文的撰写时间，而且对于理解《每周评论》上这些撰稿人之间的横向联系、思想异同也很有必要。为此，笔者多方考辨，终于弄清"明生"即

---

① 李大钊：《我的马克思主义观》，中国李大钊研究会编注《李大钊全集》第3卷，人民出版社2006年版，第32页。
② 刘维：《一个必要的考据》，《光明日报》1960年8月4日第3版。

为当时的北京大学教授陶孟和①。

笔者确定"明生"为陶孟和，是基于下列事实：

首先，从《每周评论》的人际关系来考察。《每周评论》创刊于1918年12月22日，为陈独秀、李大钊所创办和主持，共出版37号（期），而署名"明生"撰写的《欧游记者特别通讯》在1919年3月9日《每周评论》第12号首次刊登，以后连载，一直到《每周评论》第34号为止，可见该刊主编对"明生"所撰通讯的重视。而《每周评论》是一份政治倾向和思想倾向都非常鲜明的刊物，是陈独秀、李大钊为了宣传新思潮、反对旧文化和及时开展思想文化战线的斗争而创办的政论刊物，因此，为该刊撰写"欧游记者特别通讯"的这个"记者"，就不可能是一个一般的报社记者，相反，他是陈独秀、李大钊"特约"的一位"记者"；其身份也不一定就是"职业记者"，学者或教员也可以。既然是陈独秀、李大钊"特约"的"记者"，那么，他应该是与陈独秀、李大钊及《新青

---

① 陶孟和，原名履恭，浙江绍兴人，1889年生于天津。父亲陶仲明，为一位饱学之士，与天津教育家严修友善，曾受聘于严氏家塾，陶孟和幼年入严氏家塾就读，同受业于其父。1904年，该家塾改为敬业中学堂。1906年，学堂迁至南开，改称南开学校。陶孟和为南开学校第一届师范毕业生。1909年，陶孟和赴英国留学，入伦敦经济学院，师从著名学者霍布豪斯，攻读社会学。1913年毕业回国，1914年入北京大学，历任北京大学教授、政治学系主任、哲学系主任和教务长等职。章士钊创办《甲寅》杂志后，曾为《甲寅》撰文。《新青年》创刊不久，即在该刊发表《人类文化之起源》《社会》等论文，后又在该刊发表《新青年之新道德》《女子问题》《我们政治的生命》等多篇论著，介绍西方新的学术思潮，宣传西方资产阶级的民主、科学思想，积极投身于新文化运动。1919年3月，受北京大学委派，赴欧洲考察教育。回国后，在《新青年》《新教育》上发表一系列考察报告，介绍第一次世界大战之后的欧洲社会思潮及教育思潮。以上陶孟和的履历，据巫宝山《纪念我国著名社会学家和社会经济事业的开拓者陶孟和先生》一文（《近代中国》第5辑），并根据《北京大学日刊》《新青年》《新教育》和陶孟和著作中的零星回忆做了一些补充和订正。

年》关系密切之人，甚至很有可能就是北京大学的教员。如果这个推论不错的话，查阅1918至1920年的《北京大学日刊》等资料，可知1918年底到1919年初，北京大学派往欧洲考察教育的学者为理科学长夏元瑮和政治学系主任陶孟和两人。根据相关资料，夏元瑮是1919年1月离京出发的，陶孟和是1919年3月离京出发的[①]；夏元瑮是物理学家，陶孟和是社会学家；夏元瑮尽管也发表一些关于政治问题的评论[②]，但从未在《新青年》上发表文章，陶孟和则在《新青年》已经发表过大量评论文章[③]，与陈独秀、李大钊及《新青年》关系较为密切。考虑到他们出发时间的早晚和二人所研究学科的不同，以及二人与《新青年》的关系之亲疏，在此二人中，"明生"为陶孟和的可能性较大。

其次，从陶孟和的考察行程与"明生"的"通讯"行程来看，二人的行程基本重合。

从《每周评论》上所载"明生"的"特别通讯"可以看出，"明生"从北京出发，经过天津、山东、南京，到上海[④]。然后从上海坐船出发，先到日本，3月17日离开日本，再到美国，而在美

---

① 《北京大学日刊》1919年1月15日第1版载《夏学长告白》，称："鄙人欧美之行，定于日内起程。"据日刊预告，夏拟于1月22日离京南下；《北京大学日刊》1919年3月1日第1版载《陶履恭启事》，称："恭此次出京，蒙诸君祖饯，感谢万分。"据此，陶是3月1日前后离京的。

② 夏元瑮：《欧洲战祸之原因》，《东方杂志》第12卷第2、3号，1915年2月1日、3月1口。

③ 早在1917年初，陶孟和即在《新青年》第2卷第5、6号上刊发了《人类文化之起源》的长篇论文。

④ 明生：《欧游记者特别通讯·旅中杂感》，《每周评论》第12、14、15号，1919年3月9日、3月23日、3月30日。按，"明生"的"特别通讯"，最初称"欧游记者特别通讯"，后来又改称"欧游记者特别通信"，本文为方便起见，统一称为"欧游记者特别通讯"。

国，首先到达的是檀香山。离开美国后，作者又到了英国①。后来，因为《每周评论》被查封，"特别通讯"未能续刊，但从他前面的通讯中，我们已经知道，他的目的地是法国②。

再看陶孟和的行程。陶孟和也是从上海出发，3月12日到日本神户，在东京等地考察了日本的普通教育、女子教育、高等教育和高等师范教育，并拜访了当时正在日本讲学的美国哲学家杜威博士③。3月17日，他离开日本，途经美国夏威夷（檀香山），考察了当地的华侨社会及华侨教育，于4月2日到达美国本土。在美国，他考察了加利福尼亚大学、芝加哥大学，与北京大学及中国其他地方和机构派出的留美学生丁绪宝、颜任光、雷沛鸿等进行了交流④。然后，他从美国又到了英国，在英国考察后，最后于5月到达法国⑤。

由此可见，陶孟和的行程与"明生"的行程基本重合。

再次，从"明生"所撰"特别通讯"的某些内容和陶孟和提供的教育考察报告的内容比较，二者的相似或一致之处甚多。

"明生"的《欧游记者特别通讯》在第十八《檀香山之日侨》、第十九《檀香山之华侨》、第二十《美洲之华侨》等通讯

---

① 明生：《欧游记者特别通讯·牛津之"新潮"》，《每周评论》第34号，1919年8月10日。
② 明生：《欧游记者特别通讯·美国新教育思潮》，《每周评论》第30号，1919年7月13日。
③ 《陶履恭教授致校长函》《陶履恭教授致胡适之教授函》，《北京大学日刊》，1919年3月27日，第5—6版。
④ 参阅《陶履恭教授致蔡校长函》，《北京大学日刊》，1919年5月23日，第2—3版。
⑤ 陶履恭：《游欧之感想》，《新青年》第7卷第1号，1919年12月1日。他后来又返回英国。

中，简略记述了夏威夷（檀香山）和美国本土的日侨状况、华侨社会与华侨教育的状况，指出当地社会中存在的日本侨民势力庞大，日侨与夏威夷未来发展的关系甚大①。而在陶履恭和郭秉文联合发表在《北京大学日刊》的《调查教育报告》中，则以《檀香山教育概况》为题，对夏威夷（檀香山）的教育机构、教育规模和教育设施、中学和大学、课程设置与教学活动、公办学校与私立学校以及华侨的教育和日侨的教育，举凡檀香山教育的方方面面，均详细地进行了考察和记录，并且也提出当地日侨的私立学校与夏威夷当局的教育方针多不相符，有碍当地发展②。这种见解，与"明生"的《欧游记者特别通讯》中的议论极为相似，并可互为补充。

最后，更为有力的证据是，在1919年8月10日出版的《每周评论》第34号上，刊载了明生的通讯《牛津之"新潮"》，而这则通讯，在同年10月出版的《新潮》第2卷第1号所载志希③的《欢迎我们的兄弟："牛津大学的新潮"》一文中，明确地指出，这是陶孟和的一封来信的内容。为了将问题说清楚，不妨将志希这篇文章的开头部分抄录于此：

英国的牛津大学（ Oxford University ）算是世界上一个最古的大学。 他的校舍，大都是中古时代传下来的古迹；他的制

---

① 明生：《欧游记者特别通讯》，分载《每周评论》第31、32号，1919年7月20日、7月27日。
② 参阅郭秉文、陶履恭《调查教育报告》，连载于《北京大学日刊》1919年5月29日、5月30日、5月31日、6月3日、6月4日。
③ 志希即罗家伦，当时为北京大学英文系学生，《新潮》社负责人和《新潮》主要撰稿人之一。

度，大都不脱封建时代的旧习惯；他的文学，最重的是希腊、拉丁的古文；他的学生，最多的［是］贵族的子弟，绅士态度十足的人。历史上的名誉，的确要推牛津大学第一。不料前几天我看见一封陶孟和先生在英国来的信道：

"北京大学有一般青年的学生，受了三五年的新教育，窥见了西洋的思想学术，考究了西洋的文物制度，就想用一种比较的批评的眼光讨论我们中国固有的思想、固有的学术和固有的制度。一时惹动了一般专门中国文学'经学'的前辈和以诗家文豪自居的诸位先生。当我离开中国的时候，什么取缔、驱逐的风声闹个不了。这两天我在几万里外读上海的报，这种'新潮'的运动竟酿成了现代一种大冲突。不特冲突并且要用专制的方法干涉言论。哈！这是中国。

不图这次大战之后，英国素称守旧的大学的学生也不先不后于五月发行了一种杂志，鼓吹'新潮'。但是他们杂志的名字不像北京大学学生所出的名字容易遭当局者之忌。他名叫《牛津的眼光》（*The Oxford Outlook*），底下说是一种文学的政治的杂志。编辑管理全属于牛津大学生。第一期的内容不暇遍述，第一篇的题目就可译为《牛津大学之新潮》。著者说向来牛津专贩卖古货，从此要把老古董埋在地下了；又说大学是个民主的团体，大学内的变迁，从此要由学生参预了。此外，还有激烈的话不必引出。我现在把这报送到北京大学去，能读英文的可以自己去读。但是可惜我们中国的专门文学'经学'的和自认为大文豪的不识爱皮西狄，要是翻了出来又恐怕不信！

这期报已出版一个多月，至今教育部也没有想到取缔，也没有人运动议员弹劾教育总长。校长教授也没有宣言干涉，国内的名师宿儒也没有声言攻击。这第一期里反有剑桥大学副校长（向来英国校长是名誉职，主持校务者实为副校长）的一篇文章。哈！这是英国。"

接下来，该文作者说，他很快又收到了陶孟和寄来的《牛津的眼光》（*The Oxford Outlook*）[①]，并从该刊中翻译了几段文字介绍给读者。他说："我看完这封信之后，高兴异常。第二天果然收到了这本《牛津的眼光》。翻开来一看，看见一篇就叫《牛津大学的新潮》（"The Renaissance of Oxford"）。中间有许多精粹的话，我现在将他重要的摘择几段下来。"[②]作者在介绍了《牛津的眼光》中的一些言论之后，在文末宣称："'牛津大学的新潮'呵！我们有了你更自信了，更觉悟了！'让那班死人埋他们的死尸，我们活人做我们活人的事。'奋斗！还是奋斗！奋斗是我们的生活，真理是我们的光！我们手挽手走到人类进化的路上去！"作者的兴奋之情溢于言表，可见他从英国"牛津的新潮"中所受到的鼓舞。

上面抄录的该文中所引用的陶孟和信中的一段话，与《每周评论》第34号所刊"明生"的通讯《牛津之"新潮"》一字不差，完全一致[③]。

[①] 陶孟和先生寄来的这份杂志，至今保存在北京大学图书馆期刊室。

[②] 志希：《欢迎我们的兄弟："牛津大学的新潮"》，《新潮》第2卷第1号，1919年10月30日。

[③] 参阅明生《欧游记者特别通讯·牛津之"新潮"》，《每周评论》第34号，1919年8月10日。

这就很清楚地说明，"明生"即为陶孟和，陶孟和就是"明生"。

二、《晨报副刊》："去闇"即李大钊

《晨报》是五四时期最有影响的大报之一，曾因其副刊而享誉舆论界。1916年，李大钊曾任《晨报》前身《晨钟报》的编辑部主任，后来因政见不同而辞职，离开了《晨钟报》[①]。从1919年2月7日起，李大钊又开始为《晨报》撰稿。正因为李大钊与《晨报》有这样的渊源关系，后来的一些研究者认为，《晨报副刊》于1919年2月7日的改版，是在李大钊的指导或协助下进行的[②]。但最近日本学者石川祯浩指出，这一观点尽管流传甚广，却并没有原始资料能够证明李大钊直接参与了《晨报副刊》的编辑工作[③]。笔者对此也进行了一番追踪考察，从"去闇"这一笔名入手，逐步弄明白了这一问题。

"去闇"所译的《最近欧洲社会党之运动》一文，从1918年12月14日起，即在《晨报副刊》连载，至1919年1月28日，共刊载38小节。《晨报副刊》从当年2月7日起，进行了大改版。笔者翻阅了改版前后的《晨报》，发现"去闇"是《晨报》上此一阶段出现

---

① 关于李大钊与《晨钟报》的关系，参阅朱成甲《李大钊早期思想与近代中国》，人民出版社1999年版，第404—409页。

② 参阅前揭《五四时期期刊介绍》第1集，第98页；《李大钊传》编写组《李大钊传》，人民出版社1979年版，第58页；张静如等编《李大钊生平史料编年》，上海人民出版社1984年版，第75页。

③ 石川祯浩：《中国共产党成立史》，中国社会科学出版社2006年版，第9页。

的新面孔，在《晨报》改版前率先发表介绍欧洲社会党的文章，对《晨报》的改版有一定促进作用。经过考析，发现"去闇"即为李大钊的笔名。理由如下：

第一，署名"去闇"的长篇译文《最近欧洲社会党之运动》，最初发表于1918年7月出版的《言治》季刊第三期上，而后才在《晨报副刊》连载。能在《言治》《晨报》上发表同一文章的人，当是与这两个刊物均有一定关系之人，这个人，最大的可能是李大钊。因为《言治》杂志是北洋法政学会的机关刊物，李大钊即担任其主编之职；而从李大钊与《晨报》的关系而言，此时的李大钊虽然已经离开了《晨报》，但仍与《晨报》社保持着密切的关系。在《晨报》重要撰稿人辛木的时评《矛盾》一文中，不仅引述了李大钊《新的！旧的！》中的言论，且称李大钊为"我的朋友"①。李大钊与《晨报》记者渊泉（即陈溥贤）的友谊、来往，则更为密切②。这些都说明李大钊尽管离开了《晨钟报》，但与《晨报》社及其重要的编辑、记者均保持着密切来往。当时，与《言治》《晨报》同时有密切关系的人物，除李大钊外，再无第二人③。

第二，李大钊长期关注欧洲社会党的活动。早在1917年编辑《甲寅日刊》时，他就撰写了有关欧洲社会党的长文《欧洲各国社

① 辛木：《矛盾》，《晨报》1919年3月13日第3版"时评"。辛木为何人，笔者尚未查清楚，但从他经常为《晨报》撰写时评和社论来推断，他是《晨报》的重要撰稿人和负责人之一。
② 石川祯浩对李、陈之间的关系论述甚详，参阅石川祯浩《中国共产党成立史》，第6—22页。
③ 笔者最初也曾猜想"去闇"为其他与《言治》或《晨报》具有联系的人，如高一涵或郁嶷、白坚武等，但经过仔细考察，均排除了，因其关系均为单一的。而与两刊同时具有关系者，唯李大钊一人。

会党之平和运动》等①。俄国革命爆发后，他又密切关注俄国革命的进展与欧洲社会党的活动，发表了《法俄革命之比较观》《庶民的胜利》和《Bolshevism的胜利》等文②。而《最近欧洲社会党之运动》一文，译自日本安部矶雄的论文③，安部矶雄为日本社会主义运动的先驱，李大钊在日本留学时，曾在早稻田大学选修过他所讲的《都市问题》课程，在课外也有所接触④。这一时期，李大钊的思想正在从资产阶级民主主义向社会主义转化，他很有可能选择自己所熟知的老师之著作翻译，以供"研究社会党者之参考"⑤。

第三，李大钊《欧洲各国社会党之平和运动》一文与"去闇"所译安部矶雄的论文在内容、文字上有相近之处。从表面上看来，李大钊《欧洲各国社会党之平和运动》一文发表在先，"去闇"所译《最近欧洲社会党之运动》发表在后，但事实上，安部矶雄的原文则早于李文发表。对照李大钊《欧洲各国社会党之平和运动》与"去闇"所译《最近欧洲社会党之运动》，就会发现，这两篇文章的内容，尽管文字不完全相同，但某些说法、观点则是一致的。兹举两段为证：

---

① 该文共四篇，分别载于1917年4月24—25日、5月2日、5月5日的《甲寅日刊》。
② 分别载《言治》季刊第3册，1918年7月1日；《新青年》第5卷第5号，1918年11月15日（实际延期至1919年1月出版）。
③ 《最近欧洲社会党之运动》文前，《言治》编者云："此篇为日本阿部矶雄所著，成于大正六年五月。"又云："篇中叙述欧洲社会党过去之略史及最近之活动，颇为翔实，可供研究社会党者之参考。"反映了该刊编者的态度。实际上，这位编者正是李大钊（该期《言治》由他主编）。
④ 韩一德：《李大钊留学日本时期的史实考察》，《近代史研究》，1989年第4期；安藤彦太郎：《日本留学时期的李大钊》，中国李大钊研究会编：《李大钊与中国社会主义道路》，北京大学出版社1994年版，第274—296页。
⑤ 《最近欧洲社会党之运动·编者识》，《言治》季刊第3期，1918年7月；中国李大钊研究会编注：《李大钊全集》第2卷，人民出版社2006年版，第242页。

"去闇"译文：世人每以俄国社会党势力微弱不振，此乃仅就外形判断之结果，实则社会主义思想已深入于俄国人心，故一树革命之帜，而社会党劳动党一跃而在政治界占大势力。①

李大钊文：交战以来，俄国社会党之活动，由表面观之，似无甚大之影响，而考此次革命之成功，则泰半为社会党运动之效果。②

"去闇"译文：当开战之际，外国电报喧传社会党首领利布克涅奚脱遭遇暗杀，及社会党数十人拒绝从军被处死刑之事，全属子虚之事。③

李大钊文：德国之社会党，开战之前，虽尝竭力为防止战争之运动，而至开战之际，虽相传其首领李普库聂西特及学者罗札卢森堡等以反抗政府遭枪毙，迨后详查，始知此为谣诼，而非事实。④

由此可见，李大钊之文在某些方面由安部矶雄之文转化而来。

---

① 去闇：《最近欧洲社会党之运动》，《言治》季刊第3期，"译述"，第51页。
② 李大钊：《欧洲各国社会党之平和运动》（下），中国李大钊研究会编注《李大钊全集》第2卷，第132页。
③ 去闇：《最近欧洲社会党之运动》，《言治》季刊第3期，"译述"，第34页。
④ 李大钊：《欧洲各国社会党之平和运动》（下），中国李大钊研究会编注《李大钊全集》第2卷，第133页。

当然，因为"去闇"译文是据日文翻译，李大钊之文则是他根据当时各种报刊撰写而成，因此在文字上有些差异，但这两篇文章所论述的主旨、内容则存在很多一致之处①。笔者推测，李大钊在撰写自己的文章时，有可能参考了安部矶雄的原作，并翻译了这篇文章。

既然是李大钊翻译了安部矶雄的文章，也许大家会有疑问，李大钊为何不署真名？笔者推测，其原因在于，刊载该文的《言治》季刊第3期，为李大钊主编，此期刊物所登的重要论文，几乎全是李大钊所撰或所译，署名"李大钊"或"守常"②。如果这篇译文再署名"李大钊"或其他大家所熟知的笔名，显然并不合适。所以，李大钊便署了这样一个不为人们所知的"去闇"。

再者，"去闇"这一笔名，与李大钊的另一笔名"明明"相对应，又与他早年的一个名号"闇斋"相联系。早年李大钊手抄的一篇作品中，署名"闇斋"③；而在五四时期李大钊发表于《每周评论》等刊物上的文章，则署名"明明"。"闇"为黑暗之意，"明"为光明之意，二字正相对应。不仅如此，如果再进一步探究，就会发现李大钊取这三个笔名，具有深刻的寓意。"闇斋"是早年所取，反

① 去闇所译安部矶雄《最近欧洲社会党之运动》一文，长达51页，论述了当时欧洲各国社会党的现状及反对第一次世界大战的活动；李大钊的文章较短，集中论述俄、德、英、法等国社会党的反战运动，对其历史着墨不多。这是因为李大钊是针对中国当时的政治现实而撰文，表达其对中国政治的看法，故对材料的取舍与"去闇"译文有所不同。

② 在该期《言治》上，李大钊既发表了《法俄革命之比较观》《东西文明根本之异点》《强力与自由政治》《调和之法则》《调和胜言》等五篇论文，又发表了《中国国际法论》《精琦氏宪法论》《国家与个人》和《哀音》等四篇译作。此外，还发表了《俄国革命与文学家》（未署名，经考证，也为李大钊所作）及一首诗。

③ 李大钊早年手抄的《黄石公素书》上，署名为"闇斋李大钊"。参阅杨芹《新发现的李大钊墨迹》，《北京党史研究》，1991年第4期。

映了他对清末民初社会的认识，认为当时的社会是黑暗的社会；而"去闇"则反映了他对第一次世界大战时期欧洲社会党人的反战主张及其革命活动的肯定，认为这些活动是"去闇"即驱除黑暗、去掉黑暗的斗争。至于"明明"这一笔名，第一次出现于1919年1月的《每周评论》上[1]，反映了在俄国十月革命、欧洲社会革命、日本大正民主运动等世界民主潮流兴起之后，李大钊对国际、国内形势判断的乐观心态，也反映了李大钊在经过长期痛苦的探索与思考以后，对自己所追求的真理具有了较为明确的认识和选择[2]。

"去闇"这个笔名，李大钊不常用，当时鲜为人所知，后来的研究者也未去注意。如果我的推论成立，"去闇"确为李大钊的笔名，则对进一步探究李大钊与《晨报》的关系，尤其是他与《晨报》的改革、《晨报》"马克思研究"栏目的设置之间的关系，具有重要的参考意义[3]。

三、《甲寅》月刊："CZY生""渐生" "运甓"及"重民"之真实身份

《甲寅》月刊是二次革命后革命党人在日本所办的一份政论刊物，由章士钊主编。这份杂志，在当时曾发生较大影响，对五四新

---

[1] 李大钊用"明明"这个笔名，首次见丁1919年1月19日出版的《每周评论》第5号。参阅明明《北京的"华严"》《新自杀季节》等，《每周评论》第5号，1919年1月19日。

[2] 李大钊在第一次世界大战结束以后，发表了著名的两篇演讲《庶民的胜利》《布尔什维主义的胜利》，反映了他对世界潮流的认识和对中国国内现实问题的态度。但这两篇演讲，也表现了他乐观的情绪。

[3] 此问题牵涉颇广，限于篇幅，笔者拟另文探讨。

思潮的兴起有很大的促进作用①。由于年代较远，研究又较少，该刊一些撰稿人的身份和名字多不为人所知。笔者则从中发现了一些不应遗忘的历史人物，下面略举一二。

（一）"CZY生"为杨昌济

杨昌济（1871—1920），原名华生，字怀中。湖南长沙人，早年就读于岳麓书院，戊戌维新时期投身湖南维新运动；1903年赴日本留学，其间曾参与革命活动；1909年转入英国爱丁堡大学文科，专修哲学。1913年回国后，先后在湖南高等师范学校、湖南省省立第四师范、第一师范等校任教。在《甲寅》月刊第3号以本名发表诗2首、传记1篇（《蹈海烈士杨君守仁事略》），后为《新青年》撰稿人之一，1918年秋受聘为北京大学教授。

"CZY生"在《甲寅》月刊发表论文2篇（《宗教论》与《改良家族制度札记》）、通讯1篇（《国之大忧》）。笔者从章士钊的"识语"中发现线索，将这几篇文稿与杨昌济的《达化斋日记》加以对照，可以确定其作者的真实身份为杨昌济。

在"CZY生"的《宗教论》一文之前，有《甲寅》月刊编者（即章士钊）的"识语"，称：《宗教论》的作者，"本吾国宿儒，又治学日本、英伦、柏林逾十年"，"编者与共讲席，风义介乎师友之间"②。据此，"CZY生"应为章士钊的好友。考察章士钊好友

———————

① 参阅岳升阳《移植西方民主政制的失败与启蒙思想的复苏——〈新青年〉的先声〈甲寅〉月刊》，刘桂生主编《时代的错位与理论的选择》，清华大学出版社1989年版，第99—138页；杨琥《民初进步报刊与五四新思潮》（博士学位论文，北京大学历史系，2000年）。
② 《〈宗教论〉识语》，《甲寅》月刊第1卷第8号，1915年8月10日。

中，留学日本又留学英国者，有杨昌济、杨笃生二人，而后者已蹈海而死。"CZY生"很有可能即是杨昌济。

又《宗教论》及《改良家族制度札记》两文的内容，与杨昌济《达化斋日记》中的许多论述极为一致，且文字亦大段相同。略举两段为证：

在《宗教论》中，开头有一大段文字，论述儒家与其他宗教的异同：

> 儒术与佛、耶、回三教不同之处有数事：一则彼三教皆崇拜教主为神，而吾人则仍认孔子为人。二则彼三教皆有礼拜堂，为普通人民礼拜之所；中国之文庙则限于入学者始得入而礼拜，并不及于女子。三则彼三教皆有执行教务之教士，俨然成一职业，吾国则无之。四则信奉彼三教者，各有宗派，守一尊而排异己，中国人之读儒书者，则颇自由，可以兼收各教之所长。……西人则除少数无宗教者外，大概必属于一教；既属于此教，则不得复属于他教，盖神有嫉妒之性，责信徒以专一之信仰，恰如中国人所谓忠臣不事二君，烈女不事二夫，固不容如此分属也。友人尝言，宗教者必说未来，而孔子但说现世，故不得以儒术为宗教，此则儒术本非教之意义也。
>
> 然若为广义的解释，则孔子受全国人之崇拜已二千余年，实亦具教主之资格。吾人既设庙祀之，即不能不认孔子为有半神之资格。释迦、耶稣、摩哈默德，亦不过半神而已。……孔子不说未来，然吾国古来所敬神之礼，孔子亦行之，是仍含有宗教的臭味。大抵各教不同，多在于敬神、婚丧之仪式。吾国

人自有吾国敬神、婚丧之习惯，截然与奉耶、回两教者不同，故不得不谓吾国自有吾国之国风，而因孔子集大成之故，乃名之曰孔教。孔教之名词，固各国文字之所有也。余在德国时，每居一地，必开列姓名、年岁、籍贯、职业等事报告警察局，且必载明属何宗教。中国人则皆书曰孔教；是吾人之为孔教徒，乃他国法律之所承认矣。故强执儒术非教之说者，亦未免争所不必争也。

这段论述，与杨昌济1914年5月29日的日记相对照，其文字完全相同①。

在《改良家族制度札记》中，其中有一段揭露了当时中国社会家族主义的危害：

中国法令疏阔，一任民间之自治。于是家族会议，实代行政、司法之官吏，处置族人相互关系之事，然而弊端亦生于此。近处人家有一孀妇，年二十余，有子可抚；乃其母家之族人欲嫁之而得财礼，其夫家之族人持不可。母家之族人，欲以多人乘夜至其夫家劫取而嫁之。会事觉，夫家之族人，则以嫁于他人，得财礼百余串。妇之翁姑与其族人、媒人均分之，而本人殊不愿也。始则被胁迫于母家之族人，继复被胁迫于夫家之族人，涕泣登轿，嫁一年将六十穷而且丑之人，闻其现在犹日以眼泪洗面，旁观者至代忧其何以了此残生。呜呼惨已！结

①　杨昌济：《达化斋日记》，湖南人民出版社1981年版，第34—36页。

婚为百年大事，不问本人之愿意与否而迫使行之，又为人身之买卖，而女子竟不能不忍受之，无法律上之保护，可谓惨无天日！此真吾国野蛮之习，立法、行政者所宜加之意也。

这段文字，则见于杨昌济1914年7月13日的日记①。此外，《改良家族制度札记》一文中的其他内容，也分别见于《达化斋日记》中②。

由此可断定，"CZY生"当为杨昌济，"C"代表"昌济"之"昌"，"Z"可能代表"济"，"Y"代表"杨"，"CZY"或即是杨昌济的英文名字的缩写。

（二）"渐生"为陆鸿逵

"渐生"在《甲寅》月刊撰文多篇，为《甲寅》月刊第1卷第1至4号的主要撰稿人与发行人。据此，"渐生"曾被误认为是章士钊的笔名之一③。但据当时著名记者黄远庸致《甲寅》月刊的通信，"渐生"并非章士钊本人④。笔者认为，"渐生"应为陆鸿逵。

陆鸿逵，生卒不详，仅从各种散见资料中查知，其字咏霓，

---

① 杨昌济：《达化斋日记》，第58页。
② 《改良家族制度札记》的其他论述，分别摘自《达化斋日记》第60—62页、63—65页、67—70页，除个别字句外，文字大段相同。
③ 邹小站：《章士钊社会政治思想研究》，湖南教育出版社2001年版，第1页。但邹小站在讨论章士钊的思想时，并未引用署名"渐生"的文章，可能他写作该书时对"渐生"是否为章士钊的笔名尚无十分的把握。
④ 黄远庸给章士钊的信称："去岁以渐生来书，远因作覆之便，表示倾仰……望达渐生，恕其无状。"据此，"渐生"不可能是章士钊本人，而为另一人。当时的知情人是清楚的，后来则不为人所知了。参阅《甲寅》月刊第1卷第10号，"通讯"，《释言》。

也作咏仪，湖南长沙人。1903至1904年，在湖南长沙明德学堂任历史教员，与黄兴、张继等为同事，并一起宣传反清革命主张。1903年秋，华兴会成立时，参加了华兴会的筹建和成立大会①。当时曾与梁焕奎、谭延闿等发起创建湖南省图书馆的倡议②。后赴北京办报。1909年11月，陆鸿逵在北京创办《帝国日报》，并任主编（后聘请他的学生宁调元为主编）。该报以"扶持宪政，指导舆论，扩张国权，发表政见"为宗旨，是清末北京地区重要的言论机关之一③。1910年5月，陆鸿逵与他人又合办了《帝京新闻》，自任社长④。

判断"渐生"为陆鸿逵的根据有以下几点：

首先，陆鸿逵与章士钊既是湖南同乡，又是革命同道。尽管陆、章结识的具体时间不清楚，但依据现有资料可知，早在1903年，华兴会成立之时，陆鸿逵与章士钊均参与了华兴会的筹建工作，二人都参加了成立大会。后来，章士钊还担任华兴会外围组织爱国协会的副会长⑤。由此可见，他们二人在当时曾经是志同道合的革命战友。

其次，章士钊在《帝国日报》曾发表多篇政论文章，而《帝国

---

① 关于陆鸿逵，各种人物辞典中均无介绍，仅在《黄兴未刊电稿》中有二十多字的介绍。参阅薛君度、毛注青编《黄兴未刊电稿》，湖南人民出版社1988年版，第25页；黄一欧：《黄兴与明德学堂》，全国政协文史资料委员会编《辛亥革命回忆录》（二），中华书局1962年版，第134页。

② 《创设图书馆兼教育博物馆募捐启》，《湖南官报》，1904年3月15日。

③ 方汉奇主编：《中国新闻事业编年史》上册，福建人民出版社2000年版，第531页。

④ 方汉奇主编：《中国新闻事业编年史》上册，第545页。

⑤ 参阅黄一欧《黄兴与明德学堂》、章士钊《与黄克强相交始末》的相关回忆，全国政协文史资料委员会编《辛亥革命回忆录》（二），第134、139—140页。

日报》的主编为陆鸿逵。《帝国日报》于1909年11月创刊，章士钊在同年12月21日，就以"秋桐"的笔名在该报发表了《发见北极》的文章，从此，他一直为该报撰稿，直至1911年辛亥革命爆发后回国①。这说明二人不仅人事渊源甚深，而且具有较长时间的文字交往，在思想上也相知较深。

再者，"渐生"与陆鸿逵的身份相符。"渐生"在《甲寅》月刊发表政论及时评共21篇，是《甲寅》月刊上仅次于章士钊的撰稿人，又承担《甲寅》月刊第1卷第1至4号的发行人。后来，当1917年章士钊创办《甲寅》日刊以后，"渐生"仍为撰稿人之一，并兼任《甲寅》日刊的发行人。这说明"渐生"与章士钊关系非常密切。而考察此一时期与章士钊关系密切，且与《甲寅》月刊和《甲寅》日刊都有关系者，为李大钊、高一涵和邵飘萍等三人②。但考察此三人的背景、行踪与资历，他们均是在章士钊创办《甲寅》月刊之后才与其发生联系的，且年纪较轻，其资历尚无法与"渐生"相比，不可能担任《甲寅》月刊的发行人。因此不可能是"渐生"。

在排除了李大钊、高一涵和邵飘萍三位撰稿人之后，有一个人进入笔者的视野，这就是担任《甲寅》日刊经理的陆鸿逵。如前所述，"渐生"既为《甲寅》月刊的发行人，又为《甲寅》日刊的发行

---

① 章士钊于1909年12月21日在《帝国日报》刊布《发见北极》一文后，直至1911年辛亥革命爆发，为该报撰稿约50多篇。参阅《章士钊全集》第1卷，义汇出版社2000年版，第423—614页。

② 李大钊和高一涵，均在《甲寅》月刊发表过文章；章士钊创办《甲寅》日刊时，又约李、高二人撰稿，故后被人称为"甲寅派"。而邵飘萍，据章士钊在邵氏被杀后所写《书邵振青》（1926年7月18日）一文称，在他主持《甲寅》月刊时，邵曾来拜访；后来，章士钊创办《甲寅》日刊后，"因事返湘"，又约邵董理日刊"半年"。参阅《章士钊全集》第6卷，第244页。

人。当时报刊的发行人，实际上就是经理。根据章士钊十年后所撰
《书邵振青》一文提到，他在经营《甲寅》日刊时："以事返湘，经
理陆鸿逵亦相偕去。"①说明《甲寅》日刊的经理为陆鸿逵。证之当
时报刊的记载，章士钊的这一回忆是可靠的。在《甲寅》日刊创刊
时，《公言报》的白水曾发表祝词，说：

> 吾友秋桐君，近与其友人陆用仪君创办一日报，名《甲寅
> 日刊》者，于昨日出世矣。秋桐君之学术文章海内已有定评，
> 而陆君用仪亦报界断论老手。日刊以"甲寅"名者，以二君于
> 甲寅之年会刊一杂志，杂志名《甲寅》，出版一年旋即中辍。
> 今日刊仍其旧名，示不忘也。……②

　　白水即林白水（1874—1926），也是清末民初的著名记者。这
篇简短的祝词，既总结了《甲寅》日刊与《甲寅》月刊的渊源关
系，又说明了这两份刊物的创办人，为解决"渐生"的真实身份提
供了有力的证据。他祝词中所提到的"秋桐"即章士钊，陆用仪即
陆鸿逵。白水称陆鸿逵为"报界断论老手"，说明陆鸿逵并不仅仅
是一般的发行人，也是主要撰稿人。此一双重身份，恰与"渐生"
的身份相符合③。

---

① 孤桐：《书邵振青》，《章士钊全集》第6卷，第244页。
② 白水：《祝〈甲寅日刊〉》，《公言报》1917年1月29日第3版"时评"。
③ 此外，在民初二次革命和反袁斗争期间，黄兴致章士钊等湖南革命党人的电函
　中，常提到陆鸿逵，说明陆鸿逵与章士钊在一起活动，也可证他们之间的深厚
　友谊和此一阶段的同事关系。参阅《黄兴集》《黄兴未刊电稿》中收录的黄兴
　致章士钊的函电。

此外，从语言训诂与中国古人取名的习惯来看，也可证"渐生"即为陆鸿逵①。因为"鸿"与"渐""逵"这三个字之间具有密切的联系。"鸿渐"一词，即出自《易·渐》的卦辞："初六，鸿渐于干，小子厉，有言，无咎。六二，鸿渐于磐，饮食衎衎，吉。九三，鸿渐于陆，夫征不复，妇孕不育，凶，利御寇。六四，鸿渐于木，或得其桷，无咎。九五，鸿渐于陵，妇三岁不孕，终莫之胜，吉。上九，鸿渐于陆【逵】，其羽可用为仪，吉。"由此可见，陆鸿逵字"用仪"，又取笔名为"渐生"，均来源于这段卦辞②。可以说，陆鸿逵用"渐生"这个笔名，即暗含其为陆鸿逵。又，湖南常德有渐水。渐水，又名澹水、兴水、鼎水，在今湖南常德北，东南流入沅水③。陆鸿逵用"渐生"为笔名，也有可能喻其生于渐水一带，或者其家世与渐水有关联。

遗憾的是，笔者至今未能查清陆鸿逵的生平经历，但他在清末民初参与创办了《帝国日报》、《甲寅》月刊和《甲寅》日刊等数种重要报刊，为推动中国近代公共舆论的形成与发展起过相当重要的作用。我们不应忘记他的这些贡献！

---

① 中国古人取名、取字，均有一定的规则与习惯，往往依据儒家典籍文献中的文句而变通用之。若名中有"鸿""渐""鸿渐""渐逵"等字、词，其字即取"用仪""渐逵"等以为呼应，例如宋人"曾渐"，其字为"鸿甫"；明人"王渐逵"，其字即为"用仪"；又如清人"郑鸿磐"，其字为"渐逵"。"鸿"为水鸟，"渐"具有"逐渐、徐进"之意，中国古人常以"鸿渐"比喻仕进，故取名、取字时常用之。此条证据，承业师刘桂生先生提示。
② 参阅高亨《周易古经今注》，中华书局1984年版，第314—317页。
③ 据《汉书·地理志》载，武陵郡有渐水，"渐水东入沅"。《汉书》，中华书局1962年标点本，第1594页；《常德市志》，湖南人民出版社2002年版，第125页。

（三）"运甓"非黄侃，应为章勤士

"运甓"也是《甲寅》月刊的主要撰稿人之一，在该刊"论说"栏发表了《立银行制之先决问题》《非募债主义》《欧洲战争与中国财政》和《人患》等有关财政与经济方面的长文。

由于著名学者黄侃曾经以"运甓"为笔名[1]，美国学者魏定熙认为《甲寅》月刊上的"运甓"即是黄侃，在其博士论文《北京大学与中国政治文化》中称："国立大学教授黄侃给《甲寅》写了大量财政和经济方面的文章。"[2]但遍查黄侃论著，他从未撰写过经济方面的论文，也未研习经济之业，可见这个判断值得商榷。

在"运甓"所撰《人患》一文前，有"秋桐"（即章士钊）的一段"识语"，现抄录于下：

> 本志三期通讯栏中，有郁君嶷者，曾引起人口问题，愚许以有暇必且略贡己见，以资考证。人事卒卒，复因于他种文字之役，夙诺未践，负疚良多。季弟运甓，颇习生计之学，使试为之，遂成广幅，姑揭于此，以答郁君。世之君子，以衡论焉，受其益者，又宁止运甓一人也。秋桐识。[3]

---

[1] 1907年，黄侃在《民报》第17号发表《哀平民》《专一之驱满主义》等文，署名"运甓"。"运甓"是黄侃的笔名，在辛亥革命党人中尽人皆知，黄兴就曾直接以"黄运甓"称呼黄侃。参阅黄兴《复孙中山书》（1910年5月13日），湖南省社会科学院编《黄兴集》，中华书局1981年版，第20页。

[2] 魏定熙：《北京大学与中国政治文化》，北京大学出版社1998年版，第114页。

[3] 《人患》，《甲寅》月刊第1卷第8号，1915年8月10日。

章士钊称其为"季弟",而在该文中,"运甓"又称章士钊为"叔兄",由此推断,"运甓"似为章士钊弟。章士钊弟兄四人,他行居三(叔),章勤士居四(季)。章勤士为早稻田大学政治经济科毕业,清末民初与人合作翻译了美国学者伊利(Richard T. Ely)的《经济学概论》一书[1],其教育背景与"习生计之学"相符。此外,《甲寅》月刊上有署名 "甓勤斋"的诗,"甓勤斋"此一名号,即由"运甓"和"章勤士"中分别取一字连缀而成。据此,"运甓"应为"章勤士"无疑,而断为黄侃则不确[2]。

章士钊的这位弟弟,名士夏,字陶严,1885年生,比章士钊小四岁。少年时,曾随章士钊在江南陆师学堂学习。1904年赴日本留学,先后入早稻田大学高等预科、第三高等学校特设预科学习,毕业后升入早稻田大学大学部政治经济科,获法学学士学位[3]。武昌起义后回国,与马君武代表广西参加各省都督府代表联合会[4],筹备南京临时政府成立。二次革命爆发后,积极参加反袁斗争[5]。后在北京政府教育部任职。1922年12月—1924年1月,任京师图书馆

---

① 该书由章勤士、熊崇煦在清末宣统元年合作翻译,后来由上海商务印书馆出版(1913年初版,1916年第3版)。

② "运甓"之典出自《晋书·陶侃传》。陶侃(259—334),东晋大将,字士行。他任广州刺史时:"在州无事,辄朝运百甓于斋外,暮运于斋内。人问其故,答曰:吾方致力中原,过尔优逸,恐不堪事。"(《晋书》,中华书局1974年标点本,第1773页。)后以"运甓"比喻刻苦自励。黄侃名侃,章勤上字陶严,与陶侃名中各有一字相同,故所取笔名均为"运甓",取陶侃运甓以自励之意。

③ 佚名编:《清末各省官、自费留日学生姓名表》,沈云龙主编《近代中国史料丛刊续编》第五十辑,文海出版社1983年版,第232页、360页。

④ 刘寿林等编:《民国职官年表》,中华书局1995年版,第145页。

⑤ 黄兴:《致章士钊书》(1913年5月20日),湖南省社会科学院编《黄兴集》,第329页。

主任。惜其于1924年英年早逝①。但他忧国忧民的情怀，从下面所录这组诗中可见一斑：

数载共和竟若斯，九州铸错复何疑。暴秦称帝鲁连耻，竖子成名阮籍悲。

今日吾知舜禹事，当年空慕许巢辞。瀛寰万国方同轨，遥望东球有所思。

五色旌旗映落辉，虚名争鹜总乖违。左徒宪令生谗构，邦内干戈动杀机。

袖铁宁为宿将惜，避台无恤报王讥。乾坤一赌成孤注，莽莽神州泪满衣。

家天下已数千年，鼎革新猷万古传。首事方由夥涉始，驱除岂果帝王先？

蒯通空抱伴狂策，精卫难将郁恨填。今日论功已灰烬，朔风枯树汉江边。

叹惜金陵王气衰，芜城秋草不胜悲。雨云翻覆一朝迹，黑白纷纭数局棋。

虎踞龙蟠原得地，泣麟哀凤惜非时。子山哀思传诗赋，危

---

① 孤桐：《孤桐杂记》，《甲寅周刊》第1卷第38号，1927年1月1日北京图书馆业务研究会编《北京图书馆馆史资料汇编》下册，书目文献出版社1992年版，第1379—1380页。

苦于今空费辞。①

（四）"重民"为张铮

重民在《甲寅》月刊仅发表《中华民国之新体制》这一篇政论，但他在《雅言》等刊物上撰文多篇，为民初重要的撰稿人之一。

民初国民党人中，有一重要人物叫夏重民②，如不细致考索，上述《甲寅》月刊撰稿人之"重民"极易被误为"夏重民"③。但根据吴虞的日记记载，《甲寅》撰稿之"重民"乃张重民："君毅来信一封，言……成都张重民，第六高等卒业，人甚聪明，成城及高等时代，名声啧啧人口，四川之俊才也。《甲寅》第二号之《中华民国之新体制》，即重民所撰。"④吴虞在日记中，多处记录了张之行踪。

根据《吴虞日记》及四川辛亥革命时期的有关资料，兹将张重民的生平简略介绍如下：张铮（1883—约1950），字仲明，四川成都人。早年留学日本，由成城中学、高等学堂升入帝国大学习法学。辛亥革命后回国，与章士钊、康宝忠交往密切，后为《雅言》撰稿人之一（署名"重民"）。1916年回川，在四川从事法政、教育工作，任成都联合中学校长。1926年后，历任国立成都大学教授、四川省政府秘书长。1931年起，任四川省政府委员兼教育厅厅长等职⑤。

---

① 甦勤斋：《癸丑冬日感怀八章》，《甲寅》月刊第1卷第3号，1914年7月10日。
② 夏重民（1885—1922），广东番禺人。清末赴日本留学，其间加入中国同盟会。民初参加中华革命党，积极参与反袁救国斗争。
③ 因夏为当时中华革命党的机关报《民国》杂志的重要撰稿人，署名亦为"重民"。
④ 中国革命博物馆整理：《吴虞日记》，四川人民出版社1984年版，第149页。
⑤ 《四川省政府公报》，1931年第1期，1931年6月15日，第21页。

四、余论

本文所列，均为以往研究所未及者；凡工具书中能查到者，本文基本不涉及。在本文完成之后，略谈一点不成熟的看法：

由于清末民初特殊的政治、社会环境，以及革命工作的需要，当时的革命者和进步人士在发表文章时，往往不得不以笔名或化名刊布其文。这些笔名，尽管大多数已经弄清楚，但限于各种条件，也有相当一部分重要人物的署名或笔名，多年以来，一直未搞清楚他们究为何人，也很少有人专门去做这种考辨工作。笔者以为，这项工作尽管琐碎、细小，但弄清这些撰稿人的真实姓名或身份，对于研究这些撰稿人本人的思想、研究刊载这些文章的某一报刊的全貌和某一报刊的撰稿人之间的相互关系均具有一定意义。即以本文所考"明生"而言，至少就有以下两点意义：

其一，有助于重新认识一位长期被忽略、遗忘和误解的五四新文化运动的先驱——陶孟和的历史地位以及他在五四时期的思想变迁。陶孟和是北京大学最早参与新文化运动的教授之一。但是，对于这样一位五四新文化运动的先驱人物，长期以来被学术界所忽略和遗忘，不仅鲜有人研究①，而且偶然提到，也多有误解。因为就在《每周评论》上，李大钊《再论问题与主义》一文曾称，因他在

---

① 关于陶孟和的介绍文字，除前揭巫宝山一文外，尚有严仁赓、千家驹、王子建等人的一组回忆文章（均刊于《工商经济史料丛刊》1983年第3辑）和一篇文化随笔《中国社会学的奠基者——陶孟和》（《学术界》2002年第5期）。至于研究文章，仅有《五四时期陶孟和的政治观和教育观》（《北京党史》2002年第3期）一篇。关于他的履历，《民国人物大辞典》等权威工具书的介绍均有误。

《新青年》上宣传了"布尔什维主义"，孟和先生"很不满意"；胡适后来回顾说，在《新青年》中，只有"孟和和我是曾在英美留学的"，因此，"在许多问题上，我们两人的看法比较最接近"①。这些言论，往往使人以为陶孟和与胡适等早就不满意、不赞同陈独秀、李大钊等谈论现实政治问题，更不会将陶孟和与《每周评论》的作者、撰稿人联系在一起。《欧游记者特别通讯》的作者"明生"的确认，说明陶孟和尽管不赞成"布尔什维主义"，但即使对于《每周评论》这份专门谈论政治的刊物，他也是赞同和支持的。在五四新文化运动时期，他和李大钊、陈独秀等后来的马克思主义者之间，不是对立、矛盾的关系，而是互相合作与支持的朋友关系②。

其二，有助于全面理解和重新认识《每周评论》。对于《每周评论》这样一份在五四运动时期产生过重要影响的政治刊物，学术界已进行了较为深入的研究。但是，既存的研究，评价和探讨该刊性质、意义的成果较多，而对其创办、编辑及发行等杂志本身的史实的考订工作反而进行得很不够。到目前为止，它的一些作者或撰

---

① 李大钊引语，参见中国李大钊研究会编注《李大钊全集》第3卷，第5页；胡适引语，参见《丁文江的传记》，《胡适全集》第19卷，安徽教育出版社2003年版，第429页。

② 直到1920年11月，陶孟和、沈性仁夫妇翻译的《欧洲和议后之经济》被列为"新青年丛书第六种"，由《新青年》社出版。在该书的序言中，陶孟和表示该书付印，他"深深的感谢"陈独秀。这表明，此时陶孟和仍与陈独秀等共产党人保持着良好的关系。至于他和李大钊的关系，具体事实是：1920年开始，陶、李二人在北京大学政治学系共同开设《现代政治》的讲座课程；陶、李二人是北京大学评议会成员、图书委员会委员，曾长期合作共事。在政治上，《新青年》社分化后，陶、李也曾采取一致立场：1920年8月，陶、李和胡适等联名发表《争自由的宣言》；1922年5月，陶、李同蔡元培、胡适等联合发表《我们的政治主张》。后来的研究者不体察当事人的全貌，过分夸大了五四运动后期胡适、陶孟和等英美留学生与陈独秀、李大钊等共产党人之间的对立关系；且往往以后来的思想分歧去倒溯、认识他们分化之前的友好合作关系。

稿人，还不是都能说清楚①。而弄清每个撰稿人的情况，无疑会加深对《每周评论》的理解和研究。"明生"的确定，使我们对于《每周评论》的了解更深入了一步，有助于我们全面、准确地把握和理解《每周评论》的全貌，并更加审慎地考察《新青年》成员之间聚合、分化的多重关系及其错综复杂的动因。

至于发现杨昌济、李大钊等曾经使用过的笔名，搞清楚"渐生""运甓"等人的真实身份，对于进一步研究他们的思想、认识《甲寅》月刊和《晨报副刊》等五四前后重要报刊的全貌，当然不无裨益。

（原载《历史研究》2009年第3期，发表时有删节，本次全文刊载）

———————

① 对于这份刊物的作者、撰稿人及其笔名，大多数已经清楚，有陈独秀（只眼）、李大钊（明明、常、守常）、胡适（天风）、周作人（仲密）、高一涵（涵庐）、王光祈（若愚）、张申府（赤、张赤）等。但如"寄生""一针"等，至今仍不清楚。

附　录

乾嘉荀学复兴概述

荀子是先秦儒家的集大成者，因其学说融合了儒、法、名等各家理论，适应了当时走向统一的历史趋势，故而在秦、汉、唐一直被尊奉，其地位远高于孟子。但自宋以后，因理学家的推崇，孟子地位上升，被尊为仅次于孔子的"亚圣"。而荀子，则因其"性恶"论与孟子"性善"论冲突，故被视为"异端"而打入冷宫。到了清中叶，这一情况发生了微妙的变化，《荀子》一书被越来越多的学者所考释和研究，对荀子的评价也越来越高。对于乾嘉时期荀子学说复兴这一学术现象，钱穆、侯外庐、张舜徽等学者都有所论述，但迄今为止，学术界对这一课题的总体研究仍然未见。笔者不揣浅陋，对此略作考察。

清代学术，自顾炎武而后，就是以经学的考证为其核心的。针对宋儒说经凿空悬揣、牵强附会的学风，清代学者从文字训诂入手，致力于对六经原典的考释和研求，在对经学的考证中，又旁及其他古代文献。到了乾嘉时期，清学考据的范围已从考经、考史扩大到考子，中国古代的大批经史文献因而得到前所未有的全面整理。

正是在对古代大批经史文献整理、考释、辑轶和训诂的过程中，各门新的学科如音韵学、文字学、礼学、数学、乐律学等生长发展，并逐渐从经学中独立、分化出来。新学科的独立和增长，既扩展了经学研究的范围，开辟了中国古典学术发展的新方向新领域；同时，又分化和肢解了六经，使六经本身知识化、学术化乃至史料化，这就使作为官方意识形态的经学逐渐失去了其社会政治层面的功能和意义，而仅存留了其学术层面的意义，从而使经学研究从政治的附庸转化为独立的学术研究。

更为重要的是，乾嘉学者在对经文的字义、词义的训诂解释中，主张复汉代学者之注疏、以求孔孟之原义、六经之真道。这样做的结果，形式上固然是在经文训诂中求得汉人之注疏、孔孟之原义、六经之真道，但在实际内容上，通过训诂所求得的孔孟原义、六经真道，本身也隐含着乾嘉学者自己的思想见解，即他们心目中对孔孟原义、六经真道的理解，而不是宋儒对孔孟、六经的理解。这样，一方面，在经文的字义训诂中，乾嘉学术动摇了宋儒据以说经的基础，推翻了宋儒经说；另一方面，在思想观念上，学者们也发掘出一些与宋明理学不同的观念，或者对宋明理学的概念、范畴予以不同的解说，从而曲折地表达了自己的新观念、新见解。

而荀子学说的复兴，正是乾嘉学术自身发展的内在逻辑的结果。

事实上，荀子学说的复兴，在清初就有迹象。明清之际的大学者傅山，就撰有《荀子评注》，对荀子的思想进行了分析研究。傅山指出："《荀子》三十二篇，不全儒家者言。"他认为，荀子思想"精挚"之处并不在于荀是儒家，而是在于荀子"近于法家，近于刑名家，非墨而又有近于墨家者言"①。从这一段话，可以看出，傅山已经认识到荀子是战国时代诸子百家的总结人物，并开始重评荀子。但是，傅山对荀子的评论和推崇在当时的学界并没有引起反响。如果说清初傅山对荀子的推崇乃是个别天才的洞见，那么到了乾嘉时代，复兴荀子学说则成为学界的风尚。此时，随着乾嘉学术由考经扩大到考史、考子的学术格局的调整，治经由重文献重训诂而转向义理研求的学术风气的变化，经济、文化都较为发达的扬州、徽州一带的学者，就开始了对荀子学说的再研究和再评价。

正如乾嘉学术的特点在于考证、训诂一样，荀子学说的复兴也是以训诂考释这种特殊的方式而发展起来的，这个发展过程是从文献考释和义理重估两方面进行的，其总的趋势是：一、对《荀子》一书进行考释、校订的学者逐渐增多，在考释的过程中，对荀子本人及荀子学说的评价越来越高；二、一大批学者在思想学理上接受荀子学说，并在理论上加以发挥。这种理论上的发挥，从理欲之辨开始，到为"性恶"论的辩护，最终为"复礼"思潮的兴起。

首先就文献的考订、校释而言，乾嘉时代的著名学者卢文弨、谢墉、王念孙、刘台拱、郝懿行等，均致力于《荀子》一书的校释。据统计，《荀子》的校注本，自唐至明，仅七种，而清朝则多达二十五种②。在文献考释的过程中，学者对荀子的地位和学说也展开了评论。

谢墉是较早校释《荀子》一书的学者。他在其所校《荀子》一

---

① 傅山：《荀子评注·后序》，刘贯文、孙海瀛、尹协理主编《傅山全书》第2卷，山西人民出版社1991年版，第1307页。
② 参见郭志坤《荀学论稿》，上海三联书店1991年版，第306页。

书的序文中说:"荀子生孟子之后,最为战国老师。……自周末历秦汉以来,孟荀并称久矣。……愚窃尝读其全书,而知荀子之学之醇正,文之博达,自四子而下,洵足冠冕群儒,非一切名、法诸家所可同类共观也。"①

谢墉主张用孔子"性相近也,习相远也。唯上知与下愚不移"之说来衡量性善、性恶之论。他认为,虽然荀子性恶说有偏颇之处,但即使以"孔子为权衡",荀子犹"不失为大贤"②。

稍后,比谢氏晚一辈的学者汪中,也很重视荀子。在历史上,他最早为荀子做年表。他认为荀子的学说源于孔子:"荀卿之学,出于孔子,而尤有功于诸经。"③汪中引用古籍加以考证,证明《毛诗》为荀子所传,《韩诗》也出于荀子之学,《左传》《穀梁传》为荀子所传,《曲台之礼》为荀子之支流余裔。因此,他宣称:

> 盖自七十子之徒既殁,汉诸儒未兴,中更战国、暴秦之乱,六艺之传赖以不绝者,荀卿也。周公作之,孔子述之,荀卿子传之,其揆一也。④

汪中此论,将自宋以来被视为"异端"的荀子推为圣人之道的真传人。这种以孔、荀之学来代替孔、孟之道的说法,是对宋明理

① 谢墉:《〈荀子笺释〉序》,引自王先谦《荀子集解》,中华书局1988年版,第13页。
② 谢墉:《〈荀子笺释〉序》,引自王先谦《荀子集解》,中华书局1988年版,第14页。
③ 汪中:《述学·荀卿子通论》,辽宁教育出版社2000年版,第77页。
④ 汪中:《述学·荀卿子通论》,辽宁教育出版社2000年版,第78页。

学道统说的反叛和否定。

　　谢、汪等人是在考释《荀子》的过程中，从传经角度推许荀子的；而戴震、钱大昕、凌廷堪等学者，则着重从理论上发挥荀子学说。乾嘉时代荀学复兴的理论发挥，主要是围绕着理欲之辨、性善性恶之辨、理礼之辨而展开的。下面对此略作论述：

　　1."理欲"之辨。理、欲之辨是宋代以来思想史上的一大论题。理学家坚持"不出于理则出于欲，不出于欲则出于理"的观点，视理、欲为水火。戴震对此展开了批判。他说："情之不爽失为理。""理者，存乎欲者也。"[①]这就否定了宋儒"存天理灭人欲"的理论。在这里，戴震用以论证"理存乎欲"的理论根据，是他的"血气心知"情欲说。他说："血气心知，性之实体也。"又说："人生而后有欲，有情，有知；三者，血气心知之自然也。"在戴震看来，"有血气"，就有"声、色、臭、味"之"欲"，"有心知"，就有"喜、怒、哀、乐"之"情"[②]。这就是说，情欲是人性的实体，为人性所固有。从上面的分析可以看出，戴震虽然尊重孟子的性善说，但认为"欲"为人性之内容，则近于荀子的"人生而有欲"之说[③]。他虽没有明确推崇荀子的言论，但其思想的荀学倾向是明显的。戴震的"理在欲中"主张，在清代最早复兴了荀子的"人生而有欲"之说。

　　2."性善""性恶"之辨。关于人性之善恶，是人类历史上经久不衰的话题。概略言之，凡性善论者，普遍地以内在的道德精神作

---

①　戴震：《孟子字义疏证·卷上》，中华书局1982年版，第1页、8页。
②　戴震：《孟子字义疏证·卷下》，中华书局1982年版，第40—41页。
③　参见钱穆《中国近三百年学术史》，中华书局1984年版，第357—358页。

为人的本质，较为注重人的内在本性的修养和发挥；而性恶论者，则认为人的本质并不在内在本性中先天自然呈现，而是在人后天的行事及活动中体现出来，因之更重视人之外在行为以及外在行为规范。在先秦思想家中，孟子主性善，荀子主性恶。宋明理学沿孟子性善思路而推论自己的主张和思考。因之，将主性恶的荀子斥为"异端"。钱大昕则批驳了宋儒对荀子学说的攻击，公开为荀子的"性恶"论辩护：

> 盖自仲尼既殁，儒家以孟、荀为最醇。太史公叙列诸子，独以孟、荀标目。韩退之于荀氏，虽有"大醇小疵"之讥，然其云"吐辞为经""优入圣域"，则与孟氏并称，无异词也。宋儒所訾议者，惟《性恶》一篇。愚谓孟言性善，欲人之尽性而乐于善；荀言性恶，欲人之化性而勉于善。立言虽殊，其教人以善则一也。宋儒言性，虽主孟氏，然必分义理与气质而二之，则已兼取孟荀二义。至其教人以变化气质为先，实暗用荀子化性之说，然则《荀子书》讵可以小疵訾之哉？[①]

他不仅为"性恶"论正名，而且继承了清初傅山对"伪"字的解释，指出荀子《性恶》中的"伪"字是"人为"非"诈伪"的意思：

> 古书"伪"与"为"通，荀子所云："人之性恶，其善

---

① 钱大昕《跋荀子》，引自王先谦《荀子集解》，中华书局1988年版，第15页。

者伪也"，此"伪"字即"作为"之"为"，非"诈伪"之"伪"。故又申其义云："不可学、不可事而在人者，谓之性；可学而能、可事而成之在人者，谓之伪。"[1]

钱氏此论，从思想倾向上来说，有着极为重要的意义。首先，他认为荀子讲性恶，但教人为善的目的和孟子之意相同，这意味着，荀子性恶说的价值和意义不低于孟子性善说。其次，他明确指出，即使贬低、排斥荀子的宋代理学家，在其思想理论中也吸收了荀子的"化性起伪"之说。这说明荀子学说有不能废弃的理论价值，意味着宋儒据以建立理论体系的根基——孟子性善说并不完备，它也还需要荀子性恶说去补充。再次，他将荀子"善者伪也"之"伪"，重新解释为"人为"之为，这意味着对人的外在行为、活动及事功的重视。最后，更为重要的意义在于，钱氏对荀子性恶论的辩护，乃是对宋明理学性善论的反叛；而将"伪"释作"人为"，也是对理学偏于人之主观内省、静养等倾向的纠正。这表明，中国古代思想家对待人性及社会秩序的态度，开始从内在超越的思路转向外在超越的路径。

3. 理、礼之辨。戴震确认了人的自然欲求的合理性，钱大昕肯定了荀子性恶论的价值，承认人之性恶，那么，对人之欲求和人性之恶该如何处理？这是乾嘉荀学复兴必然要回答的问题。与此密切相关的便是埋、礼之辨。

实际上，钱大昕将"伪"释作"人为"之时，已包含着对这个

---

[1]　钱大昕《跋荀子》，引自王先谦《荀子集解》，中华书局1988年版，第15页。

问题的回答，即以客观的外在的规范来限制人的行为，消除人之性恶。在当时，这种对外在规范的强调和重视，是以推崇"礼"的面貌出现的。而"礼"，既是中国特有的作为规范、秩序和社会法度的总括，又恰是荀子学说中的核心观念。

与钱氏同时的学者卢文弨，正是在为荀子性恶论辩护时，特别指出荀子学说的核心在"礼"：

> 世之讥荀子者，徒以其言性恶耳，然其本意则欲人之矫不善而之乎善。其教在礼，其功在学。[①]

张惠言本是推崇孟子性善说的学者，但他认为，要做到孔孟所提倡的"仁""义"，即可以荀子所倡的"礼"作为捷径：

> 孔子言仁而孟子益之以义，荀子则约仁义而归之礼。夫义者，仁之裁制也；礼者，仁义之检绳也。孟子之教，反身也切。荀子之教，检身也详。韩子曰："求观孔子之道，必自孟子始"；后之学者，欲求其途于孟子，自荀子始焉可也。[②]

而凌廷堪的"以礼复性"主张，则意味着荀子"礼"论的真正复兴。凌氏将理学所尊奉的孟子搁置起来，直接奉荀子为圭臬，以荀学为旗帜，倡导"以礼复性""以礼代理"。他不顾千年来斥荀子

---

① 卢文弨：《书荀子后》，参见瞿良士《铁琴铜剑楼藏书题跋集录》，上海古籍出版社1985年版，第121页。
② 张惠言：《茗柯文初编·读荀子》，上海古籍出版社1984年版，第25页。

为异端的正统观念，公开颂扬荀子说："卓哉荀卿，取法后王，著书兰陵，儒术以昌。本礼言仁，厥性乃复。"①

凌氏不再争辩性善性恶，但他提出以礼节欲，以礼复性主张，多依据荀子制礼节欲理论而加以发挥。他说：

> 夫人之所受天者，性也；性之所固有者，善也；所以复其善者，学也；所以贯其学者，礼也。是故圣人之道，一礼而已。
>
> 夫性具于生初，而情则缘性而有者也。性本至中，而情则不能无过不及之偏，非礼之节之，则何以复其性焉？②

表面看来，凌氏主"性善"，但"性"既善，又何必复之？此处，凌氏不自觉而有理论上的矛盾，这是凌氏空尊孟子而实依荀子所造成的。如果说论性论情，凌氏尚沿理学先天后天之辨，性本至善而杂有气质之说而来，那么论学论礼，就全依荀子理论发挥③。他又说："夫人有性必有情，有情必有欲。故曰：饮食男女，人之大欲存焉。圣人知其然也，制礼以节之。"④凌氏之意，一、人生而有欲，欲不可无；二、欲必须节制，而最好的办法是治之以礼。凌氏此论，正是荀子《礼论》篇的中心议题。与荀子不同的是，凌氏在戴震辨"理欲"之后，故对人之"欲"的肯定和确认更明确一些。这是在对人之欲望肯定的前提下，企望建立一个合理的规范尺

---

① 凌廷堪：《校礼堂文集·荀卿颂》，中华书局1988年版，第77页。
② 凌廷堪：《校礼堂文集·复礼上》，中华书局1988年版，第27页。
③ 参见钱穆《中国近三百年学术史》，中华书局1984年版，第492页。
④ 凌廷堪：《校礼堂文集·荀卿颂》，中华书局1988年版，第76页。

度——"礼"，使不同的欲望在礼的限制下得到相对的满足。

凌氏的特色在于对"礼"的认识。一方面，他将仁义、道德归之于虚，认为内在的仁义道德必须依赖外在的规范才有可能存在："夫仁义非物也，必以礼焉为物；仁义无形也，必以礼焉为形。"这实际上等于不承认内在的道德规范——仁义有独立存在的理由和价值："舍礼而言道，则杳渺不可凭；舍礼而言德，则虚悬无所薄。"[①]另一方面，凌氏极力推崇外在的道德规范——"礼"，强调"礼"的外在强制规范功能："民彝物则，非有礼以定其中，而但以心与理衡量之，则贤智或过乎中，愚不肖或不及乎中，而道终于不明不行矣！"[②]他推崇礼为五常的纲纪，人的行为的最高准绳："窃谓五常实以礼为之纲纪"[③]，"盖礼者，身心之矩则，即性道之所寄焉"。[④]因而人的一切行为都要以"礼"为准绳来规范："然则圣人正心修身，舍礼未由也。"这意味着：人的行为只有符合"礼"的规范，才是真正的道德行为；任何内在的仁义原则只有在"礼"的规范中体现出来，才是现实的道德原则。

凌氏的复礼主张，是针对宋明理学而提出来的。在理学体系中，仁不仅是以人之心作为内在依据的道德原则，而且是自然界和人类都存在的最普遍的本性。所谓"仁者，心之德，爱之理"，"仁者浑然与物同体"（朱熹《四书章句集注》），而礼仅是人行为所应遵循的礼仪形式。凌氏则以"礼"代替了"仁"，将理学之"仁""义""道""德"完全置于"礼"的统领之下。不仅如此，

---

① 凌廷堪：《校礼堂文集·复钱晓徵书》，中华书局1988年版，第221页。
② 凌廷堪：《校礼堂文集·复钱晓徵书》，中华书局1988年版，第221页。
③ 凌廷堪：《校礼堂文集·复钱晓徵书》，中华书局1988年版，第220页。
④ 凌廷堪：《校礼堂文集·荀卿颂》，中华书局1988年版，第76页。

凌氏还提出了"以礼代理"的主张，将"礼"提高到"理"的高度。而"理"是宋明理学据以建立理论学说的根基，在其体系中，"理"具有独立、至上之义。这里，凌氏提出"以礼代理"的主张，等于将"理"学完全消解。而阮元正是以礼训理，训理为礼，从而完全消解了理学存在的基础："古今所以治天下者，礼也。五伦皆理。故宜忠宜孝即理也。""故理必附乎礼以行。"[1]

凌氏的复礼论，在一定程度上扭转了宋明理学的偏向。理学所注重的，是作为内在道德原则的仁义对人的内在约束，即人的道德本性的自我修养，自我超越；而凌氏推崇的，则是作为外在规范的礼对人的行为的强制约束，重心是人的行为所应遵守的外在规范体系。理学更注重个体理想人格的培养，凌氏则寻求群体秩序的规范和维护。从凌氏的复"礼"论出发，人就不是以个体主观意识的内省、修养来提高自己的道德水平，最后做到圣贤；相反，人是不得不以外在的、超个体的客观准绳尺度——"礼"来规范、约束个体的行为，从而保证人在社会生活中的最低道德水平（复性）。可以说，凌氏对"礼"的推崇和强调，实际上意味着他对维持人类社会秩序的客观化、形式化的规范、法则、制度等外在手段之重要性的朦胧意识，是近代法治意识的萌芽。这是中国古代思想家对社会秩序的维持方法和手段的认识逐渐深化的表现。

乾嘉时期的荀学研究，由理欲之辨发端，经性恶论之倡导，伪字之重释，终于落实到复礼论。至此，荀子学说的核心——"性恶"说和"制礼节欲"理论，均被乾嘉学者做了新的解释和发挥，

---

① 阮元：《揅经室集·书东莞陈氏学蔀通辨后》下册，中华书局1993年版，第1062页。

这标志着荀学的全面复兴。

乾嘉荀学复兴，是中国思想文化史上一个重要的环节。对此，至少有两点应该肯定：

首先，乾嘉荀学复兴动摇了长期以来占统治地位的宋明理学的根基。乾嘉学者在考释研求六经的过程中，对作为经义训诂旁证材料的先秦诸子也进行了整理和研究。在对诸子的文献训诂中，进而发掘出诸子的义理学说，并最终将作为异端的诸子学说复兴。而荀学复兴，是乾嘉子学复兴中重要的一环。在对荀子的再研究中，戴震批判了理学的"天理人欲"观；汪中以孔荀之学代替孔孟之道，否定了理学的道统说；钱大昕为性恶论正名，冲击了理学的先验性善论；凌廷堪的以礼代理主张，则挖空了理学据以建立理论体系的基础。所有这一切，都汇合成一股强大的反理学思潮，动摇了理学的根基。

其次，乾嘉荀学复兴艰难而缓慢地，开辟着中国走向近代的道路。乾嘉学者论性论情、论欲论礼的话语虽然沿荀子而来，但其思想内容却正反映着中国传统社会走向近代的呼声。在复兴荀学的过程中，戴震明确肯定了人之自然欲求的合理性；钱大昕开始从人的行为及事功中探求人之本性；凌廷堪则寻求维持社会秩序的外在规范的确立。乾嘉荀学复兴，表明中国传统文化正在孕育着新的观念和新的思想，反映了中国社会由传统德治社会向近代法治社会转化的客观历史要求。

（原载《学人》第7辑，江苏文艺出版社1995年出版）

"五四运动"名称溯源

    1919年5月4日发生于北京的学生游行示威活动（"五四事件""五四学生事件""五四运动"[①]），是中国近现代史上划时代的一件大事。学术界关于五四运动的研究，已成为中国近现代史研究的重要内容之一。但是，"五四运动"这一名称的形成，仍是一个需要探讨的问题。

    先看这一名词始于何时。目前，有关起源的最流行的说法是，"五四运动"这一名词由罗家伦在《"五四运动"的精神》一文中最早提出，第一次出现于1919年5月26日出版的《每周评论》第23期上。这一说法由胡适首先提出。早在20世纪30年代，胡适在《纪念"五四"》一文中即指出"五四运动一个名词，最早见于八年五月二十六日的《每周评论》，一位署名'毅'的作者，就不记得是

[①] 1919年5月4日北京学生的游行示威活动，本身是一具体的学生事件，但不久即被学生自己称为"五四运动"。到1919年底1920年初，"五四运动"一词已广为流传，后世史家也沿用其词，并被用来指称"五四学生事件"前后的新思潮、新文化运动和罢课、罢工运动，"五四运动"一词的含义大大扩展。为明确起见，本文中，"五四事件""五四学生事件"即指1919年5月4日学生游行示威活动；"五四学生运动"指1919年5月4日及其以后的罢课罢工等运动；"五四运动""五四新文化运动"则在较宽泛的意义上使用。

谁的笔名了，在那一期里写了一篇《'五四运动'的精神》"①。此后，胡适的这一说法被学术界所沿袭②。第二种说法则认为，"五四运动"一词最早见于北京中等以上学校学生联合会于1919年5月18日发表的《罢课宣言》中，比5月26日早8天。这一新的说法由周策纵先生于20世纪60年代首先提出，后来，萧超然等学者也从其所掌握的史料中得出了相同的结论③。

笔者认为以上两种说法皆不准确。

实际上，"五四运动"一词最早出现的时间应是1919年5月14日。准确地说，它是在北京中等以上学校学生联合会于5月14日发布的《致各省各团体电》中首先提出的。理由如下：

第一，《致各省各团体电》刊于1919年5月19日出版的上海《民国日报》，《罢课宣言》刊于1919年5月20日出版的北京《晨报》，从公开见诸报端的时间来看，前者比后者早一天。如果考虑到《民国日报》远在上海，而《晨报》即在北京，更可明确判断二电拍发的时间先后问题。

第二，《致各省各团体电》的电文文末时间署"寒"（后文简称"寒电"），《罢课宣言》的文末时间署"巧"（后文简称"巧电"）。查阅文电代日韵目表，"寒"为14日，"巧"为18日，说明

---

① 该文载《独立评论》149号，1935年5月5日；"毅"即罗家伦。
② 参阅李泽厚《中国现代思想史论》，东方人民出版社1987年版，第7页；黄志高《谁最先提出"五四运动"一词》，《党史信息报》，1999年6月2日；欧阳军喜《五四新文化运动与儒学：误解及其他》，《历史研究》，1999年第3期；耿云志《傅斯年对五四运动的反思》，《历史研究》，2004年第5期。
③ 参阅周策纵《五四运动：现代中国的思想革命》，江苏人民出版社1996年版，第17页（周著的英文版刊于1960年）；萧超然《五四运动一词最早见于何处》，《北京晚报》，1987年11月17日；孔凡铃《五四运动一词的最早出现及其涵义的演变》，《中共党史研究》，2000年第3期。

"寒电"的发布时间比"巧电"提前4天。

第三，从二者的内容来看，《罢课宣言》的内容和《致各省各团体电》的内容是前后相接、具有承继关系的。为了将问题说清楚，在此不妨将《致各省各团体电》的全文抄录如下：

各省省议会、教育会、商会、农会、工会、各学校、各报馆均鉴：

大战虽终，天不悔祸；公理难伸，强权未已。青岛不复，中日间不平等之各约不废，正义人道之为饰文，而世界永久和平之终不可望，盖可知矣。学生等不忍坐视国家之垂亡，各本天良，共维国是。"五四运动"，实为敌忾心之激发，亦即我四千年光荣民族性之表见。意在外警仇国，内惩汉奸，振国民之雄风，作政府之后盾。事情原委及学生等不得已之初衷，叠经沥肝披胆，布告中外，固勿烦复言溷听者也。乃当局不谅，诬我犯科，被拘之同学虽归，法厅之移案未了。曹、章之徒，国贼也，要津稳踞，则清议不足以除奸；傅、蔡诸公，国士也，群浊涛张，则清流反足以贾祸。近日青岛问题已决，我国地位已危。而我专使之是否签字，犹复政府国会互相诿责。哀我国民，何修得此。嗟乎！国贼未除，哲人逼去；外交失败，国势飘摇。学生等忧怀国步，敢存自遁之心；侧耳笳声，辄壮同仇之志。今我不作，后悔何如。此北京中等以上学生联合会之所由集也。学生等之集此会，不外互通情愫，互砥学行，共励民风，共维国货。而在目前，则一本"五四运动"之宗旨，合群策群力，以遂我外争国权、内除国贼之初怀。至于拟行大纲，一则组成"北京护鲁学生义勇队"，磨我筋骨，锻我体肤，贮我铁血，以为樽俎后继；一则发刊种种有益书报，砺我节义，益我新知，力图他日经济之资，无负国家树人之计。要之，学生等惟知以良心为体，以热血为用，成败利钝，非所逆料。若夫外界奸人，横加污蔑，以四日义行，为受人煽弄。斯则百世之后，自有定评，非今日所宜辩也。惟思独力难支，众撑易举，国风所系，不限一隅。尚望举国齐兴、共趋一致，树宋风于域外，系国运于苞桑。效果之弘，可预卜也。谨此布闻，尚祈垂鉴。北京中等以上学生联合会叩。寒。①

在这篇电文中，学生联合会提出了学生的行动大纲，并第一次将5月4日的学生游行示威活动称之为"五四运动"。而在5月18日的《罢课宣言》中，学生联合会对五四学生游行示威活动发生以后北京政府的行为表示失望："外争国权，内除国贼，'五四运动'之后，学生等以此告吁我政府，而号召我国民，盖亦数矣。而未尝有纤微之效，又增其咎。夫青岛问题，学生等争集之焦点，今议已决矣，事濒败矣。卒未见政府有决心不签字之表示，而又破裂南北和议以资敌。学生等之失望，一也。曹汝霖、章宗祥、陆宗舆，国人皆曰可杀，乃政府不惟置舆论之掊击于不顾，而于其要挟求去，反宠令慰留之；表彰其功德，以与教育总长傅公之免辞相况。外间复盛传教育全局，举将翻动之说，国是前途，何堪设想。学生等（之）失望，二也。五月十四日两令，一则以军威警备学生，防公

---

① 原载《民国日报》1919年5月19日，又据蔡晓舟、杨景工合编《五四》校改。

众集合；一则禁学生干政。凡公忠爱国之天良，一切不容表见，留日学生以国事被拘，政府则置诸不理。学生等之失望，三也。"为此，学联宣布从5月19日起举行"总罢课"："学生等之为学，恃有此方寸之地耳，今一朝而三失望，方寸乱矣。谨于五月十九日起，一律罢课，至三失望之回复为止。"而在罢课期间的行动方针，则"仍本我'寒电'宣言之大纲"，开展四方面的活动："一则，组成'北京护鲁学生义勇队'，以备我国家不时之需；二则，推行各校'平民教育讲演团'，使国人皆知国家为重；三则，由各校自组'十人团'，力维秩序，以纾我国家内顾之忧；四则，以暇时潜心经济，俾勿负我国家树人之意。"①在这篇宣言中，明确地提出"总罢课"期间的行动方针要遵照"寒电"已提出的方针，这说明《罢课宣言》是继承了《致各省各团体电》而来的。

由此可见，在新的材料未证明之前，我们可以得出结论："五四运动"一词最早出现在由北京中等以上学校学生联合会于5月14日发布的《致各省各团体电》中，至于这份通电的执笔人或起草者，现在已不可考。

事实上，"五四运动"一词的形成，是当时的舆论界对"五四学生事件"的认识逐渐深化的结果；其名称的形成以及人们对其性质、意义的认识和估价，都有一个发展过程。早在1919年5月6日，即"五四学生事件"爆发的第三天，高一涵就以《市民运动的研究》为题，对5月4日北京学生集会游行示威的性质和意义作出判断，认为这件事"不单是学生运动"，而是"顺着世界潮流而起"

---

① 原载《晨报》1919年5月20日，又据蔡晓舟、杨景工合编《五四》校改。

的"市民的运动"①。5月9日，顾孟余在《晨报》发表《一九一九年五月四日北京学生之示威运动与国民之精神的潮流》一文，在该文中，他将五四学生事件称之为"学生之示威运动"，同时也论述了这一事件所表现的"青年精神潮流"的"新趋向"②。而到5月14日，如前文所述，即"五四学生事件"爆发10天以后，在北京学生联合会致各团体的宣言中正式出现"五四运动"一词。

不久，蓝公武、梁漱溟等人也在《晨报》《国民公报》等报刊上相继对这一学生事件发表了评论。5月26日，在"五四学生事件"爆发22天以后，罗家伦在《每周评论》上发表《"五四运动"的精神》一文，将"五四学生事件"称之为"五四运动"，并提出这次学生运动的精神为"牺牲的精神""社会制裁的精神""民族自决的精神"③。这是当时较为全面地论述"五四精神"和"五四运动"之意义的文章。罗家伦此文发表在高一涵、顾孟余、蓝公武、梁漱溟等人的评论之后，应该说是吸收了这些评论意见之后而发表的一篇总结性文字。据此，我们可以说，尽管罗家伦不是"五四运动"一词的首创者，但他的《"五四运动"的精神》一文乃是第一篇全面论述"五四运动"的文章。

在五十多天以后，一批反映这次"学生事件"及其随后的罢课、罢工运动过程的资料就相继出版，其中蔡晓舟、杨景工合编的

---

① 见1919年5月6日《晨报》（北京），作者署名涵庐，即高一涵，时任北京大学教授，《新青年》主要作者之一。
② 见1919年5月9日《晨报》（北京），作者署名顾兆熊，即顾孟余，时任北京大学教授。
③ 见毅：《"五四运动"的精神》，《每周评论》第23期，1919年5月26日出版。毅即罗家伦，当时为北京大学的学生。

一本纪实著作，即题名为《五四》①。从此以后，"五四运动"一词就在新闻媒介、学术界、教育界和社会上广为流传了。

最后，需要指出的是，本文考辨的尽管是有关"五四运动"这一名词形成的小问题，但其中反映的一些现象值得引起我们的重视：其一，多年以来，五四运动一直是学术界谈论和研究的热门话题，以至于在一些学者的心目中，五四运动已是无可探究也无须探究的老题目了。本文考辨的问题则说明，五四运动尽管是中国近现代史研究的重点，但与其相关的基本材料和基本史实仍需要扎扎实实的发掘和重建工作。其二，在本文所列举的关于"五四运动"名称形成的两种说法中，就时间而言，如果未有新的材料证明，应该说第二种说法比第一种说法更准确，若第二种说法已经有人提出，那么，第一种说法就应该被放弃。但令人遗憾的是，尽管周策纵先生的《五四运动》一书已提出了新的证据（该书英文版早在1960年已出版，其中文版也于1996年出版），尽管有萧超然等学者一再提出考辨，指出旧说的不准确，而成说仍被当作定论或新见解而流行②。并且，在《历史研究》这样权威的学术期刊上，一再地被沿用。这其中的教训值得深思。

---

① 这批资料主要有：海上闲人编《上海罢市实录》，上海公义社，1919年6月25日；杨尘因编《民潮七日记》，上海公民社，1919年6月28日；吴中弼编《上海罢市救亡史》，上海中华国货出版社，1919年7月；龚振黄编《青岛潮》，上海泰东书局，1919年8月10日；詧盦编《学界风潮记》，中华书局，1919年9月；蔡晓舟、杨景工合编《五四》，北京，1919年9月。以上几种资料，后来均收入中国社会科学院近代史所近代史资料编辑组编《五四爱国运动资料》中。
② 黄志高《谁最先提出"五四运动"一词》一文，即被1999年6月2日的《党史信息报》作为新观点来介绍。

附：《北京学生界罢课宣言》全文

各省省议会、教育会、商会、农会、工会、各学校、各公团、各报馆均鉴：

外争国权，内除国贼，"五四运动"之后，学生等以此告吁我政府，而号召我国民，盖亦数矣。而未尝有纤微之效，又增其咎。夫青岛问题，学生等争集之焦点，今议已决矣，事濒败矣。卒未见政府有决心不签字之表示，而又破裂南北和议以资敌。学生等之失望，一也。曹汝霖、章宗祥、陆宗舆，国人皆曰可杀，乃政府不惟置舆论之指击于不顾，而于其要挟求去，反宠令慰留之；表彰其功德，以与教育总长傅公之免辞相况。外间复盛传教育全局，举将翻动之说，国是前途，何堪设想。学生等（之）失望，二也。五月十四日两令，一则以军威警备学生，防公众集合；一则禁学生干政。凡公忠爱国之天良，一切不容表见，留日学生以国事被拘，政府则置诸不理。学生等之失望，三也。学生等之为学，恃有此方寸之地耳，今一朝而三失望，方寸乱矣。谨于五月十九日起，一律罢课，至三失望之回复为止。至于罢课期内，仍本我"寒电"宣言之大纲，始终无悖。一则，组成"北京护鲁学生义勇队"，以备我国家不时之需；二则，推行各校"平民教育讲演团"，使国人皆知国家为重；三则，由各校自组"十人团"，力维秩序，以纾我国家内顾之忧；四则，以暇时潜心经济，俾勿负我国家树人之意。学生等深受教育，修养有素，凡所作为，皆循我智仁勇之国风，决不致自逸轨道，以遗我国史之羞也。学生等一任良能，行我良知，知我罪我，今非所计，惟付诸百世后之公评而已。北京学生联合会全体学生叩。巧。

（原载《北京大学学报》2006年第2期）

民国宪政先驱——张耀曾生平略传

张耀曾，字蓉溪，又字镕西，一字庸希，云南大理人，1885年（清光绪十一年7月21日）生于北京。

张耀曾出生于一个典型的官宦士大夫家庭。祖父张其仁，清道光丙戌年（1826）进士，曾任湖南衡云郴桂兵备道、湖南通省粮储道等职；父亲张士鏸，字励吾，清光绪庚辰年（1880）进士，官至内阁中书典籍署侍读；母亲陆秀珊，桂林进士陆仁恺之女，也出生于一个官宦之家，工诗文，善刺绣。张耀曾幼承庭训，少年时代即博览群籍，十六岁入京师东文学社学习。其时正值戊戌维新思潮兴起之际，张耀曾的表舅梁济赞同维新，张耀曾也受到影响，喜欢阅读历史书籍及时务报刊，"慷慨以天下为己任"[①]。1902年，清政府重开京师大学堂，并从全国招考和举荐学生。此时，耀曾父去世，家道中落，但在母亲陆氏的支持下，张耀曾于当年冬考入京师大学堂师范馆就读。1903年秋季，京师大学堂第一次选送优秀学生赴东

---

① 张宁珠等：《先考镕西府君行述》；又参阅张耀曾《先考励吾府君先妣陆太夫人行状》《读桂林梁先生遗书后序》。

西洋各国留学，张耀曾以成绩优异而被选准，派往日本学习[①]。

一、主持《云南》杂志　鼓吹革命思潮

1904年，张耀曾赴日本留学。当时，清政府方推行"新政"，赴日留学的学生大多数入各类速成学校学习，以便尽快回国谋职。而张耀曾先读预科于日本第一高等学校，四年毕业后，考入东京帝国大学法科学习。课业之余，常集合旅日云南同乡研讨国内外时事。1905年，孙中山在东京组织中国革命同盟会，张耀曾与同乡李根源、吕志伊等加入同盟会。

1906年春，在孙中山、黄兴的直接帮助和支持下，云南留学生李根源、赵伸等酝酿在东京创办《云南》杂志。同年6月，《云南》杂志社成立，留日云南同乡推选李根源、赵伸为干事，负责全部工作；张耀曾为总编辑，席上珍、孙志曾为副总编辑，负责刊物的整体编辑工作。

1906年10月15日，《云南》创刊号正式出版。在发刊词（由张耀曾手订）中，它宣称："《云南》杂志非仅商榷学术、启发智识之作，实为同人爱乡血泪之代表；非激越过情之谈，实不偏不颇，具有正当不易之宗旨；非草率无责任之谈，实苦心孤诣，抱有绝大之希望者也。"在亡国灭种的危急时刻，不能以"旧思想行新事业。居今日而策救亡，亦唯改良思想一法而已"。它号召人们"同心同德，群策群力，万死不懈，以抗强敌"，这样才能"内足以巩国

---

① 《北京大学堂同学录》，谷钟秀序，光绪二十九年铅印本。

基，外足以御强敌"①。

正是基于这样的宗旨，张耀曾在《云南》杂志上，用"崇实"的笔名发表了《论云南之民气》《论云南人之责任》《论云南之社会知识》《滇省当兴女学》等多篇文章，大声疾呼，力图唤起沉睡不醒的云南同胞。在这些文章中，他指出当时云南的状况是："人心涣散，民气柔懦；知识落后，风气不开；缺乏武备，不兴教育。"②大家如果不从自己做起，奋发图强，只能沦为亡国奴："我滇人若不人人知责任之所在，而以身任之，则将来人之悲我，亦犹我今日之悲安南、缅甸人也。"③他呼吁同乡不要甘做亡国奴："置之死地而后生，置之危地而后存。滇民将死之日，乃滇再造之日也。"④

《云南》杂志以宣传民主主义，揭露清朝政府的腐败，反对英、法等帝国主义侵略云南为主要内容，广泛阐述资产阶级革命派关于国家、人民、主权、民主等方面的理论和主张，涉及政治、经济、文化教育等许多方面。因此，杂志出版以后，受到云南全省人民的热烈欢迎。而且，《云南》虽然以一省之名命名，主要宣传对象是云南读者，然而它的影响却超越云南而及于全国。

最初，《云南》的发行量仅为1000册，到1908年第13期时，发行量高达10000册。直到1911年辛亥武昌起义爆发时停刊，长达6年之久，共发行23期。它是辛亥革命时期以省命名的杂志中，坚持时间最长的一刊物。可以说："云南光复，《云南》杂志宣传革命之功

①　《发刊词》，《云南杂志》第1号，1906年10月15日。
②　崇实：《论云南积弱之源》，《云南杂志》第5号，1907年3月31日。
③　崇实：《论云南人之责任》，《云南杂志》第3号，1907年1月20日。
④　崇实：《云南之民气》，《云南杂志》第7号，1907年7月20日。

不可没焉。"①《云南》杂志之所以影响日益扩大，与主编张耀曾及其同人的努力是分不开的。

二、参与制宪 草拟《天坛宪法草案》

辛亥武昌起义，声震中外。张耀曾在日本闻讯后，来不及等到大学毕业，就立即束装回国。到南京后，就被任为临时参议院云南代表，参与起草《临时约法》。1912年5月，临时政府和国会迁到北京后，张耀曾在北京临时参议院参加了《国会组织法》《参议院议员选举法》《众议院议员选举法》等重要法律的讨论、制订工作。在讨论中，他提出了《省官制修正案》《参议院法修正案》等法案。由于他在议会辩论中的杰出表现，张耀曾逐渐成为同盟会在临时国会中的中坚人物，在7月9日的会议中，以最高票（50票）当选为11名起草员之一，执笔起草了《国会组织法》《参议院议员选举法》和《众议院议员选举法》的正式条文②。

与此同时，张耀曾积极参与了同盟会的改组活动。1912年7月16日，同盟会本部召集全体职员讨论改组问题。在这次会上，张耀曾积极支持宋教仁改组同盟会的主张，并和宋教仁、孙毓筠分别当选为同盟会政事、总务、财政部主任。会后，张耀曾协助宋教仁进行改组工作，起草了关于新党党名、党纲、组织的草案。8月，又和宋教仁、杨南生一起起草了宣告国民党成立的"国民党宣言"。在国民党正式成立后，张耀曾被推选为党内总干事兼政事部主

① 李根源：《云南杂志选辑序》，《云南杂志选辑》，科学出版社1957年版。
② 参阅《北京临时参议院会议速记录》（1912—1913）。

任①。1913年4月正式国会成立后，张耀曾被选为众议院议员，在院内复被选为全院法制委员长，成为国民党在国会内的领袖之一②。

同年7月，国会成立宪法起草委员会，张耀曾以高票（273票，第二名）当选为起草委员之一。当时，起草委员会以天坛作会场，张耀曾与汪荣宝、孙钟、黄云鹏四人被指定为大纲起草员，分别起草宪法大纲，交全委员讨论③。在委员讨论结束后，最后又推选张耀曾与丁世铎、李庆芳、黄云鹏、孙钟五人，根据讨论结果草定全部条文。张耀曾负责起草了第一至第三章即关于"国体""国土""国民"的全部条文④。在起草期间，袁世凯干涉压迫无所不至，或派员强要参与，或借词逮捕委员，或通电各省都督促其干宪，日接日厉，委员会处在危疑震撼之中。而制宪委员，虽各党都有，却能和衷共济，顶住袁世凯的压迫，终于10月30日将全案议决送出，完成他们的使命。但此时，国民党人讨袁的"二次革命"失败，袁世凯加强专制统治，于11月3日宣布解散国民党，取消国民党议员资格，并下令追捕国民党议员，张耀曾被迫逃往日本，他参与起草的《天坛宪法草案》也随之流产。张耀曾希冀建立民主共和、实行宪政的理想遭到了第一次沉重的打击。

---

① 参阅李新、李宗一主编《中华民国史》第2编第1卷（上），中华书局1987年版，第154—155页。
② 梁漱溟：《张公耀曾生平及家世》，《梁漱溟全集》，山东人民出版社。
③ 《宪法起草委员会祥志》，《宪法新闻》，1913年第12期。
④ 《国会纪闻》，《宪法新闻》，1913年第18期。

三、再次东渡　投身反袁

到日本后，张耀曾再入东京帝国大学，继续以前未完成的学业。当时，流亡日本的国民党人内部思想混乱，意见分歧。孙中山决定改组国民党，于1914年7月在东京成立"中华革命党"，准备进行三次革命。而另外一部分原国民党骨干，因不赞成中华革命党要求党员绝对服从党魁孙中山及宣誓画押的入党手续，拒绝参加中华革命党。他们拥戴黄兴为领袖，另于同年8月组织成立"欧事研究会"。欧事研究会在继续讨袁的基本点上于中华革命党大体一致，但在斗争策略上则主张融合异见、团结各派、徐图改革的"缓进"方针，其核心人物是李根源、章士钊等人。在这种情形下，一向主张法治、宪政的张耀曾，自然站在后者一边，参加了欧事研究会①。

1914年冬天，张耀曾完成了东京帝国大学的学业，获法学学士学位而毕业。同年11月底回国，任北京大学法科教授。此时，袁世凯做皇帝的企图渐渐显露，张耀曾洞悉其奸，在1915年夏天教育部组织的"暑期讲习会"上，以《国家与国民》为题讲演，对袁世凯的作为进行抨击。自此以后，袁世凯政府派侦警每日监视张耀曾的活动②。9月，张耀曾离京南下至上海。在上海，张耀曾与反袁人士谷钟秀、杨永泰、钮永建、吴稚晖等人会合，创办《中华新报》，开展反袁宣传。10月10日，《中华新报》正式出版发行，张耀曾任

① 李根源：《雪生年录》第1版卷2，第10页，上海铅印，1930年。
② 张宁珠等：《先考镕西府君行述》。

社长，谷钟秀任总编辑①。不久，张耀曾又南下广东，经桂返滇。到云南后，积极协助蔡锷、唐继尧等组织讨袁护国军，任护国军云南都督府参议，参与了云南起义。随后，为了推动两广、西南各省共同起兵讨袁，又赴广东。1916年初，作为护国军的代表，陪同岑春煊，赴日本联络，寻求外交支持和筹款。

四、出任司法总长　组织政学会

1916年6月袁世凯忧愤而死，原副总统黎元洪继任总统，被袁氏解散的第一届国会也得以恢复。6月29日，黎元洪正式任命段祺瑞为国务总理。次日，颁布国务员名单，张耀曾被任命为司法总长。

不料，张耀曾北上赴任之际，却遭到北洋军阀的猛烈攻击。

8月初，张耀曾由云南抵达上海，同船之人携带大批烟土，在上海孟渊旅社被破获，张遂有贩土嫌疑。后经查明，烟土系与张同行的袁树五等挟带，而袁等又系受云南督军唐继尧之弟唐继禹之私托，与张耀曾无涉。张遂于8月25日入京。烟土案虽查明与张耀曾无关，但驻扎徐州的长江巡阅使、安徽督军张勋，却抓住此事大肆攻击张耀曾。9月2日，张勋通电反对张耀曾任司法总长，电云："查张耀曾贩土营私，丧权辱国，罪状卓著，无可讳言。国务院为一行政最高之机关，奚容有此败类厕足其间，以重贻国家之羞。"并公然要求黎元洪查办张耀曾："请我大总统尊重国权，征求舆论，令

① 李根源：《雪生年录》卷2，第10页。

张耀曾暂缓赴任，并由法庭提起公诉，彻底追查。"①张勋如此攻击张耀曾，目的并不是攻击张耀曾一人，而在于打击参加过护国反袁的国民党人和具有民主形式的国会，他自以国民代表表示："此等阁员，此等议院，我辈国民断难承认。"②而当张耀曾在北京正式就职后，张勋则联合倪嗣冲、张作霖等北洋军阀通电京外，除对张耀曾个人"备致诬毁"外，并且以强词要挟政府说："勋等前因上海私土案电陈种种关系，请饬张耀曾归案讯办，中央竟无办法。今张觍颜就职辱国，实羞与为伍。如张决不解职待讯，勋等惟有一律辞职，或宣布与该部脱离关系，任令司法独立于国中。"③

对于张勋的恶意诋毁，张耀曾一再刊登启事和发表通电，声明他与此事无涉，并且呈请中央，"速派敏干大员"赴上海，"详细彻查私土案，以明真相"④。尽管事实证明张耀曾是清白的，但此一案件，对于张耀曾一生留下了不可磨灭的影响。他体会到政治斗争的险恶与欺诈，后来在日记中曾多次道及。而在后来的政争中，烟土案也往往成为张耀曾的政敌攻击他的口实⑤。

当反袁护国战争胜利、国会重新召集之初，社会舆论对以前各党互相争权深表不满，原国民党人和原进步党人都高唱"不党"主义，政党之名遂不利于众口。但随着政治形势发生变化和政见的歧异，议员们仍以其政见相同或人脉相近而形成不同的政团。因此，

---

① 《人多数国民认张勋为代表否》，《民国日报》，1916年9月6日。
② 《大多数国民认张勋为代表否》，《民国日报》，1916年9月6日。
③ 《张勋等又有骇人听闻之电》，《民国日报》，1916年9月16日。
④ 《张总长请查私土案》，《民国日报》，1916年9月16日。
⑤ 如1921年秋天，云南省第二届议会期满改造之际，原政学会部分滇籍议员曾谋划选举张耀曾回云南任省长，即遭到其他滇籍议员的反对，理由之一，就是张与烟土案有关。参见《滇人拒绝张耀曾返滇》，《民国日报》，1921年9月15日。

各派纷纷废党立派，原国民党人也分裂为"韬园系""客庐系""丙辰俱乐部"等。"客庐系"中又分谷钟秀系、吴景濂系等派别。因对推选副总统人选问题产生分歧，以谷钟秀为代表的部分议员又从"客庐系"中分裂出来。在这种情况下，张耀曾与李根源、谷钟秀等人，联络原国民党中的部分议员，成立了"政学会"。

"政学会"三字是由张耀曾、李根源提出的，寓意是对政治我们个个都要学习①。1916年11月，政学会在北京宣告正式成立。其章程规定，政学会"以研究政务、实行改进为宗旨"，政纲主张包括：1. 对于政治取恬静主义；2. 对于政治取稳和改进主义；3. 对于政府取劝告监督主义；4. 对于各政团取亲善联络主义等六项主义②。政学会推定张耀曾为总会主席，谷钟秀、钮永建为副主席③。

政学会成立之初，在当时的政争中，其主张及活动是具有进步意义的。国会恢复以后，首先遇到的问题是审议完成宪法草案，即重新审议《天坛宪法草案》。而在审议中，争论最大的是两个问题：一是省制加入宪法问题；一是立孔教为国教问题。关于省制加入宪法问题，在当时，以梁启超为首的研究系议员，反对省制加入宪法；而政学会则主张省制加入宪法，省长民选。这种主张反映了他们争取地方自治，反对北洋军阀的独裁专制，实现民主共和制度的理想和愿望。而关于孔教问题，研究系议员提出在宪法上定孔教为国教，政学会则反对在宪法里规定将孔教尊为国教。为此，1917

① 孙天霖：《政学会的发起及其早期的一些活动》，《云南文史资料选辑》第2辑，1962年。
② 《政学会主义正大》，《中华新报》（上海），1916年11月22日。
③ 《政学会之选举干事会》，《中华新报》（北京），1916年11月28日。

年2月2日，政学会开会专门讨论这一问题。会上，张耀曾做了两次发言，谓"孔子集先圣之大成，专以日用寻常切己之道造化群伦，实超耶、佛而上之，故其性格功业非第为东洋伟人，而实古今之世界伟人"。又说，四亿中国人"脑筋中之神圣模范厥惟孔子，是孔子者谓为历史信仰之重心，可谓为国民性之主要成分，亦可谓为中国文化之主宰"。虽然如此，但张耀曾坚定地表示，"孔教不宜定为国教"，主张维持宪法草案原案，即规定"中华民国以孔子之道为修身之大本"。尽管这一主张与当时新文化运动批判孔教的主张仍有一定距离，但在反对思想专制方面，具有进步意义[①]。

当然，由于身份、地位及认识的不同（张耀曾、谷钟秀为内阁阁员，而其他成员皆为议员），作为会长的张耀曾之主张，与政学会作为一团体的主张有时并不完全一致。典型的事例是对德绝交宣战案。1917年2月，在美、日等国的劝诱及影响下，段祺瑞政府决定对德绝交。政学会支持段的这一主张。但在对德宣战问题上，政学会大部分议员则不同意，而张耀曾则支持段的宣战主张。在5月9日政学会讨论对德宣战问题的会上，张耀曾多次发言，称："彼初本怀疑，然以详细研究之结果，卒认宣战为不得已。"又从欧洲大势说起："论及中国有加入之必要。"并说明："民主主义之政党，尤不能反对对军国主义之德国宣战，致失民主主义各协商国之同情。"[②]但会议表决结果，反对宣战占多数，否决了张的参战主张。

然而，当段祺瑞企图以武力唆使"公民团"包围国会、迫使国

---

① 《张总长对于孔道之主张》《张蓉西对宪法十九条第二项之演说》，《中华新报》（上海），1917年2月3日、4日；参阅孙彩霞《新旧政学系》，第29—32页，华夏文化出版社1997年版。
② 《北洋军阀》第3卷，第104页。

会通过宣战案时，张耀曾认清了段祺瑞借参战之名而行专制之实的目的，即于次日（5月11日）与谷钟秀等一起宣布辞职。

在辞去司法总长后，张耀曾于1917年6月离京。时孙中山在广州发起护法运动，政学会多数议员与其他国会议员响应孙中山的号召，南下广州，成立非常国会，助成建立中华民国护法军政府。而张耀曾一贯主张："谋国家之独立平等，树立统一政府于宪政之下，从事改进，俾政治纳入正轨，国力充实，外侮不御而自宁"[①]，因之并未去广州，而在天津闲居。不久，又再次入北京大学，任法科教授。

1918年冬，第一次世界大战即将结束，中国国内也出现了要求和平的呼声。是年10月，张耀曾与熊希龄、蔡元培等发起"和平期成会"，"促进南北统一"，主张南北两个对立政权议和。同年12月，全国和平联合会成立，张耀曾与黄郛、张绍曾等积极参与了该会的组织工作[②]。

1920年8月，鉴于政学会内部意见分歧，在广州非常国会内的政学会议员也出现分裂，张耀曾与谷钟秀等二十八名政学会成员发表宣言，宣布"政学会名义，永远取消，旧时同人对于政学会，一律解除关系"[③]。作为政团的政学会就此解散。从此以后，张耀曾尽管与谷钟秀、李根源等人保持密切往来，并曾参与原政学会部分会员在1923年成立的组织——"宪政社"的活动[④]，但与广州非常

---

① 李根源：《故司法总长大理张君墓表》，《云南文史资料选辑》第17辑，云南人民出版社1982年版。
② 《和平联合会之成立会》，《民国日报》，1918年12月15日。
③ 《弃旧迎新之政学会》，《民国日报》，1920年8月22日。
④ 《近代稗海》第6辑，第157—159页，四川人民出版社1987年版。

国会内的政学会议员基本脱离关系。对于1928年国民党上台执政以后，在国民党内形成的以杨永泰为核心的"新政学系"及其活动，张耀曾则从未参与。

1921年冬，美国召集太平洋会议于华盛顿，张耀曾联络同人，组成华盛顿会议后援会，研讨收回中国利权。为此，张耀曾被聘为太平洋会议高等顾问。

五、任职法权讨论委员会　主持司法考察

1922年，第一次直奉战争结束以后，直奉军阀曹锟、吴佩孚控制了北京政局。他们决定恢复"民六国会"，驱逐皖系军阀所扶植的总统徐世昌，拥护黎元洪复职。但此举引起各方争论，张耀曾从法律上解释、剖析了黎元洪复任大总统职的根据和理由，为黎元洪复职制造舆论。6月11日，黎元洪就任大总统。8月6日，黎任命张耀曾为司法总长。张到职后，又被任命为法权讨论委员会委员长。旋辞总长，而专任法权讨论会委员长。

从1922年至1927年6月，张耀曾在法权讨论委员会任职共五年。他上任后不久，"以各省法院情形不一，必先整顿，始足以言收回法权"[①]。于是选拔一批法学专家及部属，与沈家彝、戴修瓒等带领他们赴河北、山东、山西、河南、江苏、安徽、浙江、江西、湖南、湖北、察哈尔及绥远等十二省区视察。在视察中，张耀曾每至一地，均参观当地的法院和监狱，对于司法状况详加询问，并发表改

---

① 张宁珠等：《先考镕西府君行述》。

良司法的讲演。在考察结束后，主持编纂《考察司法记》《列国在华领事裁判权志要》，将考察中所得司法状况及改良措施汇编成册。同时，又考虑到国外对中国法律不尽了解，故又聘请专家张志让等多人，将中国民法、民事诉讼法、刑法、刑事诉讼法、法院编制法等，均译成英文、法文出版，以使各国人士了解中国司法实况[1]。

1923年，直系军阀曹锟谋自任总统，强行贿选。张耀曾与旧友谷钟秀等通电全国，反对贿选。

1924年10月，冯玉祥发动"北京政变"，软禁贿选总统曹锟。对冯玉祥的这一行动，张耀曾事先并未与闻。但因张耀曾反对曹锟贿选，有声于时，因此，在冯玉祥控制北京政府后，他就邀请张耀曾参加政府。这样，10月31日，在冯玉祥的支持下，张耀曾与黄郛、王正廷、易培基等人组成临时内阁。在临时内阁中，黄郛任国务总理兼教育、交通两总长，张耀曾任司法总长。11月2日，曹锟被迫退位，由黄郛摄行大总统职权。11月4日，摄政内阁会议议决修正清室优待条件五条，宣布永远废除皇帝专号，清室立即迁出禁宫，并限令溥仪当日出宫。次日，溥仪迁出故宫。

在摄政内阁中任司法总长，为张耀曾受命第三次出长司法。在摄阁期间，有关法制的重要政令，如曹锟退位、摄政内阁成立及修改清室优待条件等文件，均由张耀曾起草[2]。但不久，在奉系张作霖支持下，段祺瑞于11月24日入京任临时执政，摄阁成员全体辞职。

---

① 张宁珠等：《先考镕西府君行述》，又参梁漱溟《张公耀曾生平及家世》，《梁漱溟全集》第8卷，第481页。

② 张耀曾：《一个强健而中和的政治家》，收入杨琥编《宪政救国之梦——张耀曾先生文存》，法律出版社2004年版。

1927年6月，张作霖率军进入北京，自称大元师。张耀曾见国事日衰，战乱不已，尤忌张作霖之蛮横，故于张作霖进入北京之时，即辞去法权讨论委员长之职。

六、退隐上海　执律师业

1928年5月，国民革命军进入北京后，张耀曾与冯玉祥、孙岳等往来。但经过仔细观察和冷静分析后，张耀曾认为新生的国民党政权，最高政策"在军权集中、政权集中、领袖人物集中之三事，各方意见虽尚接近"，但"根本上仍有难融洽之点，究能实行至何程度，殊未可必"。而在北京、天津克复后，"奔竞暴起，地位抢攘，五光十色，一官数人，相持互角，笑话百出，而失业者过多，不补被出都，则坐以待毙，大好旧京，尽为萧条愁惨之气充塞。政治与社会都无佳象"。在这种情况下，尽管有人运动他参加新政权，他坚持"尚政治上无发言地位，宁隐居求志，不问政事"[1]。后来，他又赴上海访友，以观察时局，且考虑自己的出处，结论是："政治时机不宜，局势不合。质言之，表面重门户之见，里面重姻亲之私，曾无礼访贤才之真诚。余性迁谨，三十年来只有人求我赞助，决无自行奔走经营之事。在此奔竞倾轧场中，当然不愿参加。"[2]他决定在上海执律师业。1929年初，张耀曾移居上海，与旧友沈钧儒、李伯申等合组"张耀曾律师事务所"。自此以后，他即

---

① 张耀曾：《致郑天挺》，收入杨琥编《宪政救国之梦——张耀曾先生文存》。
② 《求不得斋日记》，1928年12月30日。

以律师为业，开始了他"入民间服务"①的生活。

七、为抗日奔走

1931年"九一八"事变发生后，日本帝国主义的侵略战火烧遍东北三省。民族危亡，重新唤起了张耀曾青年时代的爱国热情。"九一八"事变当日，张耀曾闻讯后，"不禁愤慨填胸"。一方面，他震惊于日寇的"野蛮"，另一方面，他对于国民党新军阀的内战，也十分不满："济南惨案才了，当局便酣嬉荒乐，从事内争，决无顾及国防者。今日遭此奇辱，曾无可资抵御！真可痛恨！"②此后，昔日的政友李根源、谷钟秀、李烈钧等纷纷来访议论政局与救亡之策。在友朋支持下，张耀曾在《申报》发表了《敬告国人书》，号召全国朝野一致，上下一心"全力合作，实行国民总动员"③，以抗击日本帝国主义的侵略。为此，他和旧友黄郛等组织"十人团"，并谋逐渐扩大，以建立民间团体，研讨抗日谋略及各项主张。

1931年12月，经过近三个月的酝酿准备，张耀曾与国内各界知名人士熊希龄、章太炎、黄炎培、沈钧儒、左舜生等60余人"发起成立中华民国国难救济会"，并拟在各地成立分会。不久，上海即成立"上海国难救济会"，张耀曾被推为理事之一。1932年1月28日，日本又侵略上海，十九路军奋起抗击，张耀曾与"国难救济会"同人积极参加了募捐劳军和各种支前活动，支援十九路军抗战。

---

① 《求不得斋日记》，1929年1月19日。
② 《求不得斋日记》，1931年9月18日。
③ 《敬告国人书》。

1932年冬，经黄郛提议，在原十人团基础上组织"新中国建设学会"。该学会成立后，张耀曾被推为常务理事之一。1933年5月，黄郛应蒋介石征召，赴华北任"行政院驻北平政务整理委员会"委员长，主持对日交涉停战问题，张耀曾一度代行建设学会"理事会主席"职。该会的成员多为原留日学生或旧政学系成员，他们一方面不满国民党的统治，但一方面又和蒋介石及国民党内其他人有着各种联系，因此，该会一方面宣称其主旨是研讨"学术救国方案"，一方面又主张"作为外圈，以超然地位练习政治，准备政治"，目的是为国民党政府的内政、外交及应对日本的侵略活动，讨论并提供各项建议。为此，张耀曾起草了《民国制宪史概观》《草拟民宪协进会缘起》等文，供学会讨论，并在中国公学、上海法学院等校讲演制宪问题和对日方针问题。

　　在此期间，经旧日政友张群、黄郛等人向蒋介石推荐，蒋介石欲召见张耀曾一谈，对此，张耀曾并不热心。他认为："蒋现正四处拉拢，热心利禄者正趋之如鹜，彼将谓天下英雄尽入彀中，余岂能因一言之招，冒昧前往自失身份乎？"而如果见蒋，则"余主张党治宜稍限制而分权于民，如晤蒋时必仍际述此旨"[①]。后来，他通过张群向蒋提出建议："欲求政治成功，必须系住人心。第一，须维护大多数人生活；第二，须对知识阶级予以自由；第三，须开放政治以包容社会有力分子。"[②]而对见蒋终以婉言辞谢。

　　1935年华北事变后，张耀曾一直为之奔走的民间抗日活动日益高涨。1936年5月31日，全国各界救国会在上海成立。但当政的

---

① 《求不得斋日记》，1932年12月4日。
② 《求不得斋日记》，1933年7月9日。

国民党当局则仍一意孤行，不仅对日本的侵略不抵抗，反而压制爱国民众的抗日救亡活动，1936年11月22日深夜，国民党当局以"危害民国罪"，在上海逮捕了张耀曾的老友和共事律师沈钧儒及章乃器、邹韬奋、李公朴、史良、王造时、沙千里等七位救国会领袖（史称"七君子"事件）。张耀曾闻讯后，即与沈谦（沈钧儒子）在23日清晨赶往法院，以拘捕不合法而将沈钧儒、李公朴、王造时等人保释出狱。但当日夜间，公安局再次逮捕了沈钧儒等人。24日，张耀曾不断奔走于法院、捕房、公安局等处，要求依法保证沈钧儒等七人的人身安全，再谋辩护营救。此后，张耀曾又向律师公会、国难救济会报告此案经过，筹划营救；并与国民党政府内的旧日政友李烈钧、冯玉祥等积极联系，设法疏通国民党当局。在整个营救过程中，张耀曾尽管病魔缠身，但他始终站在朋友、律师的立场上，担任沈钧儒的义务辩护律师，协助审订《答辩状》，尽力捍卫"七君子"的人权，坚持法治精神，要求国民党司法当局"秉公审理，依法判决，渝知无罪，以雪冤狱，而伸正义"[①]。经过社会各方人士的奔走营救以及全国人民的强大声援，1937年7月，沈钧儒等七人终于被释放。

1937年"七七"事变后，日本军队长驱驰入，接连攻占了华北五省。"八一三"事变后，上海亦失守，日寇又向南京、武汉进军。不久，张耀曾昔日的一些相识如陈锦涛、温宗尧、董康等人，纷纷投入日本人的怀抱，并继华北"临时政府"后，策划成立"华中政府"。对此，张耀曾忧心如焚，托人反复相劝，指出"此时组织华

---

① 《答辩状》，转引自《救国会》，中国社会科学出版社1981年版，第270页。

中政府，实属帮助日人破坏国家，凡知自好者，自不参加"，"吾辈多年朋友，今均陷于非义，宜有以挽救之"。而对于原参加"国难叙餐会"的某些同人也陷入其中，他更是痛心疾首："朋友坠落如此之多，真大不幸也。"①遂停止参加叙餐会。

此时，面对友朋的堕落和日本人的引诱，张耀曾深致惋惜和警惕。为了表明心迹，他撰写了《孤岛上我的决心和态度》，以示亲朋故旧："一、消极的：（一）不误国，（二）不卖身（此二项为绝对的），（三）不做官，（四）不见日本人（此二项是在中日战争未了期间）。二、积极的：以中国独立为唯一目标，运用心思和能力。"②此后，他仅与沪上少数至友张元济、颜惠庆等来往，交换有关消息与见解。

1938年7月26日，张耀曾在上海寓所病逝，终年53岁。在病魔缠身之际，仍时时关注日本的军事动向，未尝忘怀国家之危难。他在日记中写道："际此民族灭亡大时代，一身盛衰何足道，但已无力为民族效劳，可慨也夫！""今日为卢沟桥事变满一年纪念日。此一年中，中国领土竟丧失三分之一，重要而精华之区已去其半。将士死者六七十万，人民流离数十万。浩劫如斯，前途更不知胡底，真可哀矣！"③爱国之情，溢于言表。

逝后，晚年时相过从的密友张元济挽道："洱海苍山外，斯人不世才。名言金玉在，多难栋梁摧。绕室忧无策（闻君殁前数日，尝绕室旁皇，默默无语），衔林恨未陪（君约旧雨数人每周晤谈，

———————————

① 《求不得斋日记》，1938年3月7日、3月12日。
② 《求不得斋日记》，1938年3月25日。
③ 《求不得斋日记》，1938年6月12日、7月7日。

近两月来余因事未到）。良医良相尽，此事最堪哀。"

昔日的议坛政友陈叔通赞曰："介然特立，如接风仪；志在匡济，而忤于时；忆昔制宪，党论独持；曾张党帜，不为诡随；宁遁于野，学业孜孜；乃觏多难，抚膺增唏；新亭相视，唯有涕涕；逝者已矣，孰与扶危；为天下哭，亦哭其私。"

政友张群挽之曰："自处严，与人厚。治学精，执事敬。居官谦谨，谋国公忠，虽古圣哲，无以加兹。时艰方亟，正赖匡扶，而赍志以终，澄清未睹。缅怀风度，遗恨绵绵。"

同乡、挚友李根源远在新疆，也寄来挽词，云："洱苍间气，钟毓俊贤；君负异才，增重吾滇；两长秋曹，蕲成法治；政变迭乘，未竟厥志；外寇日亟，中原陆沈；寄生虎口，泣血椎心；我往天山，君滞沪渎；忽传噩耗，遽尔不禄；生离饮恨，死别吞声；执笔作赞，惨感平生。"

表弟郑天挺时在赴昆明的途中，听到张耀曾逝世的噩耗后，日夜兼程，绕道香港赶回上海。他的挽词表达了张、郑二人之间的深厚感情："廿载追随，亲同骨肉，义兼师长，诲迪提携无遗力；万方多难，国丧桢梁，民失喉舌，扶持匡济更何人。"[1]

张耀曾逝世已经六十多年了，但他提出的宪政治国、以法治国、保护人权的思想和主张，至今仍有借鉴意义。

（原载《宪政救国之梦——张耀曾先生文存》，

法律出版社2004年版）

---

[1]　以上挽词均录自张耀曾亲属印制的《哀挽录》（未刊稿）。

后记：求学与治学经历的简要回顾

本书共收录十三篇文章，分为上、下篇和附录三部分。这是我二十多年来研习中国近代史的一些心得，也是自己学术道路上留下的一点印迹。我发表的第一篇论文是《乾嘉荀学复兴概述》，而近年的研究则主要围绕李大钊展开。从乾嘉到"五四"，从章太炎到李大钊，无论时间或人物，跨度都比较大，主题也相对分散，故取名为《清末民初的思想与人物》。我的研究之路，从章太炎开始，到新文化运动，再到李大钊，看似偶然，实际上每一步都有迹可循。在本书出版之际，在此作一简略的回顾。

一

在我的求学治学经历中，曾经走过不少"弯路"。

1982年9月，我考入西北师范学院历史系本科学习。当时的西北师院历史系，师资队伍阵容强大，正副教授众多，其规模竟超越不少重点大学历史系。不过，坦率地说，那时候历史学并未俘获我的心。因为初进大学的我是一个向往文学的青年——在所有文科学科中最感兴趣、最热爱的就是文学。大学一年级，我不仅借阅了校图书馆所藏的各种小说，还曾经苦思冥想，写出一些习作。但经过一年多练习，发现自己的形象思维能力实在太差，就将所写东西付之一炬，放弃了写小说当作家的梦想。尽管作家梦放弃了，可我对文学的兴趣仍然不减，于是又开始阅读一些文学评论。但在阅读不少论文之后，我感觉这些文章并不能使人心服。

于是，我又开始扩大阅读范围，从文史哲的学术专著到社会学、政治学的教科书，从波普尔、库恩等人的科学哲学专论到介绍"控制论""系统论""信息论"等所谓老三论、新三论的小册子，凡感兴趣的，都借来翻阅。尽管许多书并未真正读懂，囫囵吞枣，但尽量都涉猎。其中的一些还做了详细的读书笔记，如《鲁迅选集》、陈寅恪《唐代政治史述论稿》和《寒柳堂集》、胡如雷《中国封建社会形态研究》、顾准《希腊城邦制度》、马克垚《西欧封建经济形态研究》、朱维铮《梁启超论清学史二种》、李泽厚《中国近代思想史论》《批判哲学的批判》和《美的历程》、梯利《西方哲学史》等。

在我广泛阅读之时，恰逢全国"美学热"兴起，我转而又追逐并喜欢上了美学，阅读了朱光潜、宗白华、李泽厚、高尔泰等美学家的论著。黑格尔的《美学》和一套美学译文文丛，我也硬着头皮，一本一本往下啃。1985年暑假，全国美学会议在兰州召开，作为学生的我赶去旁听，并鼓足勇气拜访了李泽厚先生。会后，我自告奋勇充当李先生游览兰州的向导，并乘此机会，在路上向他请教了许多自己不懂的美学问题和思想史问题。尽管与李先生相处不过短短几天，但这对于一名地处偏远、文化落后的西北地区的大学生来说，能与当时风行全国的《美的历程》的作者近距离接触并当面请教，是非常幸运的。他的鼓励，增强了我考研的信心。当年冬天，我第一次报考研究生，就选择了美学专业。但不幸，因外语成绩较低，考研失败了！

考研结果知晓的时候，已临近毕业分配。那时，尽管热爱美学，但我在历史系的学习成绩却一直名列前茅。毕业前夕，历史系一位领导找我谈话，希望我留校工作，但后来却将我分配至甘肃陇东的一所专科学校——庆阳师专，理由竟然是我报考了美学的研究生，对历史学专业的"专业思想"不牢固。而实际情况则是，因为自己平日里经常去学校图书馆读书，旷课较多，三年级时系里给我一个违纪处分。可我的总成绩始终靠前，不是第一就是第二，负责学生管理的系领导也无话可说。毕业分配，仍然给我以教训和惩罚！转眼之间，大学时代就这样结束了。年轻气盛的我，自负地认为是人才，必有用武之地；是金子，总会发光。我感谢母校的培养，但因毕业分配之事的影响，离开母校时，我既没有伤感，也没有留恋，反而为即将能够作为一名教师而有一种兴奋和期盼之感。

二

1985年前后在全国兴起的"文化热"，也深深地吸引了我。我的本科毕业论文就是根据当时东读西抄的读书笔记，撰写的一篇讨论中西文化的文章。这篇很肤浅的习作，作为本科生论文，可能因征引资料颇多，文笔通顺，指导老师给了高分，并专门找我谈话鼓励我。但他也提醒说，论文中所谈"三论"，不能代替史学研究，历史还是要运用史学方法。这位老师的话，对我后来专心于史学专业起了一定作用。

我分配到庆阳师专工作后，历史系安排的教学任务并非我熟悉的中国史，而是"世界古代史"。这是大学一年级的课程，我上本科时也仅学了一学期，如何能够教学生？为了教学，我只好再次勤学苦读，将师专小小图书馆的世界史藏书全部翻阅了一遍。后来，又到西安、兰州，购买了一些关于希腊、罗马历史方面的图书。就这样，东鳞西爪，认真阅读能搜寻到的世界古代史方面的书，既给自己补了课，也可以给学生教一些基础的知识。因我讲课认真，学生们的评价还不错。

1988年夏天，三联书店和"文化：中国与世界编委会"在北京组织一场有关中西文化比较的培训班，我报名参加。这次培训班，授课的都是北京大学、中国社会科学院等单位的青年学者，如甘阳、苏国勋、杜小真、陈平原、钱理群、周国平、赵越胜、梁治平等，他们具有新知识，新眼光。在这次培训中，我第一次知道了马克斯·韦伯，第一次听说了伽达默尔，第一次读到了余英时的《士与中国文化》。这次培训，打开了我的眼界，促使我下决心考研究生到北京求学。

但考研，选择哪个方向，却是一个问题。继续考美学，自知工作后外语长进不多，如考，面临再次落榜的可能；考世界史，还是存在外语过不了关的问题；而中国史，大学毕业后有些荒废。但，无论如何，考研到北京去深造成为我最迫切的愿望。就在准备考研的过程中，1989年的"五四运动"八十周年纪念活动展开，学术界发表了许多文章。我对这些学术讨论很感兴趣，每天一有空，就跑到报刊阅览室去阅读。这使报考研究生的方向逐渐明确起来，决定以中国近代史作为自己的专业选择。

当年年底，我提前查阅北京各高校的招生专业目录。中国近代史专业方面，北大的方向是中外关系史，非我最感兴趣的思想文化史；北师大的方向是中国近代文化史，导师为大学教材《中国近代史》主编之一，我担心报考人过多而犹豫不决。至于清华大学，我不知道还有文科院系，因此未曾留意。但冥冥之中，上天眷顾于我。在报名前夕，我替学校去兰州出差，办完公事之后，抽空逛书店，看到一本名为《时代的错位与理论的选择》的书，署名刘桂生主编，清华大学出版社出版。刘先生的名字，以前从未听说过，打开一读《后记》，才知道刘先生为清华大学社科系教授、思想文化研究所副所长。又阅《前言》，该书的主题为"西方近代思潮与中国'五四'启蒙思想"，其中的观点和论述，立刻吸引了我。我的心底一下明朗了，这就是我要选择的导师！我兴奋地买下这本书，回到师专，立即将报考志愿填为清华大学社科系。

三

可以说，真正引导我走上史学研究之路的正是我的硕、博导师，清华大学和北京大学双聘教授——刘桂生先生。

1990年上半年，我以优异的成绩先后通过清华大学研究生考试的初试和复试。当年9月，我终于如愿以偿，从偏远的西北小镇西峰来到北京的清华园，成为刘先生的研究生。

清华读书的三年，是我真正步入史学研究之路的三年。在此期间，我跟随刘先生学习、读书和研究，受益匪浅。现在回想起来，有几点印象至深，经久难忘。我虽然通过自己的努力，考上清华大学的研究生，但当时的同学，不少来自北大、清华这些名校，他们见多识广，头脑十分聪明。在我单独去刘老师家，和他谈话时，不免感叹自己的愚笨，刘先生听后，每次都会鼓励我。他举了不少事例，来说明聪明的人不一定做出多大成绩，而笨人也未必就做不好学问。他再三强调，做学问就是要下笨功夫，只有下笨功夫，才能做出真实的成绩。有一次，刘老师甚至在课堂上讲道："做学问，不怕笨，就怕你不笨。"至此，我明白他的用意，不论聪明或愚笨，凡做任何事，都要老老实实下功夫，才能做得好。

刘先生治学，注重"贯通"，强调"先立其大者"。尽管我所学专业是中国近代史，但他再三提醒："研习中国近代史，一要从上到下，从古到今，懂得中国古代的历史；一要从左到右，横向比较，懂得世界近代的历史。"因为"中国近现代的思想论战先在日本发生，日本的论战先在西欧发生"。"不懂世界史，就研究不了中国近代史。"在具体治学方法上，刘先生指导学生，是从目录学入手，从作注释入手。他说中国的学术，是围绕着几部经典的解释发展起来的，新思想隐藏在注释之中。学生读书，要从四部目录入手，读书目提要、读经典注释。他要求学生读书过程中，为某些经典文献的篇目作注释。记得当时有些老师表示不理解这种做法，刘老师明确地对学生说："注释，不是让你简单地做作业，完成一个任务，而是注释你的头脑。"又说："人读书，书也读人。你作注释，就是你掌握学问；也就是学问掌握你。"他布置给我们的作业，便是精读从唐代《隋书·经籍志》到晚清张之洞《书目答问》数个朝代之间的史学书目及提要著作。他要求我们选取其中的重要段落，先作注释，然后在融会贯通的基础上，写一篇小文章，从中体会中国古代学术尤其是史学的特点。

刘先生关于"历史人物形象变迁史""史后史"的讲述，更是令人耳目一新，拍案叫绝。他对孟子、关羽、陶渊明、杜甫等历史人物在历史进程中的形象变迁，进行了细致梳理，并毫无保留地讲给学生听。关于"五四运动"，他指出，自从"五四运动"发生以来，就有数种解释和争论，并逐渐形成了几种不同的话语体系，毛泽东的评价和胡适的解释就完全不同，鲁迅则数次写到"新文化运动"这个名词是别人套在"我们头上的"。而今天我们对"五四运动"的认识和评价，就是"史后史"的表现，是后来的历史影响到先前发生的历史。当年刘老师所讲授的这些知识和见解，不仅我闻所未闻，且是当时书中很少论述的。要知道，关于"形象史""记忆史"的研究，在二十多年后，中国的学术界才有人专门介绍和探讨。毫不夸张地说，刘老师的讲授和指导，使我的知识、眼界和心胸都上了一个很高的台阶，达到了一个新的层次。

受刘老师的熏陶，在硕士论文选题时，我选择了章太炎的"尊荀"思想作为题目。当初在我进入二年级时，他就给我定了一个大致的选题范围。刘先生指导学生，既根据学生的兴趣、特长，又有一套系统的研究中国近代思想史的培养计划。最初讨论论文选题时，我表示对"五四新文化运动"感兴趣，但他没有同意。刘老师说，在中国近代思想演变中，戊戌至"五四"是一个关键阶段；但"五四新文化运动"是结果，其源头还是在戊戌，甚至在晚清更早。选择硕士论文，应从源头开始，而非直接进入"五四"。在戊戌到"五四"这一阶段的思想家中，康有为和章太炎是二水分流，双峰并峙。他之前指导的学生，已经完成了研究康有为、梁启超、严复、孙中山、陈独秀、李大钊等人物思想的论文（这些论文修改完善后，多收入《时代的错位与理论的选择》一书），而章太炎和刘师培这两位重要思想家尚未有人着手，于是他建议我做章太炎早期思想研究，刘师培则作为备选（后来，刘先生在北大招收博士生时，有两位博士的论文选题就是刘师培。由此可见，他关于学生培养计划的布局及延续性）。在刘老师的指导下，我开始集中阅读章太炎的论著。

众所周知，章太炎的文章较为难懂，其思想博大精深。我将当时上海人民出版社出版的六册《章太炎全集》读完，并做了笔记，但还是难以确定具体的题目。我反复阅览自己听刘老师授课时所做的笔记，斟酌章太炎的思想主张，最终选定以他的"尊荀"思想作为硕士论文选题。因为荀子在汉唐时被奉为仅次于孔子的"亚圣"，宋明时却被打入冷宫，而到清代中后期，随着中国社会和历史的演变，以及西方文化的传入，作为儒家思想中"异端"的荀子思想也随之复兴而又被尊奉。章太炎的尊荀，正是清代这一思想趋势的承继和发展。但这一思想的演变过程，当时尚未有人进行过专门研究。提出自己的设想后，刘老师表示同意。论文初稿完成，交刘先生审阅。他阅后大为高兴，认为在章太炎早期思想的研究上有突破，也将清代乾嘉时期荀学复兴的线索大致画出来了。这篇论文体现了刘先生注重历史人物身后的形象变迁的学术思路，算是领悟到了刘先生治学的一点方法和特点，所以得到了他的认可。

为查阅章太炎的有关资料，我在北京大学图书馆古籍室偶然接触到夏曾佑的部分手稿。我由此开始关注和搜集夏曾佑的相关资料。2000年，我在北京大学博士毕业留校工作后，在为《李大钊年谱》搜集资料时，又插空将夏曾佑的文章、日记和他与严复、章太炎、张元济、汪康年等人的书信手稿进行抄录、整理，编辑成《夏曾佑集》。该书于2011年由上海古籍出版社正式出版。这次收入本书的《戊戌时期章太炎尊荀思想及其中西学术渊源》，和附录的《乾嘉荀学复兴》，均由硕士论文修改而成；而《转型时代的观察与思考：夏曾佑晚清政论试析》，尽管撰写于2016年，实际上也缘起于研究生那一时段的学习。

四

1997年，我再次投入刘先生门下，到北大历史系攻读博士研究生。这次，来到了"五四运动"的原发地，在选择论文题目时，我又提出硕士期间想做的"五四新文化运动"的相关研究，刘老师欣然同意。

然而，选择"五四新文化运动"作为博士论文选题，在开题报告时，却引起了争论。因为此时，不仅国内已有彭明先生1984年在人民出版社出版的《五四运动史》，海外周策纵先生《五四运动：现代中国的思想革命》的中译本，也于1996年由江苏人民出版社出版。除了这两本巨著之外，各种专题著作和论文更是数不胜数。在大多数学者看来，"五四运动"已经有这么多研究成果，博士论文再以此为选题，不仅难度大，也可能没有多少新意了。

面对老师们的质疑，我并没有退缩，刘老师更是积极支持和鼓励。我为什么要坚持做"五四新文化运动"的研究呢？首要原因是作为一名敏感年轻的"学生"，对八十年代的种种思潮——"美学热""文化热",以及九十年代初的"国学热",都追逐和涉猎过。那个时代与"五四"时期类似,其精神风貌于我有着不可割舍的情结。其次,是在刘老师的熏陶下,我对"五四新文化运动"的研究成果有所了解,对其问题也有所认识。实事求是地说,"五四新文化运动"是中国近现代政治史、思想史及文化史的重点研究对象,经过几十年研究,学术界确实取得了一些成果。但考察这些学术成果,其研究重点主要集中于两个方面:一是对"五四运动"的性质、领导权、意义及后果的争论与探讨;二是对"五四"时期的各种政治、社会思潮的分析。但"五四运动"作为一场全社会的运动,以往研究中不曾关注到的领域和问题还有很多。此外,当时流行的研究角度单一,大多数都从思想文化角度入手,对"五四新文化运动"、文学革命、反孔思潮、马克思主义的传播等方面的研究成果较多,而对于"五四新文化运动"兴起的时空环境、政治动因、社会根源,及思想演变与社会政治变动之关系等方面的研究,则鲜有人涉及。而且,以往的研究,较偏重于概念性解释,相对忽略了对"五四新文化运动"发展历程的具体史实的探讨,这些方面尚存在不少空白点。

后来,经过反复思考和琢磨,我选取"民初进步报刊与'五四'新思潮的兴起"作为研究课题。论文着重通过对《甲寅》《新青年》撰稿人的聚合,以及"通信"栏的考察,说明"五四"新思潮的倡导者从主张移植西方民主政制到提倡思想革新、发动文化运动的思想发展历程。在文章中,我主要阐述了以下观点:第一,"五四"新思潮的倡导者,之所以能够发动一场文化运动,与其自身已形成一个独立的知识分子社会群体密切相关。而这样一个社会群体的形成，是清末民初政治、社会变动的产物。研究"五四新文化运动"必须重视新文化倡导者这一社会群体的形成过程及其结构特征，才能说明政治、社会变动对于思想发展的影响。第二，前期新文化运动中宣传的民主主义思想，是在对民国初年民主共和制度失败的反思中形成的。尽管近代历次革命运动都宣传了民主思想，但将民主主义作为一种理念、作为一种救国的根本信念确立起来，是在对民主政治失败的反思中实现的。如果不经历这种失败，近代中国人对民主主义的认识就不会有这么深刻，也不会提高到"五四"时期的新高度。第三，"五四新文化运动"从最初的新思潮，发展演变为一场全国性的文化运动，乃在于这些思想主张反映了一种全国性的要求，形成了一种各阶层都参与讨论的社会舆论，这正是它能在全国掀起一场运动的内在基础。

可以说，在这篇论文之前，学术界对"五四新文化运动"的研究，未曾从这一角度进行过探讨和研究。因此，在论文答辩时，不仅先前反对这一选题的老师投了通过票，而且这篇不足20万字的论文，还被各位答辩老师一致评为"优秀"。

本书收录的《〈新青年〉与〈甲寅〉月刊之历史渊源》《同乡、同门、同事、同道：社会交往与思想交融》《新青年"通信"栏与五四时期的社会、文化互动》《民初严复与章士钊关于"民约论"的争论》《章士钊与中国近代报刊"通信"栏的创设》五篇文章，都是由博士论文的部分章节修改而成。

而与博士论文相关的另一个成果，即《历史记忆与历史解释——民国名人谈五四》史料集的编辑与出版。这部史料集的主题，是"五四运动"之后，各家各派关于"五四运动"的评论文章。之所以选编它，是因为我在准备博士论文期间阅读了大量当年的报刊，凡是读到的关于"五四运动"的文章，都抄录下来。这些文章的作者包括新文化运动的倡导者陈独秀、李大钊、胡适和"五四运动"的学生领袖傅斯年、罗家伦、许德珩，还有国民党领导人孙中山和中国共产党的领导人毛泽东、博古等人。他们都对"五四"学生运动与新文化运动，给予很高的评价，但也作出了各种不同的阐释和理解。这些资料原本是为博士论文的绪论"五四新文化运动"的研究史回顾而准备的，但日积月累下来，竟逾百万字。而绪论只有短短的一万余字，这些资料只能征引很少一部分。为了不使这些资料被浪费掉，我打算以其为基础撰写一本书，将"五四运动"后各家各派对"五四"的解释和评价，做一细致梳理。但未曾料到2000年博士毕业后不久，学校即分配给我编撰《李大钊年谱》的任务。一年后，北大校史馆成立，原来安排给我的以做研究为主的工作，又调整为以办北大校史展览为主。而当时的校史馆初创，工作任务繁重，编撰《李大钊年谱》的工作，只能在业余时间进行；至于用这些资料写一本书的计划，真是成了"奢望"，于是只好放弃。然而，这批资料是我多年辗转各地图书馆搜集到的，其中有不少珍贵文献；那时数据库尚不发达，一般研究者并没有条件读到这些材料。回忆起当年在西北小镇工作时的孤陋寡闻和搜集原始资料的不易，便决定将这些资料汇编为一本书，服务学界同人。最终，这部史料集在"五四运动"九十周年后，由福建教育出版社于2011年出版。此时，距离该书编完已过去了8年，而我博士毕业已11年了。

五

2000年8月，博士毕业后，我留校在北京大学党史校史研究室工作。研究室分配给我的研究任务是编撰李大钊的《年谱》，这也是自己的兴趣所在。这项工作始于2000年，花费我近二十年的心血才完成。全书分为"谱主事略""诗文系年""时事纪要"等三部分，约135万字，分上下两册，由云南教育出版社于2020年底正式出版发行。该书继承学术界已有年谱成果，从多方面、多角度来展现李大钊的生平事迹、思想主张、革命伟业，力图让"李大钊活起来、站起来"，使其对中国近现代史、中共党史、李大钊本人等多方面的研究都能起到可以依据的信史作用。该书出版后，受到学术界的肯定，于今年7月荣获第五届中国出版政府奖。这是我博士毕业后在北大工作所取得的一项主要成果。鉴于此书缘起、撰写过程和特色都在该书序言中已谈过，此处不再赘述。

本书中收录的《李大钊〈我的马克思主义观〉一文若干问题的再探讨》《五四时期李大钊传播马克思主义的第二阵地》《〈每周评论〉等报刊若干撰稿人笔名索解》三篇与李大钊相关的论文，是我在编撰《李大钊年谱》的过程中，结合所读材料而先期发表的论文。可以说，这既是《年谱》内容的一部分，也是对日本学者石川祯浩《中国共产党成立史》一书中"扬陈（陈溥贤）抑李（李大钊）"观点的回应。

我不是一个天资聪明的人，虽然勤于读书，研究问题肯下笨功夫，但取得的学术成果比较少。之所以如此，除客观原因外，也与我个人的兴趣和治学态度有关。

自己年轻时追逐过流行的学术热点，阅读过时髦的畅销书，后来发现并认识到不少东西尽管风靡一时，但未必能持久。因此，自正式进入学术研究领域后，我就在心中暗暗确立了"三不写原则"：粗制滥造的文章不写，四平八稳的空头文章不写，跟风应景的文章不写。举凡写出来的文章，必须有新材料或新见解，否则，宁肯少写或不写。

在以往的学术研究中，我最感兴趣的课题和方法：

一是"溯源"。无论是研究章太炎的"尊荀"思想，还是探寻《新青年》的前身《甲寅》月刊以及"通信"栏的起源，都是这一思路的具体体现。

二是"辨析"。无论是关于《每周评论》撰稿人的笔名解析，还是对蔡元培出长北京大学校长的各种误说的考辨，其辨析过程既像侦探破案一样使人欲罢不能，又能解决前人未曾解决的问题。在获得正确的结论后，真有种侦破密案的成就感和满足感。

三是"细节"。研究历史，自然要有大局观、整体观，但也要注重细节。因为任何大事、要事都依赖于细节，并由细节组成。细节支撑着大事、要事，从而构成了历史的真实状况。史学中的宏大叙事，只有在细节上真实可靠，才能传至久远。否则，随着每一个细节的证伪，宏大叙事就如同建筑于沙堆上的房屋，在时间流转中终至烟消云散。因之，我的论著为数不多，但不少研究常从细节入手。如马君武为何不为《新青年》撰稿一事，是件不为一般研究者注意的小事，但在关于《新青年》撰稿人聚合途径的考察中，我则专门进行了分析，以说明《新青年》撰稿人离合的具体情况。又如关于李大钊的研究，《李大钊年谱》在梳理、介绍李大钊的重要革命活动和重要著作的同时，对其一些日常活动、行踪，以及人际交往等看似细小的事，都进行了查证和考辨，目的在于说明李大钊所有重大的活动和思想，均与这些细节具有密不可分的关系。

四是"承前"。在我所做的许多研究中，前人都曾经耕耘过，我尊重并努力发掘前人成果，站在巨人的肩膀上再向深处、细处挖掘，解决前人没有解决或解决得不足的问题。比如关于章太炎"尊荀"思想的研究，就是在模仿刘桂生老师研究方法的基础上做出的成果；而关于《新青年》研究的博士论文，则是在回顾和总结了以往研究的经验、教训之后撰写的。

五是"补缺"。在我的学术经历中，已独立编辑或参编过《李大钊全集》《孙中山全集》等数部历史人物的文集和其他的史料集。一位我十分崇敬的著名学者曾批评说："你怎么只编资料而不做研究？"我理解这位老师的关爱之情，他是在替我惋惜个人撰写的研究论著太少。诚然，在目前的学术评价体系中，编辑和整理史料不被承认是学术成果。因此，大多数学者一般不愿做史料整理工作。但在我看来，史料是史学研究的基础，与其写一些没有原创性、没有新意的论文，不如编辑一些前辈学人的文集或史料集。因各种机缘和自己的努力，我幸运地搜集到一些珍贵史料或文稿。将这些资料整理出来供同行使用和参考，其实也有一种分享的乐趣！譬如《夏曾佑集》，民国时期，语言学家钱玄同即接受夏氏家人委托，拟编撰《夏曾佑集》，却因各种原因没有编成。我最初从事夏氏资料的搜集整理时，尚不知道他做过这项工作。可上天不负有心人，我非常幸运地从杨天石老师处获得钱玄同所编《穗卿文稿》的抄件。此后，我继续搜寻夏氏文稿，在钱氏所编基础上，又增加了

200多篇，是他所编文稿的一倍以上。同时，又将夏氏日记、杂著也一并收录。这样做的目的，是希望编辑一部收集较为齐全的《夏曾佑集》，不仅能对研究夏氏本人有促进作用，并对研究中国近代思想史、文化史也能有一定参考价值。此外如《宪政救国之梦——张耀曾先生文存》《历史记忆与历史解释——民国名人谈五四》这两种图书，也都是第一次结集。它们的出版，弥补了学术界研究夏曾佑、张耀曾、"五四运动"史所存在的资料不足的遗憾。个人私意，这些工作，也许比许多不痛不痒的论文，更有价值和意义。

鲁迅曾经说过，中国自古以来，就有"埋头苦干的人"。学术研究，要取得突破性成果，要有真知灼见，也需要"埋头苦干的人"。作为一介书生，我将以此要求自己，踏踏实实，埋头苦干，敬畏历史，不负时代，努力在史学研究领域做出新的成绩！

杨琥

2021年国庆节于燕园